Traducción e Interpretación: entre investigación y didáctica

Laura Sanfelici / Ana-Isabel Foulquié-Rubio (eds.)

Traducción e Interpretación: entre investigación y didáctica

PETER LANG
Bern · Berlin · Bruxelles · New York · Oxford

Bibliographic Information published by the Deutsche Nationalbibliothek
The Deutsche Nationalbibliothek lists this publication in the Deutsche Nationalbibliografie; detailed bibliographic data is available online at http://dnb.d-nb.de.

ISBN 978-3-0343-3975-9 (Print)
E-ISBN 978-3-0343-4105-9 (E-PDF)
E-ISBN 978-3-0343-4106-6 (EPUB)
E-ISBN 978-3-0343-4107-3 (MOBI)
DOI 10.3726/b17070

Wabernstrasse 40, CH-3007 Bern, Switzerland
bern@peterlang.com, www.peterlang.com

Esta publicación ha sido revisada por pares.

Printed in Germany

Para Bea, Marcos y Mencía

Índice

Laura Sanfelici[i] y Ana-Isabel Foulquié-Rubio[ii]

Universidad de Génova[i]
Universidad de Murcia[ii]

Introducción[1]

El debate sobre el binomio enseñanza-aprendizaje en el aula de traducción e interpretación siempre ha estado bajo el paraguas de dos posiciones distantes que, poco a poco, han ido acercándose en su manera de entender la traducción. Por un lado, los traductores e intérpretes profesionales que consideran que la traducción se aprende únicamente mediante la práctica; y, por otro, los teóricos de la traducción que han dedicado mucho tiempo a debatir sobre la imposibilidad de la traducción (Rojo López, 2009). Esta importancia de la práctica frente a la teoría se vio trasladada también al aula de traducción, hasta que hubo una reacción por parte de algunos académicos y profesores de traducción que consideraron que el aula de traducción debía combinar teoría y práctica. De hecho, tal y como destacan Fawcett y Guadarrama García (2010) esta conexión y oposición entre estos dos términos se manifiesta de manera explícita o de manera implícita. Sobre este debate, Fawcett y Guadarrama García (2010, p. 2) consideran que «an acquantanceship [of practice] with theory, and in particular, with a wide range of theories, and not some single master-theory, could become a powerful tool in the hands of translators, giving them insight into the manifold ways in which their practice might be constructed». Por una parte, esta teoría puede, resultar útil para los traductores, durante la práctica de traducción, puesto que anima al traductor a tener una cierta cantidad de libertad de su visión del texto origen, lo que puede considerarse algo útil para la creatividad (Boase-Beier, 2010, p. 25); y por otra, Fawcett y Guadarrama García (2010, p. 2) defienden que la práctica influirá, y así debe de ser, en la teoría. Con la reflexión teórica, se consigue que el estudiante de traducción e interpretación sea consciente de las decisiones que toma y de por qué las toma.

Esta combinación de teoría y práctica es especialmente relevante también en la didáctica de la interpretación. Al igual que en traducción, es importante que

1 La publicación de este volumen ha sido posible gracias a la financiación del *Dipartimento di Lingue e Culture Moderne*, de la Universidad de Génova y a Fondos de Investigación de Ateneo (FRA) del mismo Ateneo correspondientes a los años 2016, 2017 y 2018.

el estudiante sea capaz de tomar decisiones informadas y que reflexione sobre el trabajo realizado, no solo desde una perspectiva práctica sino también teórica. Definir la interpretación podría parecer, a priori, simple: «Interpreting is a form of linguistic mediation whose aim is to transfer a speech from the source language (SL) into the target language (TL)» (Horváth, 2012, p. 14). Sin embargo, se trata de una actividad muy compleja en la que influyen diversos factores internos y externos que influyen en la ejecución de la interpretación.

El objetivo de los capítulos que forman parte de esta obra es acercar esa teoría a la práctica, para que los estudiantes de Traducción e Interpretación entiendan el papel fundamental que desarrollan los aspectos teóricos en combinación con aspectos prácticos.

Por este motivo, hemos intentado incluir en la obra trabajos de diferentes autores que ofrezcan al estudiante una amplia perspectiva del campo de la Traducción y la Interpretación como disciplinas.

El libro comienza con el capítulo de **Paula Cifuentes-Férez** que subraya el papel del traductor como mediador en el proceso de comunicación intercultural, puente entre culturas, que debe contar con una serie de competencias que van más allá del puro dominio lingüístico de las lenguas de trabajo. No debemos olvidar que en el momento en el que entran en contacto distintas lenguas, lo hacen también las diferencias pragmático-culturales que pueden dar lugar a malentendidos como consecuencia del desconocimiento de las convenciones pragmáticas. El traductor, y, por ende, el intérprete, debe ser consciente de estas variaciones interculturales en el ejercicio de la traducción y la interpretación. Su capítulo se centra en el fenómeno de la interferencia pragmática entre el inglés y el español, que se produce como consecuencia de la incursión en el texto meta en español de hábitos lingüístico-culturales anglófonos, tomando como referencia una de las áreas de la traducción más atractivas para los estudiantes: la traducción audiovisual y todo lo que la rodea. A través de ejemplos extraídos de películas dobladas al español, pretende destacar la suma importancia que tiene la competencia cultural y los estrechos lazos de unión que mantiene con la competencia pragmática, así como las implicaciones pedagógicas para la práctica docente en el aula de traducción. El capítulo finaliza con una propuesta docente en forma de taller para fomentar la competencia pragmático-cultural en el aula de traducción.

Arianna Alessandro aborda el tema de la modalización y la oralidad en la traducción del discurso teatral. La peculiar naturaleza del texto dramático —un texto escrito destinado a una representación oral—, junto con las condiciones de enunciación del discurso teatral, adquieren una relevancia especial en la labor de traducción. Partiendo de este supuesto, en su capítulo plantea una reflexión sobre las ventajas que el estudio de la modalización, entendida como un conjunto de mecanismos que permiten la expresión de la subjetividad del hablante, ofrece a la hora de abordar dicha labor. La autora pretende mostrar el modo en el que la modalización representa un aspecto que puede ofrecer pautas útiles para la traducción de ese texto. En concreto, presta especial atención a las relaciones entre mecanismos de modalización y rasgos de oralidad ficticia, debido a su trascendencia en el discurso teatral. Para ejemplificar estas relaciones analiza dos fragmentos de dos obras teatrales, en español e italiano respectivamente: *Eloísa está debajo de un almendro* de Enrique Jardiel Poncela y *Radio clandestina* de Ascanio Celestini.

El capítulo de **Pablo Zamora** presenta una investigación que tiene dos objetivos concretos: cotejar, desde un enfoque descriptivista, la cantidad de términos y secuencias malsonantes que se registra en un conjunto de filmes de producción propia italianos y españoles y verificar si una hipotética menor cantidad de vulgarismos inventariados en las películas nacionales italianas respecto a los largometrajes españoles se corresponde con el supuesto menor grado de tolerancia que muestran los hablantes italianos hacía los insultos, improperios e imprecaciones en comparación con los hablantes españoles, que presuntamente manifiestan un mayor índice de aceptación. Los datos extraídos de los corpus y los resultados extrapolados de las encuestas indican que, por una parte, en los filmes españoles se inserta una proporción ligeramente mayor de lenguaje malsonante que en las películas italianas, específicamente en los filmes pertenecientes al género comedia; y por otra, se pone de manifiesto sin embargo que el efecto que produce la recepción del léxico soez es similar en las dos culturas, excepto en el caso de los insultos, que resultan más ofensivos en italiano que en español.

En su capítulo, **Dilia Di Vincenzo** analiza los contextos comunicativos de un corpus de guiones cinematográficos y se centra en el estudio de las intenciones de los actos de habla coloquiales injuriosos. Para ello, realiza un amplio análisis de los conflictos verbales, del contexto situacional en el que se desarrollan. En su opinión, el *setting*, la vivencia personal, los estados de ánimo y los arrebatos emocionales, entre otros, influyen en la relación entre emisores y receptores.

En su propuesta **Laura Sanfelici** analiza las modalidades de la traducción audiovisual, cuyo estudio es una disciplina reciente. La autora hace hincapié en los aspectos lingüísticos de la que Orero define «the most dynamic field of Translation Studies» (2004, p.*viii*). En el estudio se presentan las características del subtitulado interlingüístico del español al italiano e intralingüístico para sordos (SPS) de la película *El secreto de sus ojos*, de 2009, dirigida por Juan José Campanella y basada en la novela *La pregunta de sus ojos* escrita por Eduardo Sacheri en 2005. En la parte dedicada a la traducción interlingüística se analiza la incidencia de los aspectos culturales en el proceso traductológico, mientras que el subtitulado para sordos profundiza en el tema de la neutralización, es decir, la ausencia de rasgos nacionales o locales, que se consideran interferencias indeseadas en la promoción de los productos (Bravo García, 2008, p. 28).

En su capítulo **Marina Ramos Caro** se centra en la audiodescripción (AD), una modalidad de traducción audiovisual que hace accesibles los textos audiovisuales a las personas con discapacidad visual. En su capítulo, ofrece una propuesta didáctica para aprender a audiodescribir mediante el teatro físico, una forma de teatro en la que el cuerpo es el principal medio expresivo. El teatro físico se basa principalmente en los gestos y movimientos para transmitir significado, y deja el diálogo en un segundo plano, lo que ofrece una gran cantidad de huecos de mensaje. Al mismo tiempo, la enorme expresividad de los gestos y movimientos de los actores y el inmenso peso de la escenografía y la iluminación en este tipo de representaciones permite al estudiante experimentar con el lenguaje y aprender a transmitir las emociones percibidas visualmente por medio de palabras. La autora presenta una propuesta didáctica, ya que las que existen (ej., el proyecto ADLAB PRO; Jankowska, 2017), se centran exclusivamente en la audiodescripción fílmica.

A continuación, y como forma de introducir al alumno en la traducción literaria, el capítulo de **Purificación Meseguer Cutillas** presenta una propuesta didáctica para abordar la traducción literaria en el aula. La autora considera que existe una brecha que separa el mundo de la traducción profesional de aquel que los docentes intentamos reproducir en el aula, ya que no siempre es fácil trabajar con encargos reales ni elaborar prácticas que simulen de manera realista un proyecto profesional. Sin embargo, el docente debe preparar al estudiante para que, una vez finalizados sus estudios, pueda emprender su camino profesional. En este capítulo, la autora aborda la traducción literaria desde esta perspectiva académica, y ofrece pautas para su enseñanza y aprendizaje. Todo esto sin olvidar que el aula es también un laboratorio en el que los estudiantes pueden experimentar y enfrentarse a los retos que les planteará su futuro profesional.

Siguiendo la línea de la literatura y la traducción**, Elena Errico** aborda el tema de la liminalidad, el bilingüismo y la autotraducción a través *Canícula, snapshots of a girlhood* en la Frontera (1995), la obra más conocida de la escritora chicana Norma Elia Cantú (Nuevo Laredo, 1947). En este capítulo se analiza una serie de cuentos cortos en los que la autora, Norma Elia Cantú, construye una autobiografía «ficticia» de su niñez en la frontera entre Tejas y México. Así, en este capítulo se desgrana el texto original y la traducción que la propia Cantú llevó a cabo al español (*Canícula, imágenes de una niñez fronteriza*, 2001). En el análisis se parte de la base de que ambos textos forman parte de un proyecto militante de compromiso intelectual hacia la comunidad y hacia las mujeres mestizas, que apunta a visibilizar y explorar la fluidez de la cultura fronteriza, rica en ambigüedades y contradicciones y por ello, especialmente fecunda a la hora de cuestionar visiones del mundo rígidamente binarias. Es justamente la indefinición de la liminalidad, el elemento común entre la cultura fronteriza, la escritura de Cantú y la autotraducción, pues en esta última, dicotomías como texto original/texto traducido o autor/traductor pierden consistencia.

Seguimos ahondando en la traducción literaria, pero en este capítulo, a través de *La ciudad sentida* de Manuel Longares (2007). **Laura Sanfelici** centra su estudio en los elementos culturales que, de acuerdo con la definición de Nord (1997, p. 34) y otros autores, se denominan *culturemas*. En la obra de Longares muchas de las referencias culturales son específicas de Madrid, por eso la autora «se atreve» a llamarlas «madrilemas». La autora propone algunas posibilidades de traducción hacia el italiano de fragmentos de la obra, en los que se centra la atención en el componente dinámico de los culturemas y donde se tiene en cuenta el contexto situacional, las lenguas en juego, la función textual y se analiza el propósito de la solución adoptada para su traducción.

De la traducción de la literatura pasamos a la traducción de lenguajes especializados, y comenzamos con el capítulo de **Marta Navarro Coy** y **Jorge Soto Almela** que presentan una investigación sobre la traducción de títulos en las revistas de viajes. A través de un tema apasionante como es la traducción del turismo, los autores abordan la traducción de los títulos en las revistas de viajes con un doble objetivo. Por un lado, determinar el método de traducción más utilizado para trasvasar estos títulos y, por otro, clasificarlos en función de la técnica de traducción seguida. El corpus objeto de análisis lo conforman doce números (noviembre 2018 – octubre 2019) de la revista Ronda, publicación mensual bilingüe español/inglés de la aerolínea Iberia, disponible a bordo y también en línea. La traducción de los más de 250 títulos extraídos apunta a una coexistencia entre literalidad y creación discursiva. Esta última implica una equivalencia efímera, no léxica, donde el atractivo comercial predomina sobre las consideraciones de cercanía al título original.

El capítulo de **Raquel Martínez Motos** nos acerca a la traducción de los prospectos de medicamentos. En su estudio, la autora investiga si el proceso de traducción inglés-español influye en la facilidad de uso y en la capacidad divulgativa de los mismos. De este modo, y a partir de la hipótesis de que los prospectos presentan problemas de legibilidad y de facilidad de uso y de que el lenguaje empleado en su redacción es la principal causa de ello, la autora ha realizado un estudio dividido en dos fases. En la primera, el objetivo se centra en determinar si el proceso de traducción inglés-español influye en la legibilidad de los prospectos y según los datos obtenidos los prospectos sometidos al doble procedimiento de redacción y traducción no parecen presentar más problemas de legibilidad que los originales (Martínez Motos, 2018), sino más bien al contrario. La segunda fase, descrita en el presente artículo, consiste en un análisis enfocado a la detección y cuantificación, en un corpus creado para tal fin, de la presencia de una serie de variables y elementos lingüísticos seleccionados de acuerdo con la propuesta de marco analítico de Jensen (2013), y con las recomendaciones de la Comisión Europea (2009) y de la Asociación Española de Derecho Farmacéutico (2007).

El capítulo de **Jorge Torre Santos** aborda el tema de la traducción del lenguaje económico. El capítulo se divide en dos partes. La primera aborda el estado de la cuestión sobre el lenguaje económico como lengua de especialidad y su ámbito traductológico y se analizan las características específicas del lenguaje económico, sus posibles hibridaciones con otras lenguas de especialidad y las implicaciones para la traducción de las simetrías presentes en el español y el italiano. La segunda parte profundiza en los elementos anteriores. De esta forma, las características de la traducción de la terminología del lenguaje económico se abordan a partir de una investigación referida al lenguaje del mundo del trabajo a través de la lingüística del corpus, mientras que el análisis del lenguaje de la Gran Recesión en España constituye la base para el estudio de la traducción de las metáforas del lenguaje económico.

En la línea de las lenguas de especialidad no podíamos obviar el lenguaje jurídico y su traducción. Por eso, el capítulo de **Guadalupe Soriano Barabino** se centra en la formación en traducción jurídica. Los primeros pasos suelen darse en asignaturas que combinan el aprendizaje de la traducción especializada en diferentes ámbitos, tales como el científico, el técnico, el humanístico, el económico o el jurídico y que se imparten en cursos intermedios en grados en Traducción e Interpretación o en másteres orientados a formar traductores más o menos especializados (según las características del propio máster o del país en el que se imparta). En ese primer contacto con la traducción de textos jurídicos, los estudiantes suelen verse abrumados ante un tipo de traducción al que precede la fama de ser «muy difícil» y que trata con textos de un ámbito a menudo considerado desconocido, oscuro, difícil y que, con frecuencia, provoca incluso rechazo. Todo lo anterior se suma a la cantidad de créditos destinados a este fin, lo que plantea un panorama poco alentador. La autora presenta una propuesta para la formación inicial en traducción jurídica en la que se combinan diferentes actividades con el objetivo comenzar a desarrollar la competencia traductora en traducción jurídica.

Aunque de manera más breve, la obra ofrece también al estudiante una visión de la interpretación, y aunque parte de una visión panorámica, se centra posteriormente en dos de las especialidades que pueden centrar la atención de los estudiantes de grado como son la interpretación dialógica y la interpretación en los servicios públicos.

El capítulo de **María-Isabel Abril-Martí** ofrece una visión panorámica de la interpretación para ir resaltando todos los factores externos e internos que ayudan a comprender la interpretación en tres de sus principales vertientes (Pöchhacker, 2010): como proceso, como producto y como profesión. La visión panorámica comienza con una definición que parte del contraste con la Traducción en lo más evidente: su oralidad. En este sentido, la interpretación se refiere a comunicación oral, mientras que la traducción es escrita. Sin embargo, una reflexión más profunda nos lleva a comprender que definir la interpretación no es una tarea sencilla puesto que se trata de un proceso complejo determinado por factores cognitivos, lingüísticos y sociales que se solapan e interrelacionan de distintas formas, según el contexto y los objetivos de la situación comunicativa (Setton, 2015, p. 263).

Con una perspectiva didáctica, el capítulo de **Matteo Anfuso** y **Bianca Ponglione** se propone reflexionar sobre el papel del intérprete a partir de una situación dialógica simulada en la que se requiere la técnica de la bilateral o consecutiva breve para el par de lenguas italiano-español en ámbito socio-comunitario. La simulación se desarrolla en un aula de formación para traductores e intérpretes y pretende destacar los rasgos principales de esta profesión, teniendo en cuenta las necesidades del mercado actual. Para ello, se centran en aspectos como la cortesía, la imparcialidad, la interculturalidad, la deontología, la mediación interlingüística y el «saber estar» entre otros, elementos clave que el intérprete profesional debe ser capaz de manejar correctamente. En su propuesta didáctica, todas estas características se combinan con un aspecto fundamental de la interpretación: un elevado nivel de competencia lingüística en los dos idiomas de trabajo.

Finalmente, **Ana-Isabel Foulquié-Rubio y Ana Rojo López** presentan una nueva forma de enfrentarse a la didáctica de la interpretación en los servicios públicos y destacan la importancia que pueden tener las emociones del intérprete en este contexto en el que el intérprete comparte espacio con los interlocutores en aspectos que están estrechamente relacionados con la esfera más íntima del ser humano (Hale, 2007, p. 25). Cualquier situación de interpretación es ya estresante de por sí, tanto si se da en el contexto de la interpretación de conferencias profesional (Korpal, 2016) como si se trata de estudiantes de interpretación (Jiménez Ivars y Pinazo Calatayud, 2013), como si se da en el contexto de la interpretación en los servicios públicos (Guntienė, 2014). Sin embargo, al intérprete se le prepara para que tenga una buena técnica de toma de notas, para que sepa utilizar la memoria a corto y largo plazo, para que cuente con buena preparación terminológica y estrategias, pero no se desarrollan en el aula dinámicas para afrontar el estrés ni para identificar las emociones que pueden surgir en este tipo de situaciones. La propuesta que se presenta en este capítulo pretende integrar este aspecto, tan relevante a nuestro parecer en el contexto de la interpretación den los servicios públicos.

Referencias bibliográficas

Asociación Española de Derecho Farmacéutico. (2007). La redacción del prospecto: recomendaciones para mejorar su comprensión. Madrid: ASEDEF.

Boase-Beier, J. (2010). Who Needs Theory? En A. Fawcett, K. L. Guadarrama García, &Bravo García, E. (2008). *El español internacional. Conceptos, contextos y aplicaciones*. Madrid: Arco Libros.

Bravo Garcia, E. (2008). *El espanol internacional. Conceptos, contextos y aplicaciones*. Madrid: Arco Libros.

Cantú, N. E (1995). Canícula, *snapshots of a girlhood* en la Frontera. Albuquerque, NM: University of New Mexico Press (nueva ed. 2015).

Cantú, N. E. (2001). *Canícula, imágenes de una niñez fronteriza*. Boston, MA: Houghton Mifflin Company.

Celestini, A. (2005). *Radio Clandestina*. Roma: Donzelli editore.

Comisión Europea (2009). *Guideline on the readability of the labelling and package leaflet of medicinal products for human use*. Recuperado de http://ec.europa.eu/health/files/eudralex/vol-2/c/2009_01_12_readability_guideline_final_en.pdf> [Última consulta: abril de 2015].

Fawcett, A. y Guadarrama García, K. L. (2010). Introduction. En A. Fawcett, K. L. Guadarrama García y R. Hyde Parker (Eds.), *Translation: Theory and Practice in Dialogue*. Londres: Continuum.

Guntienė, D. (2014). *Community Interpreting and Stress*. Queen's University Belfast. Tesis sin publicar.

Hale, S. (2007). *Community Interpreting*. Basingstoke: Palgrave Macmillan.

Horváth, I. (2012). *Interpreter Behaviour. A Psychological approach*. Hungría: Hang Nyelviskola Bt.

Jankowska, A. (2017). Blended learning in audio description training. *Między Oryginałem a Przekładem*, *38*(4), 101–124. doi:10.12797/MOaP.23.2017.38.05

Jardiel Poncela, E. (2001). *Eloísa está debajo de un almendro. Las cinco advertencias de Satanás* (ed. de M. J. Conde Guerri). Madrid: Espasa Calpe (col. Austral), 28ª ed.

Jensen, M. N. (2013). Translators of Patient Information Leaflets: Translation experts or expert translators?: A mixed methods study of lay-friendliness. (Tesis Doctoral, Aarhus University). Recuperado de http://pure.au.dk/portal/files/55635800/Matilde_Nisbeth_Jensen_PhD_AU_final.pdf

Jiménez Ivars, A. y Pinazo Calatayud, D (2013). Mindfulness training for interpreting students. *Lebende Sprachen*, vol. 58, no 2, p. 341-365.

Korpal, P. (2016). Interpreting as a stressful activity: Physiological measures of stress in simultaneous interpreting. *Poznan Studies in Contemporary Linguistics*, *52*(2), 297–316. https://doi.org/10.1515/psicl-2016-0011

Longares, M. (2007). *La ciudad sentida*. Madrid: Alfaguara.

Martínez Motos, Raquel. (2018). Análisis del efecto de la traducción (inglés-español) en la legibilidad del prospecto de medicamento. *Retos actuales y tendencias emergentes en traducción médica / Current challenges and emerging trends en medical translation*. *MonTI*, 10, pp. 43–73.

Nord, C. (1997). *Translating as a Purposeful Activity. Functionalist Approaches Explained*. Manchester: St. Jerome.

Orero, P. (Ed.). (2004). *Topics in Audiovisual Translation*. Ámsterdam/Philadelphia: John Benjamins Publishing Company.

Pöchhacker, F. (2010). Interpreting. En Y. Gambier y L. Van Doorslaer (Eds.), *Handbook of Translation Studies* Vol. 1 (pp. 153–157). Ámsterdam/Filadelfia: John Benjamins.

Hyde Parker, R. (Eds.) (2010). *Translation: Theory and Practice in Dialogue*. Londres: Continuum.

Rojo López, A. (2009). *Step by Step. A course in contrastive linguistics and translators*. Berna: Peter Lang.

Sacheri, E. (2005). *La pregunta de sus ojos*. Buenos Aires: Editorial Galerna.

Setton, R. (2015). Models. En F. Pöchhacker (Ed.), *Routledge Encyclopedia of Interpreting Studies* (pp. 263–268). Londres/Nueva York: Routledge.

Paula Cifuentes-Férez
Universidad de Murcia

El traductor como mediador intercultural: interferencias pragmáticas en la traducción inglés-español

1. Introducción

Es innegable que vivimos en una sociedad cada vez más globalizada como resultado de los movimientos de población a través de las fronteras y por la apertura internacional de los mercados. En este contexto, el papel del traductor y del intérprete como mediador lingüístico y cultural alcanza una gran relevancia. Además de la eficacia comunicativa y de la corrección lingüística, se ha de tener en cuenta la adecuación pragmática y cultural referida al uso correcto y adecuado de la lengua en una situación comunicativa determinada. Y es justo esta adecuación pragmático-cultural la que suele diferir entre la comunicación nativa y no nativa y la que, en algunas ocasiones, dificulta enormemente el proceso comunicativo.

En pleno siglo XXI y en la era de la globalización, el español en su variedad peninsular presenta interferencias pragmáticas como consecuencia de traducciones anglicadas en parte debido a la vasta difusión de contenido audiovisual norteamericano a través de doblajes con tintes foráneos (p. ej., Chaume y García del Toro, 2001; Cuenca, 2006; Marín Castellanos, 2018). Nuestro trabajo se centra en el fenómeno de la interferencia pragmática, que se produce como consecuencia de la irrupción en el texto meta en español de los hábitos lingüísticos de la cultura anglófona, provocando de esta manera un efecto inadecuado pragmáticamente en la situación de comunicación en la cultura meta.

Hablar y entender la lengua en su contexto apropiado es la base de la comunicación, pero bajo esta función comunicativa subyace el conocimiento de factores socioculturales tan básicos como el grado de relación adecuado entre los interlocutores, la proxémica, el conocimiento del tiempo y duración de las intervenciones (incluido el papel del silencio), el conocimiento de la cortesía, del uso de coloquialismos y palabras malsonantes, etc., ya que estos elementos están predeterminados por la cultura. Así pues, el éxito de los intercambios comunicativos y de una adecuada recepción de los textos meta dependerá del conocimiento que el traductor y el intérprete posea de todos estos factores. Es por todo ello que en este capítulo nuestra intención es ilustrar el fenómeno de la interferencia pragmática inglés-español para facilitar la labor docente en el aula de traducción e interpretación. En primer lugar, trataremos uno de los modelos de la competencia traductora en el que encontramos la subcompetencia extralingüística que enmarca los aspectos culturales y veremos las sinergias de la misma con la competencia pragmática. En segundo lugar, ilustraremos una serie de interferencias pragmáticas en la traducción del inglés al español peninsular usando ejemplos de otros autores que han investigado en profundidad sobre el tema. Finalmente, se proporcionarán una serie de pautas para la realización de una actividad formativa que fomente la competencia pragmático-cultural en el aula de traducción.

2. De la competencia traductora a la subcompetencia pragmático-cultural

Hasta la fecha se ha propuesto una numerosa serie de modelos de la competencia traductora o de las competencias que todo traductor debe poseer para el correcto desempeño laboral, por ejemplo, Nord (1992), Neubert (1994, 2000), Kiraly (1995), Hurtado Albir (2001), Kelly (2002), PACTE (2003), Shreve (2006), Katan (2008), Göpferich (2009), entre otros. Pese a que todos estos modelos incluyen el conocimiento de los aspectos culturales de la lengua origen, en el marco del presente trabajo, seguiremos como punto de referencia el modelo de competencia traductora de PACTE (PACTE, 2003; PACTE, 2017). Tal y como señala Olalla (2017), se trata del único modelo de competencia traductora validado empíricamente con una muestra amplia. Las subcompetencias que se definen en el modelo de PACTE (2003, pp. 58–59) se enumeran y se explican sucintamente a continuación:

1. *Subcompetencia lingüística en las dos lenguas*: se refiere a los conocimientos operativos necesarios para la comunicación en dos lenguas. Está integrada por conocimientos pragmáticos, sociolingüísticos, textuales y léxico-gramaticales.
2. *Subcompetencia extralingüística*: se refiere a los conocimientos declarativos, implícitos y explícitos, acerca del mundo en general y de ámbitos particulares. Incluye los conocimientos biculturales, tanto de la cultura de partida como de llegada; los conocimientos enciclopédicos sobre el mundo que nos rodea en general; y conocimientos temáticos sobre áreas concretas o especializadas.
3. *Subcompetencia de conocimientos de traducción*: incluye conocimientos declarativos, implícitos y explícitos, sobre los principios que rigen la traducción y sobre los aspectos profesionales de esta (p. ej., tarifas/honorarios, ética profesional, mercado laboral).

4. *Subcompetencia instrumental*: incluye conocimientos operativos relacionados con el uso de las fuentes de documentación y de las tecnologías de la información y la comunicación (TIC) aplicadas a la traducción.
5. *Subcompetencia estratégica*: se refiere a los conocimientos operativos que garantizan la eficacia del proceso traductor y la resolución de problemas. Se trata de una subcompetencia esencial que interrelaciona al resto de subcompetencias puesto que controla el proceso de traducción.
6. *Componentes psicofisiológicos*: incluye componentes cognitivos (por ejemplo, memoria, atención, percepción y emociones) y actitudinales (curiosidad intelectual, confianza en sí mismo, motivación, etc.), y habilidades como la creatividad, el razonamiento lógico, la capacidad de análisis, etc.

Teniendo en cuenta este modelo de la competencia traductora, la competencia cultural del traductor, en vez de considerarse una subcompetencia autónoma, se enmarca en la subcompetencia extralingüística junto con el conocimiento enciclopédico y temático. Según Escandell Vidal (2009, p. 98): «los miembros de una misma cultura y de una misma sociedad comparten un amplio conjunto de supuestos y de conceptualizaciones del mundo y de las relaciones interpersonales, y (…) ese conjunto está determinado precisamente por su pertenencia a una cultura específica». Janney y Arndt (1992, p. 31, citado en Escandell Vidal, 2009, p. 96) inciden que crecer como miembro de una cultura lleva consigo aprender a pensar y comportarse como los demás miembros de dicha comunidad. Estos comparten una serie de supuestos básicos que resultan cruciales para la comunicación: (a) necesidades básicas, sentimientos, motivos, y modo de inferirlos a partir del comportamiento; (b) grupos sociales y modos de mostrar intimidad o distancia; (c) dinámica básica de las relaciones interpersonales; y (d) sistemas verbal y gestual de comunicación, y modo de usarlos para evitar conflictos.

La competencia cultural del traductor guarda estrechos vínculos con la competencia pragmática ya que esta última nos aporta los aspectos sociopragmáticos y pragmalingüísticos que nos ayudan a comprender las normas culturales de una comunidad ajena a la nuestra, nos facilitan la reflexión intercultural y, por ende, nos favorece positivamente en actos de comunicación interculturales, entre los que se encuentra el ejercicio de la profesión del traductor y del intérprete. Cualquier comportamiento que no se ajuste a los patrones esperados en una determinada cultura se suele interpretar como una conducta descortés o malintencionada en vez de como una conducta fruto del desconocimiento de esos supuestos básicos de una determinada cultura. Por tanto, en tales casos, estaríamos hablando de interferencias pragmáticas.

A la hora de profundizar en las interferencias pragmáticas, es necesario señalar que podemos hablar de dos tipos de interferencias pragmáticas, a saber, pragmalingüísticas y sociopragmáticas, en línea con la distinción de Leech (1983) entre Pragmalingüística y Sociopragmática: la primera se encarga del estudio de los recursos lingüísticos propios de una lengua para transmitir los diferentes tipos de ilocuciones; por su parte, la Sociopragmática se ocupa de examinar cómo las conceptualizaciones socioculturales determinan el uso lingüístico. Las interferencias pragmalingüísticas pueden resultar en ocasiones fáciles de detectar si se conocen las rutinas comunicativas y las fórmulas más o menos fijas para interactuar en ciertas situaciones. No obstante, aunque algunas lenguas puedan usar las mismas estrategias para una determinada situación, hay variabilidad en la frecuencia de uso de estas. A modo de ilustración, según las investigaciones de Blum-Kulka, House y Kasper (1989), para hacer peticiones se observa que el español, el inglés, el francés y el alemán pueden usar los mismos recursos lingüísticos: el imperativo, las fórmulas convencionales y la insinuación. Sin embargo, los hablantes nativos de español emplean casi siete veces más los imperativos que los ingleses, tres veces más que los alemanes, y dos veces más que los franceses, mientras que el uso de las fórmulas convencionales es justo al revés. Además, también se señala en ese trabajo que los hablantes nativos de inglés (británicos) son los que con más frecuencia recurren a las insinuaciones (cf. Escandell Vidal, 2009). Por su parte, las interferencias sociopragmáticas son prácticamente indetectables porque estas ocurren en el traslado a otra lengua de las percepciones, valoraciones sociales y las expectativas de comportamiento propias de la otra cultura. Escandell Vidal (2009, p. 105) pone como ejemplo la expresión de gratitud: para los occidentales, dar las gracias consta prototípicamente de la expresión explícita del agradecimiento y nada más, mientras que en las culturas orientales este mismo acto se divide en dos partes: la expresión de la gratitud y la disculpa, debido a una conceptualización del agradecimiento muy distinta en estas culturas.

Uno de los investigadores que ha tratado de manera científica y sistemática las interferencias pragmáticas en la traducción del inglés al español ha sido Gómez Capuz (1993, 1998, 2001a, 2001b, 2001c, 2001d). Asimismo, algunos otros trabajos dentro de este campo son, por ejemplo, Chaume y García del Toro (2001) que en su estudio del doblaje al español de la película *Pulp Fiction*, analizan anglicismos semánticos, léxicos, sintácticos y pragmáticos; Rodríguez Medina (2009) se centra en las interferencias pragmáticas en la traducción de las interjecciones en los diálogos de la novela *Jemina*, y Marín Castellanos (2018) en las interferencias pragmáticas en el doblaje al español de la comedia de situación *Curb your enthusiasm.* En el siguiente apartado se llevará a cabo una sucinta revisión bibliográfica de estos trabajos con ejemplos ilustrativos de una serie de interferencias pragmáticas entre el inglés norteamericano y británico y el español peninsular, señalando sus implicaciones desde el punto pedagógico dado que, como indicaba Gómez Capuz (2001a, p. 16) «a la contaminación lingüística subyace, sin duda alguna, una contaminación cultural bastante más acusada»: la contaminación de la dominante cultura material anglosajona.

3. Interferencias pragmáticas en la traducción del inglés al español

Gómez Capuz (1993, 1998, 2001a, 2001b, 2001c, 2001d) ha trabajado el fenómeno de las interferencias del inglés al español en un amplio corpus de películas y seriales norteamericanos doblados al español. Como él mismo señala, sus investigaciones «fueron recorriendo diversos niveles lingüísticos hasta llegar a la esencia de la interacción comunicativa, el nivel pragmático y discursivo: así, comencé analizando interferencias en los niveles semántico y sintáctico para pasar pronto al nivel fraseológico y, de él, al nivel pragmático, con el que presenta ciertas similitudes (fijación, idiomaticidad, uso)» (2001a, p. 1). Asimismo, en ese trabajo revisa distintas aportaciones de distintos autores, entre ellos el de Wierzbicka (1991) sobre la pragmática intercultural o *cross-cultural pragmatics*, y propone una interesante tipología de interferencias pragmáticas según la distintas categorías de la pragmática (p. 20–64): (a) marcadores discursivos; (b) reglas de habla y rutinas discursivas (fórmulas discursivas más dependientes del contexto); (c) fórmulas de fijación pragmática con algo grado de ritualización, por ejemplo, tratamiento, cortesía y petición, agradecimiento, felicitaciones; (d) modalización del enunciado (formas de expresar afirmación y negación, probabilidad y posibilidad); (e) intensificación y atenuación, (f) deixis; y (g) interjecciones. Por su parte, Marín Castellanos (2018) clasifica los ejemplos de interferencia pragmática de su corpus (tres capítulos de la primera temporada de la comedia de situación *Curb your enthusiasm*) en las siguientes categorías: (a) unidades fraseológicas; (b) modificadores oracionales; (c) estrategias de atenuación e intensificación; y (c) deixis, que coinciden parcialmente con las de Gómez Capuz (2001a). A continuación, mostraremos una serie de ejemplos de cada una de las categorías y explicaremos en qué consiste cada interferencia pragmática.

Según Gómez Capuz (2001a, p. 22–23), los *marcadores discursivos* son uno de los principales tipos de interferencia pragmática en la teoría de Clyne (1972). Las funciones conectivas de los marcadores discursivos españoles atribuidas al influjo del inglés según diversos estudiosos son variadas, pero en su corpus, dado que se trata de textos audiovisuales y carecen de un carácter culto, solamente se encuentra el marcador *al respecto*:

Versión original (VO): So do something **about it**. Go over there, Tonight. Don't sleep on it.
Versión doblada (VD): Así que haz algo **al respecto**. Vete a verla. Ahora. Esta noche. No lo medites.

En cuanto a las *reglas de habla y rutinas discursivas*, una de las interferencias comunes al contestar una llamada telefónica es el empleo de *¿sí?* en lugar de *Diga o dígame*. Además, otra fórmula anglicada muy extendida es *bien*/bueno, calco del inglés *well*, que se emplea para retardar el comienzo de respuestas a preguntas difíciles o comprometidas. En español quedaría más natural emplear el conector *pues* para atenuar y retardar la respuesta (Gómez Capuz, 2001a, p. 30):

VO: A. As a matter of curiosity how did you two meet? I'm sure it was very romantic
B. **Well**, uh… we sort of crashed into each other, boom!
VD: A. Solo por curiosidad, ¿cómo se conocieron? Seguro que fue muy romántico
B. **Pues**…, chocamos el uno contra el otro, ¡boom!, así

Entre otros ejemplos de esta categoría de interferencias pragmáticas encontramos el uso de *¡correcto!* como traducción de *right* o *all right* en vez de emplear alguno de los equivalentes en español: *de acuerdo, está bien*, o *vale*; la fórmula de réplica *genial* del inglés *great* en detrimento de *muy bien, fantástico, estupendo*, etc.; el uso de marcadores de cambio de turno de palabra como *dispare* del inglés *fire away* en vez de las fórmulas *adelante* o *te escucho;* y el empleo de *olvídalo* del inglés *forget it!* en detrimento de traducciones más idiomáticas como *nada* o *despreocúpate*.

Otro tipo de anglicismo pragmático son las fórmulas de fijación pragmática, que se diferencian de las anteriores en que las fórmulas rutinarias tienen una mayor dependencia de la situación comunicativa y las de fijación pragmática presentan un mayor grado de ritualización: fórmulas de tratamiento, cortesía y petición, agradecimiento, felicitación, y despedida (Gómez Capuz, 2001a, p. 39–47).

A modo de ilustración, en las fórmulas de tratamiento se emplea con frecuencia *damas y caballeros*, que tiene un matiz de formalidad, en lugar de la fórmula de tratamiento más neutra *señoras y señores:*

> *VO*: Well, thank you very much, **ladies and gentlemen**, my friends and colleagues
> *VD*: Muchísimas gracias, **damas y caballeros**, amigos y colegas

Asimismo, Gómez Capuz señala que *por favor* era una fórmula poco usada hasta mediados del siglo pasado, pero que actualmente ha desplazado a fórmulas de cortesía españolas típicas como *tenga la* bondad o hágame *el favor*. No obstante, su difusión está tan generalizada que su origen anglicado parece haberse olvidado.

Otros ejemplos de interferencias en las fórmulas de fijación pragmática serían el frecuente calco de agradecimiento *te debo una/te la debo* (del inglés, *I owe you one*) y el calco de vítor *larga vida a X* en detrimento de *¡viva!* o *¡qué viva X!*

La «modalidad del enunciado» es otra clase de interferencia pragmática que se ha considerado por diversos estudiosos como uno de los aspectos básicos de la Pragmática. Los modificadores oracionales introducen comentarios relativos a elementos extraoracionales y afectan a la totalidad del enunciado. Marín Castellanos (2018, p. 35–36), ilustra esta categoría con una serie de adverbios. Entre ellos, señala la traducción de *honestly, honestly* por *palabra, palabra* en detrimento de versiones idiomáticas como *en serio* o *de verdad*; las interferencias causadas por la posición de los modificadores del enunciado, a saber, los modificadores oracionales en inglés pueden encontrarse en posición inicial, final o intermedia en la oración, siendo las dos primeras las posiciones más comunes, mientras que, en español, el uso de los modificadores oracionales en posición final es poco frecuente. Gómez Capuz (2001a, p. 50) hace hincapié en la tendencia a traducir los adverbios acabados en *-ly* en inglés por *-mente* en español (por ejemplo, *definitively* por *definitivamente* en lugar de por locuciones adverbiales tales como, *en definitiva, desde luego* o *con toda seguridad*). Este investigador también señala las diferencias en la modalidad del enunciado a la hora de expresar la negación (donde indica el abuso de la expresión *Oh, no* y del uso de la partícula negativa *no* antes de sustantivos o pronombres en respuestas cortas, p. ej., *No, not him* → *No, no él*, en lugar de *no, él no*), la probabilidad y la posibilidad (p. ej., el uso abusivo de *poder* + infinitivo en vez de *puede que* + subjuntivo: *Could have been!* → *¡Pudo haber sido!*).

En lo que respecta a las estrategias de atenuación e intensificación, dentro de esta categoría se recogen las interferencias que afecten a las estrategias comunicativas de intensificación y atenuación que pueden ser de tipo léxico, morfológico, sintáctico o fonético. Según Bello (2015), la atenuación y la intensificación son fenómenos pragmáticos complejos en lo que se refiere a sus funciones, lo que conlleva que cada lengua y cultura tenga una manera única y propia de utilizarlos en la comunicación; por ello son estrategias propensas a la interferencia. Gómez Capuz (2001a) indica que el caso más evidente en su corpus dentro de esta categoría es el adverbio enfatizador *condenadamente* que ilustraremos más adelante en el trabajo de Chaume Valera y García del Toro (2001) y el atenuador *sort of* que se suele resolver adecuadamente en las versiones dobladas mediante técnicas de modulación (*más o menos*) y compensación (se omite y se compensa con el adverbio *así*):

VO:	A.	You're together?
	B:	**Sort of.** This is an old friend [...]
VD:	A.	¿Estáis juntos?
	B.	**Más o menos.** Es un viejo amigo [...]

****

VO:	A.	As a matter of curiosity how did you two meet? I'm sure it was very romantic
	B.	Well, uh... we **sort of** crashed into each other, boom!
VD:	A.	Solo por curiosidad, ¿cómo se conocieron? Seguro que fue muy romántico
	B.	Pues..., chocamos el uno contra el otro, ¡boom!, **así**

La siguiente categoría de interferencias pragmáticas tiene que ver con la deixis personal, temporal y espacial. Tanto Gómez Capuz (2001a) como Marín Castellanos (2018) advierten que una de las interferencias del inglés propulsadas por el doblaje es precisamente la presencia de elementos deícticos en las presentaciones del tipo *This is* .... seguido de la persona que se presenta, que se calca con la fórmula Este/a es...

La última categoría propuesta por Gómez Capuz (2001a) son las interjecciones, las cuales se tratarán con mayor detalle en la revisión del trabajo de Rodríguez Medina (2009) que se centra exclusivamente en las interferencias pragmáticas de este tipo.

Chaume Valera y García de Toro (2001) analizan el doblaje al español de la película *Pulp Fiction* y clasifican los anglicismos en semánticos, léxicos, sintácticos y pragmáticos, siendo estos últimos los más frecuentes y los que nos resultan de interés en el presente capítulo. La categoría de interferencias pragmáticas, según estos autores, la forman principalmente construcciones sintácticas y elementos fraseológicos que condicionan la organización discursiva de un texto. Dentro de las unidades fraseológicas (p.ej., Corpas 1996) incluyen locuciones, frases proverbiales, refranes, etc. cuyas características son la fijación y la idiomaticidad. En este grupo podemos observar los siguientes ejemplos (p. 131–132), que se corresponden con las fórmulas rutinarias y la fórmula de fijación pragmática de Gómez Capuz (2001a):

VO: **Look!** I didn't mean to shoot this son of a bitch
VD: **Mira**, no tenía la intención de dispararle.
Traducción recomendada (TR): **Oye**, no tenía la intención de dispararle.

Mira se utiliza en lugar de *oye* cuando en este caso el segundo se ajusta mejor a la función de *look!*, que es la de captar la atención del otro interlocutor.

VO: **See you soon**
VD: **Te veré pronto**
TR: **Hasta luego**

See you soon es una fórmula rutinaria o ritualizada para las despedidas que se debería traducir por fórmulas rutinarias equivalentes en español como *hasta luego*, *nos vemos* o *adiós*.

En cuanto a las interjecciones, Chaume Valera y García del Toro (2000, p. 132) inciden que en su corpus se tiende al préstamo integral, lo que hace que el valor ilocutivo de las interjecciones suelan perder esa fuerte carga ilocutiva, como en el siguiente ejemplo donde es muy difícil entrever la reprobación al otro interlocutor en la versión doblada.

VO:**Whoa… whoa… whoa**, stop right there
VD: **Ou, ou, ou**
TR: **Eh, eh**, un momento

Por último, estos autores tratan los enfatizadores de adjetivos (dentro de la categoría de intensificación de Gómez Capuz (2001a)) y los ilustran con los dos siguientes ejemplos:

VO: Are you sure this is **absolutely** necessary?
VD: ¿Seguro que es **absolutamente** necesario?
TR: ¿Estás seguro de que es **totalmente** necesario?
****
VO: I don't need you to tell me how good my coffee is. I'm the one who buys it, I know **how fuckin' good it is**
VD: No necesito que me digas lo bueno que es mi café. Soy yo el que lo compra y lo sé **condenadamente bien**
TR: No necesito que me digas lo bueno que es mi café. Lo compro yo. Ya sé que es **un pasote**

Tal y como explican Chaume Valera y García del Toro (2000), los enfatizadores absolutamente y condenadamente no son frecuentes como recursos enfatizadores en español. Además, absolutamente, aunque tiene valor enfatizador, solamente se suele emplear en situaciones negativas y sería necesario traducirlo por totalmente o completamente. Con respecto a condenadamente, resulta una traducción extraña por el matiz negativo que sigue manteniendo en español pese a que en el original prevalece un matiz positivo.

Por último y como se mencionó anteriormente, Rodríguez Medina (2009) se centra exclusivamente en las interferencias pragmáticas en la traducción al español de las interjecciones en los diálogos de la novela británica *Jemina*. En los diálogos literarios es donde el plano pragmático-cultural adquiere una significancia especial que de no tenerse en cuenta en el proceso translativo conduciría al fracaso pragmático-cultural de la comunicación (cf. Thomas, 1983). Tanto Gómez Capuz (2001a) como Wierbicka (1991), Chaume Valera y García del Toro (2000), entre otros, ya señalaban la fuerza ilocutiva de las interjecciones, tan presentes en los diálogos, que aportan información muy útil en el proceso de traducción. Rodríguez Medina (2009) emplea la clasificación de Martínez Álvarez (1990): interjecciones onomatopéyicas, apelativas y las referidas a estado de ánimo del hablante (emotivas), representando estas últimas la inmensa mayoría de su corpus (159 de un total de 163 interjecciones).

En cuanto a las interjecciones apelativas, la autora señala que este tipo de interjecciones son bastantes cercanas en inglés en español desde el punto de vista pragmático, por ejemplo: *Hey → eh, oye*; *Sssh → chisst*. El grupo de interjecciones emotivas de su corpus incluye una amplia variedad de estados emocionales: sorpresa, extrañeza, admiración, decepción, etc., siendo la interjección *oh* la más problemática para la traducción al español dado a que apenas aparece en la conversación coloquial en español, pero en inglés se emplea en situaciones de índole muy variada (p. 180–182):

- Pena, compasión: **Oh** poor you → **Huy/ay** pobrecita
- Sorpresa: **Oh**. I didn't realize you were here → **Ay/Ah**, no me había dado cuenta de que estabas aquí
- Extrañeza:
  - We just have these little games to play
  - **Oh?**
  - Nos dedicamos a jueguecitos como estos
  - **¿Ah, sí?**
- Temor: Oh Geraldine, if only you know about Ben's background → ¡Ay, Geraldine, si conocieras el pasado de Ben!
- Mecanismo intensificador: Oh shut up you two → Callaos ya / ¿os queréis callar? / ¿por qué no os calláis?; Oh wonderful things → Pero qué maravilla; Oh, I give up → Mira, lo dejo

Otras interjecciones emotivas del corpus presentaban las siguientes funciones pragmáticas:

- Acuerdo, asentimiento o aprobación: Oh yes, sorry, I forgot → Ah, sí [es verdad]; lo siento, se me olvidó
- Desaprobación, rechazo, desdén o asco: Ugh, nah, sssh, yeuch, eurgh → puaf, bah, buak, pss, etc.
- Sobresalto, susto o dolor: ouch → ¡Ay!; ooops → Huy
- Alivio: Phew. You gave me a right fucking scare → Uf. Me diste un buen susto, joder.
- Duda, reserva, indecisión, desconfianza, placer: er, um, hmm, mmmm → hum, em, mmm.
- Sarcasmo, incredulidad, ironía: ha, whoa → ¡Ja! ¡jiji! ¡jaja!

No obstante, en el corpus de análisis, la autora no encontró interjecciones onomatopéyicas por ser estas más propias de otros tipos de texto como los cómics o la literatura infantil y juvenil.

A modo de cierre de este apartado, recordamos que el traductor debe evitar las posibles interferencias e intentar reflejar el modelo pragmático de la lengua de llegada, en este caso el español peninsular. De lo contrario, sobre todo si se hace un uso continuado de todas estas interferencias pragmáticas, pueden llegar a integrarse en las formas lingüísticas castellanas como consecuencia de la fuerte influencia que ejercen los medios audiovisuales sobre el habla cotidiana de los individuos, en especial, entre los más jóvenes como ya apuntaba Gómez Capuz (2001a).

4. Propuesta didáctica en el aula de traducción

En este apartado se esboza brevemente una propuesta formativa para el aula universitaria de traducción con tres objetivos principales: (1) familiarizar al estudiantado con la competencia pragmático-cultural; (2) destacar su importancia como una de las competencias que deben ir adquiriendo a lo largo de su proceso formativo; y (3) empezar a concienciarles sobre las recurrentes interferencias pragmáticas anglófonas que se están incorporando al español peninsular y que forman parte del lenguaje que se emplea sobre todo entre sus coetáneos.

El primer paso consistiría en una explicación teórica del modelo de competencia traductora y de la competencia pragmático-cultural. Tal y como afirma Atkinson (2014, p. 9), es deseable que se sitúe claramente dentro de las competencias que el estudiantado ha de adquirir durante el grado y que la identifiquen como una competencia más que deben desarrollar durante su formación académica. Esta presentación teórica adoptaría la forma de una clase magistral, con apoyo visual mediante PowerPoint o soportes similares, de una media hora a una hora de duración (según el curso en el que se lleve a cabo) que iría acompañada de numerosos ejemplos prácticos como los que se han presentado escuetamente a lo largo de este capítulo.

La segunda parte de esta propuesta didáctica consistiría en fomentar la reflexión y el debate en grupos reducidos para luego más tarde realizar una puesta en común con toda la clase sobre las experiencias personales que hayan tenido con las versiones originales y dobladas de películas, de series, etc. o incluso con libros que hayan leído. Gracias a esta reflexión previa, el debate en grupo y la puesta en común en clase, los alumnos empezarían a ser más conscientes de las interferencias pragmáticas que han calado en el español peninsular a través de los medios audiovisuales. Ser consciente de esto les ayudará a evitar el uso de este tipo de interferencias. En el caso de que sea necesario ayudarles y animarles a la reflexión, se podrían visionar una serie de videos cortos que ejemplifiquen esta problemática.

El tercer paso sería la puesta en práctica mediante un análisis de ejemplos reales que presenten interferencias pragmáticas de distinto tipo para que las identificaran y aportaran distintas propuestas de traducción más idiomáticas y naturales en español. A modo de ilustración, se podrían emplear ejemplos de los trabajos de Marín Castellanos (2018), Gómez Capuz (1993, 1998, 2001a, 2001b, 2001c, 2001d), o de otras fuentes y/o autores.

La cuarta y última fase de esta propuesta sería la evaluación de la experiencia formativa por parte del estudiantado mediante un breve cuestionario en línea, que permitiera recabar información sobre la utilidad de la actividad para su formación académica, los aspectos positivos, así como los aspectos mejorables o sugerencias de mejora del taller.

5. Conclusiones

Sería absurdo negar que los productos audiovisuales están cada vez más presentes en nuestras vidas y de que estos son una de las principales fuentes de incorporación de anglicismos en el español peninsular (cf. Gómez Capuz 2000a; Chaume Valera y García del Toro, 2000; Marín Castellanos, 2018). De ahí, que sigan siendo necesario trabajos que estudien con detalle los factores pragmático-culturales que afectan al proceso de traducción del inglés al español en todos los ámbitos, no solo en el audiovisual y en el literario, y que los resultados de estas investigaciones se puedan llevar al aula universitaria. En las palabras de Carbonell (1997, p.67–68):

> En la didáctica de la traducción, la corrección de interferencias culturales habría de ser al menos tan importante como la corrección de interferencias gramaticales. Aquéllas tienen su componente textual, puesto que, como hemos visto, la cultura se actualiza en los textos.

Por cuestiones de espacio, el presente capítulo solamente se ha centrado en aspectos pragmalingüísticos y se han dejado a un lado los aspectos sociopragmáticos, que representan la otra cara de la moneda de la Pragmática a la que hay que prestar también atención cuando hablamos de comunicación intercultural. Es fundamental que el traductor y el intérprete sean conscientes de los valores y las normas de una cultura a la hora de interpretar y evaluar otra, especialmente, en determinadas situaciones. El choque intercultural no se debe única y exclusivamente a que existan diferencias culturales, sino más bien a que los interlocutores o mediadores no siempre saben interpretar la situación como una manifestación de un sistema cultural diferente. Pese a esto, los malentendidos culturales no han de verse de una manera negativa desde el punto de vista pedagógico ya que la reflexión y el análisis de estas situaciones en el aula son fundamentales para aprender a comprender la cultura origen y las diferencias significativas con la propia cultura.

Para concluir, huelga decir que, en el aula de traducción, como han indicado muchos autores, los estudiantes deben aprender también las culturas de sus lenguas de trabajo, es decir, aquellos aspectos invisibles que influyen y guían el comportamiento de los miembros de dichas culturas. Los conocimientos culturales deben incluirse desde el inicio en el aula universitaria e ir avanzando a lo largo de toda la formación académica.

Referencias bibliográficas

Alcaraz Varó, E. (1993). Pragmática y traducción. En R. López Ortega y J. L. Oncins Martínez (Eds.), *Essays on translation/ Ensayos sobre traducción*. Cáceres: Seminario Permanente de Filología Inglesa y Didáctica del Inglés de la UEX.

Bello, B. A. (2015). *Atenuación e intensificación pragmáticas en la expresión de actividades de imagen: un estudio contrastivo en conversaciones coloquiales del español y del inglés*. Tesis Doctoral. Universidad de Valencia, Valencia, España. Recuperado de http://roderic.uv.es/bitstream/handle/10550/45174/Tesis%2028%20de%20mayo%20FINAL.pdf?sequence=1&isAllowed=y [Último acceso: 1 de agosto de 2019]

Blum-Kulka, S., J. House & Kasper, K. (Eds.) (1989). *Cross-Cultural Pragmatics: Requests and Apologies*. Norwood (NJ): Ablex.

Buitrago, S. H., Ramírez, J. F. & Ríos, J. F. (2011). Interferencia lingüística en el aprendizaje simultáneo de varias lenguas extranjeras. *Revista Latinoamericana de Ciencias Sociales, Niñez y Juventud*, 2 (9), pp. 721–737. Recuperado de https://dialnet.unirioja.es/servlet/articulo?codigo=3750879 [Último acceso: 1 de agosto de 2019]

Carbonell Cortés, O. (1997). Del «conocimiento del mundo» al discurso ideológico: el papel del traductor como mediador entre culturas. En E. Morillas & J. P. Arias (Eds.) *El papel del traductor* (pp. 59–74). Salamanca: Ediciones Colegio de España.

Carrasco Santana, A. (1999). Revisión y evaluación del modelo de cortesía de Brown y Levison. *Pragmalingüística*. (7), 1–44.

Chaume Varela, F., & García de Toro, C. (2001). El doblaje en España: anglicismos frecuentes en la traducción de textos audiovisuales. *Rivista internazionale di tecnica della traduzione*. (6), 119–137. Recuperado de https://www.openstarts.units.it/bitstream/10077/2945/1/ritt6_09varela_toro.pdf [Último acceso: 1 de agosto de 2019]

Cuenca, M. J. (2006). Interjections and pragmatic errors in dubbing. *Meta. 51* (1), 20–35. Recuperado de https://www.erudit.org/fr/revues/meta/2006-v51-n1-meta1129/012991ar/ [Último acceso: 1 de agosto de 2019]

Escandell Vidal, M. V. (2009). Los fenómenos de interferencia pragmática. En L. Miquel y N. Sans (Eds.), *Didáctica del español como lengua extranjera. Colección Expolingua 1996* (pp. 95–109). Recuperado de http://marcoele.com/descargas/expolingua1996.pdf [Último acceso: 1 de agosto de 2019]

Fernández, I., Carrera, P., Sánchez, F., Páez, D. & Candia, L. (2000). Differences between cultures in emotional verbal and non-verbal reactions. *Psicothema, 12*, 83–92. Recuperado de http://www.psicothema.com/pdf/401.pdf [Último acceso: 16 de agosto de 2019]

Gómez Capuz, J. (1993). Calcos y malas traducciones en los doblajes del inglés al español: estudio y taxonomía de un corpus reciente y su contribución a la traductología y la enseñanza de lenguas. En J. Fernández-Barrientos (Ed.) *Actas de las Jornadas Internacionales de Lingüística Aplicada* (pp. 627–638). Granada: Universidad de Granada.

Gómez Capuz, J. (1998). Pragmática intercultural y modelos extranjeros: la interferencia pragmática en los doblajes al español de películas y seriales norteamericanos. *Quaderns de Filologia. Estudis Lingüístics*, 4–1: 135–151.

Gómez Capuz, J. (2001a). La interferencia pragmática del inglés sobre el español en doblajes, telecomedias y lenguaje coloquial: una aportación al estudio del cambio lingüístico en curso. *Revista Tonos Digital* 2 1-126. Documento en: http://www.um.es/tonosdigital/znum2/ estudios/ Doblaje1.htm [Último acceso: 1 de agosto de 2019].

Gómez Capuz, J. (2001b). La modalidad del enunciado como fenómeno de interferencia pragmática en los doblajes del inglés al español. En C. Muñoz (Ed.) *Trabajos en lingüística aplicada* (pp. 701–707). Barcelona: Aesla.

Gómez Capuz, J. (2001c). Usos discursivos anglicados en los doblajes al español de películas norteamericanas: hacia una perspectiva pragmática. En I. de la Cruz Cabanillas et al. (Eds.) *La lingüística aplicada a finales del siglo XX. Ensayos y propuestas* (pp. 809–814). Madrid: Universidad de Alcalá de Henares.

Gómez Capuz, J. (2001d). Diseño de análisis de la interferencia pragmática en la traducción audiovisual del inglés al español. En J. D. Sanderson (Ed.) *¡Doble o nada! Actas de las I y II Jornadas de doblaje y subtitulación de la Universidad de Alicante* (pp. 59–84). Alicante: Publicaciones de la Universidad de Alicante.

Göpferich, S. (2009). Towards a model of translation competence and its acquisition: the longitudinal study "TransComp." En S. Göpferich, A. L. Jakobseny, I. M. Mess (Eds.), *Behind the mind: Methods, models and results in translation process research* (Vol. 3, pp. 11–37). Copenhague: Samfundslitteratur. http://doi.org/10.1075/btl.45

Hurtado Albir, A. (2011). *Traducción y traductología. Introducción a la traductología* (2a edición). Madrid: Cátedra.

Janney, R. & H. Arndt (1992). Intracultural Tact vs Intercultural Tact. En R. J. Watts, S. Ide y K. Ehlich (Eds.), *Politeness in Language. Studies in its History, Theory and Practice* (pp. 21–41). Berlín: Mouton De Gruyter.

Katan, D. (2008). University training, competencies and the death of the translator. Problems in professionalizing translation and in the translation profession. En M. T. Musacchio & G. Henrot (Eds.), *Tradurre: formazione e professione* (pp. 113–140). Padova: CLEUP.

Kelly, D. (2002). Un modelo de competencia traductora: bases para el diseño curricular. *Puentes* 1, 9–20. http://doi.org/10.1007/s13398-014-0173-7.2

Kiraly, D. C. (1995). *Pathways to translation. Pedagogy and process*. Kent: The Kent State University Press.

Leech, G. (1983). *Principles of Pragmatics*. Londres: Longman

Marín Castellanos, R. (2018). Interferencias pragmáticas en el doblaje al español peninsular de contenido norteamericano: el caso de la comedia de situación *Curb your enthusiasm*. Trabajo de Fin de Grado. Departamento de Traducción e Interpretación. Universidad de Murcia.

Martínez Álvarez, J. (1990). *Las interjecciones*. Logroño: Consejería de Educación, Cultura y Deportes del Gobierno de La Rioja.

Neubert, A. (1994). Competence in translation: a complex skill, how to study and how to teach it. En M. Snell-Hornby, F. Pöchhackery K. Kaindl (Eds.), *Translation studies. An interdiscipline* (pp. 411–420). Ámsterdam: John Benjamins. http://doi.org/10.1075/btl.2.48neu

Neubert, A. (2000). Competence in language, in languages, and in translation. En C. Schäffner y B. Adab (Eds.), *Developing translation competence* (Vol. 38, pp. 3–18). Ámsterdam: John Benjamins. http://doi.org/10.1075/btl.38

Nord, C. (1992). Text analysis in translator training. En C. Dollerup y A. Loddegaard (Eds.), *Teaching translation and interpreting* (pp. 39–48). Ámsterdam: John Benjamins. http://doi.org/10.1075/z.56.08nor

Olalla Soler, C. (2017). *La competencia cultural del traductor y su adquisición. Un estudio experimental en la traducción alemán-español.* Tesis doctoral. Universitat Autònoma de Barcelona.

Oliveras, A. (2000). *Hacia la competencia intercultural en el aprendizaje de una lengua extranjera. Estudio del choque cultural y los malentendidos.* Madrid: Edinumen.

Rodríguez Medina, M. J. (2009). Consideraciones pragmáticas en la traducción de las interjecciones del inglés al español: el caso de la novela británica "Jemima B.". *Revista de Lingüística y Lenguas Aplicadas*, *4*, 175–187. Recuperado de https://riunet.upv.es/bitstream/handle/10251/10647/743-1388-1-M.pdf?sequence=1 [Último acceso: 1 de agosto de 2019]

PACTE. (2003). Building a translation competence model. En F. Alves (Ed.), *Triangulating translation: Perspectives in process oriented research* (pp. 43–66). Ámsterdam: John Benjamins.

PACTE. (2017). PACTE Translation competence model. A holistic, dynamic model of translation competence. En A. Hurtado Albir (Ed.), *Researching translation competence by PACTE group* (pp. 35–41). Ámsterdam: John Benjamins.

Shreve, G. M. (2006). The deliberate practice: Translation and expertise. *Journal of Translation Studies*, 9(1), 27–42.

Thomas, J. (1983). "Cross-Cultural Pragmatic Failure". *Applied Linguistics* 4–2: 91–112.

Wierzbicka, A. 1991. *Cross-cultural Pragmatics. The Semantics of Human Interaction*. Trends in Linguistics. Studies and Monographs 53. Berlín: Mouton de Gruyter.

Arianna Alessandro
Universidad de Murcia

La «manera de decir»: modalización y oralidad en la traducción del discurso teatral

1. Introducción

El discurso teatral se fundamenta en una situación comunicativa compleja que implica una doble enunciación. En la representación escénica —sobre la base de una instancia ya previamente establecida, innata, en el texto dramático— se desdoblan todas las instancias que participan en el acto de comunicación, de forma que nos hallamos ante dos situaciones enunciativas indisociables: el autor que se comunica de forma indirecta con el público mediante la representación de una obra, por un lado, y una serie de actores que les prestan su voz a unos personajes que se comunican verbalmente de forma directa en el marco de una situación representada, por otro lado (Maingueneau, 1990, p. 141; cfr. también Elam, 1980; Ubersfeld, 1989).

Sin ánimo de adentrarnos en los intersticios del complejo entramado que supone la doble enunciación en el discurso teatral, en este trabajo nos proponemos reflexionar sobre el papel y los valores que, en esta peculiar instancia enunciativa, adquiere el fenómeno de la modalización, entendido como un proceso mediante el cual se manifiesta la actitud y subjetividad del hablante en su relación tanto con el contenido del enunciado que expresa como con el interlocutor al que este está destinado. El objetivo es reflexionar sobre el papel que el análisis de los mecanismos de modalización que se manifiestan en el texto dramático mediante marcas modales concretas —especialmente las de oralidad subjetiva— puede desempeñar a la hora de detectar algunas claves significativas para comprender y traducir dicho texto, entendiendo la traducción como una operación que debería, por lo general, llevarse a cabo teniendo en cuenta la finalidad representativa del texto (Teruel *et alii*, 2009). A pesar de su relevancia, el análisis de las relaciones entre traducción y modalización es un tema que se ha tratado de forma marginal en los estudios de traducción: en la mayoría de los casos se ha aplicado a textos especializados, sobre todo jurídicos (Kneževic y Brdar, 2011; Konstantinidi, 2017) y, de forma más puntual, a textos literarios (Abdou Moindjie, 2015; Zupan, 2016), sin contar con trabajos específicos sobre el ámbito teatral.

Con estos supuestos, en primer lugar, vamos a repasar brevemente algunas cuestiones relacionadas con la singularidad de la comunicación teatral, lo que requiere definir qué entendemos por discurso teatral para ver de qué manera este concepto se relaciona con el de enunciación y el de acontecimiento comunicativo. A continuación, nos centraremos en la modalización como fenómeno esencial de la dimensión enunciativa, destacando su papel en la construcción del discurso teatral y, en particular, su relación con la oralidad ficticia. La reflexión teórica se completa con el análisis de las marcas modales y de oralidad de dos fragmentos textuales extraídos de sendas obras teatrales: *Eloisa está debajo de un almendro* de Enrique Jardiel Poncela y *Radio clandestina* del dramaturgo italiano Ascanio Celestini.

2. Discurso teatral: texto dramático y texto de la representación

Ubersfeld (1989, p. 174) apunta que, de entrada, se podría definir el discurso teatral como «el conjunto de los signos lingüísticos producidos por una obra teatral». No obstante, inmediatamente después observa que se trata de una definición extremadamente vaga y que atañe más al conjunto de los enunciados del texto teatral que al discurso propiamente dicho, considerado como producción textual. De hecho, para dar cuenta de la diferenciación establecida desde la lingüística textual entre texto y discurso, la autora retoma las palabras de Guespin (1971, p. 10), según el cual: «El enunciado consiste en la sucesión de las frases emitidas entre dos blancos semánticos; el discurso es el enunciado considerado desde la perspectiva del mecanismo discursivo que lo condiciona»[1].

Si aceptamos que el discurso no coincide con el enunciado en sí mismo, abordado de forma abstracta y descontextualizada[2], sino con su empleo por parte de un locutor concreto y dentro de una situación comunicativa determinada, y llevamos esta definición al discurso teatral, inevitablemente nos tendremos que preguntar, en palabras de Ubersfeld (1989, p. 174–175):

---

1 Cabe recordar que, a partir de la propuesta de Van Dijk (1978), por *texto* se entiende el conjunto de elementos lingüísticos organizados según reglas de construcción mientras que el *discurso* sería la emisión concreta de un texto, por un enunciador determinado, en un contexto determinado.

2 Marchese y Forradellas (1986, p. 127) definen el enunciado como «cualquier secuencia cerrada y acabada de palabras emitidas por uno o varios locutores. Puede estar formado por una o varias frases (…)».

¿Dónde se sitúan sus límites y qué puede ser considerado como discurso en la actividad teatral? Este discurso, ¿puede ser comprendido como: a) un conjunto organizado de mensajes cuyo «productor» es el autor dramático; o b) como el conjunto de signos y de estímulos (verbales y no-verbales) producidos por la representación cuyo «productor» es plural (autor, director de escena, técnicas diversas, comediantes)?

No es una novedad que, en el ámbito teatral, el término «discurso» se utilice con múltiples acepciones y acompañado por distintos determinantes: hablamos de «discurso teatral», pero también de «discurso dramático», «discurso de la puesta en escena», «discurso central» o «discurso del autor», «discurso de los personajes», etc. (Ezpeleta, 2007, p. 102). Es evidente que esta pluralidad está relacionada con la especificidad a la que se refiere Ubersfeld (1989, p. 174–175) en la cita anterior: la doble dimensión del «discurso teatral», término global que incluye tanto el discurso dramático —correspondiente al texto dramático obra del dramaturgo, coincidente con el punto a) de la cita— como el discurso de la representación —relativo al punto b)[3]. Esta diferenciación la adopta, entre otros, Elam (1980, p. 3), quien distingue entre el texto producido «para» el teatro, que coincide con el «texto dramático», y el texto producido «en» el teatro, esto es, el «texto de la representación». Una diferenciación que, aunque operativa, no nos debe engañar: entre ambos textos y los correspondientes discursos existe una estrecha interacción e interdependencia. En este sentido, como también apunta Elam en su diferenciación, el texto dramático nace para ser representado o, en palabras, de Ezpeleta (2007, p. 49): «el texto dramático está marcado en su génesis y desde el momento de su creación por la representación hacia la que se orienta y de la cual es partitura, y la representación depende del texto verbal del diálogo que el paratexto codifica».

Por consiguiente, texto dramático y representación no son separables, combinándose ambos en la creación del discurso teatral. Esto implica que el texto dramático esté pensado y construido en su dimensión discursiva, es decir, pensando en la emisión concreta del texto, como conjunto de enunciados, por un enunciador determinado y en un contexto determinado. De ahí que el texto

3 Cabe destacar que algunos autores, entre ellos Ezpeleta (2009), emplean el término 'teatral' para referirse a la representación escénica. En particular, la autora afirma: «por texto dramático entendemos el modo de ficción creado en relación dialéctica con la representación escénica, que se ordena en el diálogo y que se construye de acuerdo con unas determinadas convenciones que le son propias. Y por texto teatral, el espectáculo, la forma de intercambio comunicativo, artística y semióticamente complejo, que se produce entre intérpretes y público en la representación» (Ezpeleta, 2009, p. 13). Sobre el tema, véanse también Ezpeleta (2007, p. 47–48) y Espasa (2009).

dramático presente una serie de marcas específicas destinadas a sustentar y guiar esta dimensión enunciativa en la que encuentra su manifestación, su actualización, en el sentido de «puesta en acto», realización. Por lo que el texto dramático podría considerarse, en cierto modo, un texto «incompleto», a la espera su realización plena como acontecimiento en un espacio y un tiempo concreto mediante su realización escénica como discurso teatral, entendido como la forma de intercambio comunicativo-artística que se produce entre los actores y el público durante la representación, en la que, además del código verbal, intervienen otros códigos como el paraverbal, el gestual, el musical, de vestimenta, etc.

Aun dependiendo de las específicas condiciones del encargo, por lo general el traductor se enfrenta al texto dramático, es decir, el texto escrito cuyo autor es el dramaturgo. Un texto que, sin embargo, está concebido para ser representado y comunicado oralmente, es decir, para «actualizarse» como discurso teatral en la representación escénica y que, como tal, presenta una serie de condiciones de las cuales el traductor debe ser consciente y que requieren de un tratamiento específico.

3. Discurso teatral y enunciación: el «acto de decir»

Con todo lo expuesto hasta ahora y retomando lo dicho al comenzar esta reflexión, el texto dramático, más que ninguno otro, resulta ser rigurosamente dependiente de las condiciones de enunciación (Ubersfeld 1989, p. 175), entendiendo el término enunciación en su acepción más generalizada de puesta en funcionamiento de la lengua mediante un acto individual de utilización, acto que hace del enunciado un discurso (Benveniste, 1983). Sobre la cuestión, Ubersfeld (1989, p. 175) se pregunta: ¿cómo interpretaríamos las grandes frases teatrales si las aisláramos de su contexto enunciativo? ¿Qué sentido tendrían? Probablemente ninguno, ya que, aunque no tendríamos problemas a la hora de descodificar el significado semántico de los términos que las componen, no podríamos determinar el sentido de un enunciado teniendo en cuenta únicamente su componente lingüístico, sino que necesitaríamos conocer el contexto pragmático, la situación comunicativa en la que dicho enunciado se ha pronunciado, esto es, sus condiciones de enunciación. «La práctica teatral comunica a la palabra sus condiciones de existencia. El diálogo como texto es palabra muerta» afirma Ubersfeld (1989, p. 175) o, en palabras de Ong (1982, p. 74), «The spoken word is always an event, a movement in time, completely lacking in the thing-like repose of the written or printed word». De esta forma, el discurso dramático cobra vida. Una vida que se manifiesta en su plenitud en la representación escénica o, a falta de ello, en la reconstrucción imaginaria de las condiciones de enunciación en su lectura privada por parte del lector del texto escrito[4].

Para poder apreciar el papel y la importancia que el concepto de enunciación, como «acto de decir», adquiere dentro del discurso teatral es necesario entender que esta consiste en la puesta en funcionamiento de la lengua por un acto individual de utilización, esto es, un proceso de apropiación de la lengua por parte de un individuo concreto que se manifiesta con *el acto mismo* de producir un enunciado y no con el contenido específico de ese enunciado. Igual que la representación escénica es actualización del texto dramático, el acto de apropiación individual de la lengua que se realiza con la enunciación implica una actualización del sistema de la lengua, en el sentido saussureano del término. De no darse el proceso de enunciación, la lengua quedaría en un estado latente, de virtualidad (Benveniste, 1983: 83–91).

Por otro lado, si esta apropiación, realizada en una situación comunicativa concreta, requiere la presencia de un *locutor* del que emana la instancia de discurso, al mismo tiempo, también implica la instauración de un *receptor* hacia quien esa instancia va dirigida. La enunciación lleva implícita la *alteridad*, por esa razón su dominio específico es el *diálogo*. El intercambio dialógico es la forma fundamental y ejemplar del texto dramático: en el teatro «el diálogo es acción hablada» afirma Pavis (1983, p. 129). En el teatro esta relación entre acción y palabra, en su forma dialógica, alcanza su máxima expresión: la actividad dialógica que mantienen los personajes permite la transformación del universo dramático y sustenta la dinámica de la acción. Los personajes actúan a través de sus discursos y son construidos, caracterizados, a través y a lo largo de sus réplicas, dejando manifiesta la dimensión performativa del lenguaje, en el sentido que Austin (1962), en el marco de la Teoría de los Actos de Habla, confiere al término, es decir, como acción: no solo descripción de un hecho, sino realización, actualización del mismo hecho por solo decirlo, mediante recursos lingüísticos. La selección y los usos de estos recursos lingüísticos están determinados por la situación de comunicación en su sentido global, que incluye factores como el locutor, el receptor, la intención comunicativa, el contexto, etc.

4 Ubersfeld (1989, p. 175) considera que la lectura del discurso teatral privado de la representación es una «tarea ambigua, imposible en rigor», palabras con las que la autora incide, una vez más, en la imposibilidad de separar ambas dimensiones: el texto escrito y su puesta en escena.

4. Discurso teatral y modalización

Los elementos que conforman la situación comunicativa condicionan el acto de enunciación y la correspondiente formulación del discurso, manifestándose mediante marcas lingüísticas que codifican la posición o actitud del emisor frente al destinatario del mensaje y al contenido del propio enunciado, así como en el contexto espacio-temporal en el que se lleva a cabo la enunciación.

Uno de los mecanismos lingüísticos que más contribuye a la codificación del contexto espacio-temporal es la deixis[5], un fenómeno ampliamente estudiado en su aplicación al análisis del texto dramático y de su representación escénica (cfr. Elam, 1980, p. 138ss). En cuanto a la posición o actitud del emisor frente al destinatario del mensaje y al contenido del propio enunciado, se trata de aspectos que se relacionan con la manifestación de la subjetividad y la expresividad en el lenguaje y que se codifican en la enunciación mediante mecanismos de modalización.

El término modalización hace referencia a la distinción lógica entre el *dictum* —lo dicho, el contenido presentado en un enunciado, la proposición— y el *modus* —la actitud adoptada por el hablante con respecto al contenido de su enunciado[6]. Es evidente que cualquier acto de enunciación implica, de forma inseparable, *dictum* y *modus*. Cabe precisar que, al hablar de *modalización* nos estamos refiriendo al proceso, a la acción, que produce como resultado distintas *modalidades*, que son las que se manifiestan en el discurso mediante marcas modales o de modalización concretas[7]. El proceso, en sí mismo, no es observable, solo lo son las marcas que produce.

Para entender cómo opera y se manifiesta el mecanismo de la modalización adoptamos la diferenciación planteada por Meunier (1974) y retomada por otros autores (Otaola Olano, 1988), entre:

5 Puesto que el locutor está inserto en su enunciación, un conjunto de formas determinadas le sitúan en relación con esta y con el contexto espacio-temporal en el que tiene lugar. Estas formas incluyen los demostrativos, los pronombres personales, algunos determinantes y posesivos, las marcas de los tiempos verbales y algunos adverbios (*aquí*, *ahora*).

6 Bally (1932), pionero a la hora de estudiar este aspecto de la teoría de la enunciación, señala que las representaciones mentales tienen, por un lado, una referencia a una realidad (*dictum*) y, por otro, a cómo esta realidad es vista por el sujeto (*modus*).

7 La terminología empleada para referirse a estas marcas es bastante heterogénea pudiéndose indicar, entre otras, denominaciones como modalizadores, marcadores de modalización, partículas modales.

- **modalidades de la enunciación** para referirse a la manifestación de la posición del emisor frente al destinatario del mensaje; tienen carácter intersubjetivo y hacen referencia a la modalidad de la oración —interrogativa, declarativa, imperativa, dubitativa, desiderativa, etc. — y, más ampliamente, a la fuerza ilocutiva de los enunciados.
- **modalidades del enunciado** para indicar la posición del emisor frente al contenido del propio enunciado; tienen un carácter subjetivo e incluyen el empleo de ciertos adverbios (*afortunadamente*, *lamentablemente*), construcciones verbales (*me alegra*, *me extraña*, *es una pena*), adjetivos valorativos (*horrible*, *increíble*, *maravilloso*), etc. En este grupo Otaola Olano (1988, p. 101) diferencia entre las *modalidades lógicas*[8], referidas a la manera en la que el hablante considera el enunciado indicando su contenido como necesario, cierto, inverosímil, obligatorio, etc. y *modalidades apreciativas o subjetivas*, por medio de las cuales el hablante muestra su actitud con respecto a lo comunicado en función de su escala de valores, manifestando su visión afectiva sobre un determinado hecho o situación y expresando conceptos como la utilidad, el deseo, el temor, etc.

Pero, ¿por qué tanto interés en el proceso de modalización y en las marcas modales que este produce? ¿Y en qué sentido juegan un papel esencial en el discurso teatral? ¿Y qué relación mantienen con la traducción del texto dramático? Para decirlo con las palabras de Bally (1932, p. 35):

> la modalidad es el alma de la frase; lo mismo que el pensamiento, está constituida esencialmente por la operación activa del sujeto hablante. No se puede, por tanto, atribuir valor de frase a una enunciación si no se ha descubierto la expresión de la modalidad, sea cual sea.

---

8 Recordamos que dentro de las modalidades lógicas se puede diferenciar, a su vez, entre *modalidad alética* (indica verdad o falsedad de un enunciado), *modalidad epistémica* (indica el grado de certeza o duda que el emisor muestra con respecto a la verdad de la proposición contenida en su enunciado) y, finalmente, *modalidad deóntica* (indica la obligatoriedad de que se dé el contenido enunciado, en relación con un sistema de normas). De todos modos, se ha de decir que las fronteras entre estos matices semánticos son difusas, ya que muchas veces se establecen relaciones lógicas entre varios de estos significados; de hecho, la modalidad deóntica implica también una determinada modalidad epistémica (cfr. Otaola Olano, 1988).

Esto nos lleva a considerar el reflejo lingüístico de las modalidades como una de las estrategias discursivas más reveladoras de la intencionalidad última del discurso del hablante (como finalidad y motivación). Por otro lado, si la modalidad se refiere a cómo se dice algo, su manifestación se realizará mediante la expresión de contenido verbal y no-verbal o, dicho de otra forma, combinando el código lingüístico con otros códigos tales como el gestual, el prosódico, etc. Y el discurso teatral, como constructo semiótico complejo pluridimensional (Elam, 1980), crea su sistema de comunicación y su significación global precisamente a partir de esta interacción entre distintos códigos, por lo tanto, dicho discurso representa una manifestación en la que el proceso de modalización y sus resultados en las modalidades de la enunciación y del enunciado encuentran una expresión privilegiada.

Son evidentes las repercusiones de estas consideraciones en vista de cualquier intento de lectura, análisis e interpretación de un texto dramático, incluidas su puesta en escena (traducción intersemiótica) y su traducción (interlingüística). De hecho, tanto la construcción y caracterización de los personajes, así como el desarrollo de la acción dramática a raíz de las intenciones comunicativas de los mismos, se sustentan en las marcas modales como elementos claves que contribuyen a la conformación de la interacción dialógica y a la construcción de la partitura textual del discurso dramático que llegará a las manos de los actores, del director y de todos los agentes encargados de su puesta en escena (Teruel *et alii*, 2009). La modalización coincide con la «manera de decir», esto es, la forma de dar vida a las palabras, de actualizarlas, contribuyendo a que el texto hable (Havelock, 1986).

Y esto se consigue a través de marcas lingüísticas diversas, las marcas modales, que, aun originándose en el texto dramático, están destinadas a combinarse con otros signos paraverbales y no-verbales en la representación escénica, esto es, a manifestarse en unas condiciones concretas de enunciación, materializando el proceso de modalización del discurso y orientando al receptor en su interpretación. Por tanto, la detección y correcta interpretación de estas marcas en el texto dramático puede facilitar su traducción tanto a nivel intersemiótico, esto es, del texto escrito a su representación escénica, como interlingüístico e intercultural. En definitiva, y siempre teniendo en cuenta las condiciones específicas del encargo, la labor del traductor con el texto dramático estará orientada a su representabilidad, esto es, tendrá en cuenta su naturaleza de discurso teatral. De manera que las siguientes palabras de Peter Brook también afectan a la labor del traductor:

> El actor y el director deben seguir el mismo proceso que el autor, que consiste en ser conscientes de que ninguna palabra, por inocente que parezca, lo es. Cada palabra contiene por sí misma, y los silencios que la preceden y la siguen, todo un entramado tácito de energías entre los personajes. El éxito de decir unas sencillas palabras y dar la impresión de vida [en el teatro] dependerá de que se consiga hallar ese proceso (1994, p. 19–20, citado en Ezpeleta 2009, p. 12).

En este sentido, el traductor de textos teatrales debe tener muy presente que todo lo que se escribe/se dice en teatro tiene un fin y está lleno de intención.

5. Modalización y oralidad: análisis de dos fragmentos textuales

López Lapeña (2016), a la hora de enumerar las características principales del discurso teatral, incluye la oralidad. Ya hemos insistido en que el texto dramático (y su actualización en el discurso teatral) tiene vocación oral, debido a su naturaleza y finalidad hablada, a pesar de su génesis como texto escrito. Esta doble naturaleza hace que la oralidad del texto dramático sea una oralidad fingida o ficticia[9] (Brumme, 2008), puesto que, al contrario de la oralidad espontánea, la oralidad de los textos teatrales sí tiene presente las cacofonías, las ambigüedades o arritmias y busca una «ambigüedad» deseada, entre otros aspectos. Por su parte, Matteini (2008) destaca que la principal característica de traducir obras de teatro es que el texto que se traduce acabará dicho, respirado y movido por seres de carne y hueso que añaden su aliento, su sangre y su energía al texto. Por tanto, la oralidad ficticia contribuye a otorgar verosimilitud a los hechos que se exponen, así como a la caracterización y el comportamiento de los personajes que toman la palabra.

---

9 Como observa Brumme (2008, p. 7), el término 'oralidad ficticia' o 'fingida' «no designa un único fenómeno homogéneo, sino que cubre más bien una multitud y gran variedad de manifestaciones de lo oral en lo escrito», lo que explica la gran diversidad de denominaciones que ha recibido (oralidad literaria, construida, prefabricada, etc.). Aquí, empleamos este término para referirnos a un lenguaje escrito que imita el uso oral a través del recurso a determinados elementos lingüísticos que suelen ser propios de la comunicación oral conversacional, por lo general, aunque no siempre, informal. Dicha oralidad la encontramos en una amplia tipología de textos: novelas y relatos -preferiblemente de tipo dialógico-, textos fílmicos, textos teatrales, cómics y novelas gráficas, etc.

> La 'oralidad fingida' crea la ficción o la ilusión de un habla auténtica que, en general, caracteriza la manera de hablar de una figura o protagonista imaginado, o sea, el habla 'inventada' por alguien (novelista, guionista, dramaturgo, varios autores o adaptadores, etc.) (Brumme, 2008, p. 9).

A este respecto, Brumme (2012, p. 15), retomando la propuesta inicial de Goetsch (1985), menciona como funciones principales de este tipo de oralidad en los textos escritos las siguientes: a) contribuye a la ilusión de la verosimilitud; b) sitúa la acción en una determinada época y región; c) contrasta el lenguaje de los personajes según la clase social; d) incorpora elementos procedentes de la tradición. La naturaleza dialógica y la actualización oral del texto teatral hacen que los rasgos de oralidad ficticia desempeñen en este género un papel especialmente relevante.

En cuanto a la relación que en el texto dramático (y, sobre todo, en su actualización escénica en el discurso teatral) se establece entre modalización y oralidad ficticia, la necesidad de elaborar diálogos escritos para ser dichos, que buscan y evocan la autenticidad de la conversación, conlleva el recurso a un amplio abanico de mecanismos de modalización propios del discurso oral. Se trata de mecanismos que no afectan directamente al *dictum*, al contenido proposicional del enunciado, pero sí al *modus*, a la manera de decirlo, de dar vida a las palabras, de actualizar el texto escrito en su dimensión enunciativa.

Para ejemplificar lo expuesto, veamos en primer lugar un fragmento extraído de la obra *Eloisa está debajo de un almendro* (tab. 1) de Enrique Jardiel Poncela, estrenada en el Teatro de la Comedia de Madrid en mayo de 1940, y que aquí consultamos en la edición de Conde Guerri (2001). Para esta obra no contamos con una traducción publicada al italiano, de manera que nos centraremos en el análisis del texto en lengua de origen (en adelante, TLO), considerando la fase de comprensión previa a la de reexpresión fundamental a la hora de abordar la traducción de un texto.

Tab. 1. Fragmento extraído de E. Jardiel Poncela (2001)

CLOTILDE: (*Dentro.*) ¡**Sujetad** los perros! (modalidad imperativa, obligación)
LUISA: (*Dentro.*) ¡Ya están!
MICAELA: (*Dentro.*) ¡**Yo siempre sé** lo que me digo! (modalidad declarativa, certeza)
CLOTILDE: (*Dentro.*) Y **ayudadme**… (modalidad imperativa, obligación)
PRÁXEDES: (*Dentro.*) **¿No le basto yo?** (modalidad interrogativa, duda) **¡Ah! Bueno**, por eso… (modalidad dubitativa/atenuativa)
MICAELA: (*Dentro.*) ¡**Yo siempre tengo** razón! ¡**Yo siempre tengo** razón! (modalidad declarativa, certeza)
CLOTILDE: (*Dentro.*) ¡**Calla** Micaela! (Modalidad imperativa, obligación)
MICAELA: (*Dentro.*) **¡No quiero!** ¡**No quiero** callar! *(La primera que surge es Micaela, que viene en tal actitud de desvarío, que ni ve por dónde anda, ni a los que están en la escena.)* ¡Todos habláis de mí como de una loca, como si yo no supiera lo que me digo! **¡Y sé lo que me digo**! (modalidad declarativa) Ya lo estáis viendo. El lunes anuncié ladrones para hoy, **¡y ahí lo tenéis!** (modalidad declarativa) ¡Ya ha caído uno!
[…]
EZEQUIEL: **Yo debo de estar** malísimo (modalidad dubitativa), porque veo la habitación llena de muebles.
FERNANDO: Y lo está realmente, tío Ezequiel.
EZEQUIEL: **¡Vaya!** (asombro, aceptación) Menos mal. **Eso me tranquiliza** (modalidad declarativa; sosiego).
CLOTILDE: ¡**Qué** cosa tan **desagradable, Dios mío!** (modalidad exclamativa y apreciativa, inquietud). Tiene usted mordeduras, **¿verdad?** (modalidad dubitativa, petición de confirmación)
EZEQUIEL: Sí, **tengo de todo**. (modalidad declarativa)
CLOTILDE: **¡Claro!** (seguridad, evidencia) Si Micaela le echó encima a "Caín" y "Abel".
FERNANDO: ¿Te han mordido los perros, tío?
EZEQUIEL: ¿Los perros? No. Aquella señora. (*Señala a Micaela*) Los perros no hacían más que ladrar, los **animalitos** (modalidad apreciativa). Pero aquella señora… (modalidad apreciativa, contrariedad) **Sujetadla bien, que no vuelva** (modalidad imperativa, obligación).

En el texto se pueden apreciar numerosas marcas modales (señaladas en negrita), con su correspondientes valores y funciones indicados entre paréntesis. En relación con las modalidades de la enunciación (cfr. aquí epígrafe 4), nos encontramos con oraciones interrogativas, imperativas, declarativas, exclamativas y dubitativas. En cuanto a las modalidades del enunciado (cfr. aquí epígrafe 4), observamos tanto marcas de las *modalidades lógicas,* que manifiestan la perspectiva del hablante a la hora de considerar el enunciado indicando su contenido como necesario, cierto, inverosímil, obligatorio, etc. como de las *modalidades apreciativas o subjetivas,* por medio de las cuales el hablante muestra su actitud con respecto a lo comunicado en función de su escala de valores, manifestando su visión afectiva sobre un determinado hecho o situación y expresando conceptos como la utilidad, el deseo, el temor, etc.

Es en la expresión de las modalidades subjetivas donde observamos el empleo de numerosos rasgos de oralidad tales como:

- en el plano morfosintáctico: deícticos, especialmente personales (*yo*; *ahí*; *el lunes*; *hoy*); repeticiones (*¡No quiero! ¡No quiero callar!*); enunciados incompletos (*pero aquella señora…*);
- en el plano léxico-semántico: interjecciones, propias e impropias[10] (*ah*; *vaya*; *Dios mío*); formas apelativas o vocativos (*tío*); diminutivos (*animalitos*); expresiones o giros coloquiales (*¡y ahí lo tenéis!*);
- en el plano retórico: hipérboles (*tengo de todo*);
- en el plano pragmático: preguntas retóricas (*¿verdad?*); marcadores discursivos (*bueno…*);
- en el plano ortotipográfico: empleo de la puntuación (signos de exclamación o interrogación, puntos suspensivos).

Lo expuesto permite apreciar que las marcas modales operan en distintos planos lingüísticos[11] e incluyen un abanico heterogéneo de recursos, muchos propios de la oralidad.

Algunos de estos recursos, al codificar el lenguaje propio de la inmediatez comunicativa, son compartidos por varios idiomas, con la misma categoría gramatical y los mismos y similares valores pragmáticos; otros, en cambio, dependen de las características histórico-idiomáticas específicas de cada lengua. Por consiguiente, los mecanismos de modalización, igual que los rasgos de oralidad, pueden variar de una lengua a otra, lo que implica que la misma modalidad se pueda manifestar con marcas distintas, requiriendo una atención especial a la hora de abordarlos desde una perspectiva traductológica. Para comprobarlo, vamos a examinar los siguientes fragmentos (tab. 2) que corresponden al comienzo de la obra teatral *Radio clandestina* (2005) de Ascanio Celestini, para el cual contamos con la traducción al español del también dramaturgo Luis García-Araus (2011) (en adelante: texto en lengua meta, TLM).

---

10 Incluimos las interjecciones en el plano léxico-semántico aunque, debido a sus marcados valores pragmáticos, deberían ubicarse más bien a medio camino entre los dos planos, igual que ocurre con los marcadores discursivos.

11 Cabe precisar que, al trabajar con el texto escrito, aquí no tenemos en cuenta el plano fonético-prosódico el cual, no obstante, desempeña un papel muy importante en la representación escénica, pudiendo presentar numerosas marcas modales y rasgos de oralidad.

Tab. 2. Fragmentos extraídos de A. Celestini (2005, p. 33; 2011, p. 31)

TEXTO EN LENGUA DE ORIGEN Tutti i giorni viene questa donna che dice: «**Dite un po'** (modalidad interrogativa; para llamar la atención), **che me la fate 'sta cortesia di dirmi quello che c'è scritto lì sopra quel cartello, quello appiccicato là dietro**?». (modalidad interrogativa, petición) Gli faccio: «**Ma quante volte ve lo devo leggere e rileggere 'sto cartello?** (modalidad interrogativa, contriedad) Dico... **tutti i giorni ve lo leggo 'sto cartello.** (modalidad declarativa) Sul cartello c'è scritta sempre la stessa cosa, c'è scritto *Fittasi*. *Fittasi monolocale metri quadrati 35, angolo cottura, telefono ore pasti.* **Se volete** (modalidad dubitativa), il numero del telefono ve lo scrivo su un pezzo di carta, così gli telefonate direttamente voi da casa vostra». Dice: «No, non importa. Grazie per la cortesia, siete molto gentile, ma 35 metri per me so' troppo pochi, **è troppo piccolo come appartamento** (modalidad declarativa) —dice— grazie per la cortesia, siete molto gentile, grazie per la cortesia... grazie per la cortesia». **E non ti pensare che questa donna sia alta più di tanto...** (modalidad declarativa, precisar) Questa **è proprio una bassetta nana!** (modalidad apreciativa, enfatización) Dico: «Ma per quello che siete alta voi, **che sarete alta la metà di quanto so' alto io...** (modalidad declarativa, aproximación) **che manco io fossi un gigante.** (modalidad apreciativa) Dico che in paragone di percentuale 35 metri quadrati per voi so' come 70 metri quadrati per me, **che io magari ce l'avessi un appartamento mio** (modalidad desiderativa), di proprietà mia personale di 70 metri quadrati!».
TEXTO EN LENGUA META Todos los días viene esa mujer que dice: «**Me diga una cosa, ¿sería tan amable de decirme qué pone ahí en ese cartel, ese que está pegado ahí atrás?**». Le digo: «**¿Pero cuántas veces le tengo que leer y releer ese cartel?** Quiero decir... **todos los días le leo ese cartel.** Y en el cartel siempre pone lo mismo, pone *Se alquila*. *Se alquila estudio metros cuadrados treinta y cinco, cocina americana, llamar hora comidas.* **Si quiere**, le escribo el número de teléfono en un papel, así llama usted directamente desde su casa». Dice: «No, no importa. Gracias por su amabilidad, ha sido usted muy amable, pero treinta y cinco metros para mí son demasiado pocos, **es muy pequeño para un piso** —dice,— gracias por su amabilidad, ha sido usted muy amable, gracias por su amabilidad..., gracias por su amabilidad». **Y no creas que esa mujer es que sea muy alta...** ¡Es lo que se dice una bajita enana! Digo: «Pero para lo alta que es usted, **que será la mitad de alta que yo... que tampoco soy un gigante.** Digo que en comparación porcentual treinta y cinco metros cuadrados para usted son como 70 metros cuadrados para mí, ¡y **ojalá tuviese un piso mío**, de propiedad mía personal, de setenta metros cuadrado!».

También en este texto, que tiene estructura de monólogo aunque reproduce un intercambio dialógico entre dos interlocutores a través de la narración del personaje que habla, nos encontramos con un elevado número de marcas modales y rasgos de oralidad. Algunos coinciden con los que se han visto en el fragmento textual anterior (tab. 2), tales como: los deícticos, las repeticiones, los diminutivos (*bassetta*), la hipérbole (*Tutti i giorni ve lo leggo 'sto cartello*), las preguntas retóricas (*Ma quante volte ve lo devo leggere e rileggere 'sto cartello?*) y los recursos tipográficos de puntuación. Otros recursos, en cambio, son diferentes, ya que son específicos de la lengua de origen: principalmente las marcas diatópicas, con rasgos propios de la variante regional del italiano de Roma o romanesco (las apocopes en *sta'*, *sto'*, *so'*; la reiteración de *dico/dice* para introducir el discurso directo; el uso del *que* para introducir una frase interrogativa; algunos términos propios del romanesco, por ejemplo el verbo *appiccicare*), empleadas junto con otras marcas diastráticas (el empleo del *Voi* como forma de cortesía en lugar del *Lei*) para trasmitir, a la vez, la procedencia geográfica y la clase social baja de los interlocutores. Asimismo, observamos rasgos propios del italiano coloquial tales como: la dislocación a derecha (*Tutti i giorni ve lo leggo 'sto cartello; Ma quante volte ve lo devo leggere e rileggere* 'sto *cartello?*) y el *che* polivalente con valor enfático-exclamativo (*che io magari ce l'avessi un appartamento mio*).

Precisamente a la hora de traducir estos rasgos propios de la lengua de origen, es decir, que no cuentan con un equivalente directo en la lengua meta, puede resultar de utilidad discernir el mecanismo de modalización aplicado y las marcas modales resultantes. En el texto que aquí nos ocupa vemos que las marcas diatópicas del romanesco se neutralizan igual que ocurre con otros rasgos como el empleo del *Voi*, o la dislocación a izquierda; no obstante, también observamos que el traductor procura transmitir el contexto popular en el que se desarrolla la acción y del cual proceden los hablantes con estructuras no normativas como *me diga una cosa*, en la que se mantiene la forma imperativa presente en el TLO, tratándose en ambos casos no de una orden, sino de una petición (modalidad interrogativa). Lo mismo ocurre con la inserción de la expresión *es que* en la frase *Y no creas que esa mujer es que sea muy alta…*, donde, igual que en el caso anterior, la forma imperativa es empleada para precisar una información. Otro ejemplo de modalidad indirecta la vemos en la frase *che sarete alta la metà di quanto so' alto io…* en la que el empleo del futuro simple con valor especulativo no corresponde a la manifestación de una duda (modalidad dubitativa), sino más bien de una afirmación (modalidad declarativa). Lo mismo ocurre el TLM, *que será la mitad de alta que yo…*, puesto que el italiano y el español comparten este valor del futuro simple.

Precisamente la proximidad tipológico-cultural entre el italiano y el español y el hecho de que compartan, en mayor o menor medida, palabras y estructuras, si por un lado pueden facilitar la labor del traductor, por otro pueden llevarlo a engaño. Saber detectar e interpretar correctamente los mecanismos de modalización, así como las formas lingüísticas que estos adquieren en el texto dramático representa una herramienta útil para esquivar posibles trampas.

6. Conclusiones

En este capítulo se defiende que el estudio de los mecanismos de modalización y de las correspondientes marcas modales, especialmente aquellas que coinciden con rasgos de oralidad, puede contribuir a guiar la labor de traducción tanto en la fase de comprensión del TLO, es decir, desde una perspectiva intralingüística mediante la descripción de los recursos modales de los que dispone una lengua concreta, como interlingüística, en la fase de reexpresión del TLM, diferenciando entre los recursos usados en los dos textos y lenguas con el fin de saber reconocerlos y encontrar la opción de traducción más adecuada.

En concreto, se ha querido destacar de qué manera los mecanismos de modalización, tanto en su expresión de la subjetividad del hablante como en la relación que establecen con el destinatario y el entorno de comunicación, desempeñan un papel esencial en la construcción del discurso dramático, resultando especialmente relevantes de cara a su realización escénica como acontecimiento en el espacio y en el tiempo en forma de discurso teatral.

Si la palabra hablada es siempre un acontecimiento, este no puede entenderse sin abordar, junto con el contenido, la forma en la que esta palabra se dice, se enuncia, pasa de la virtualidad del sistema a la realidad de la comunicación en unas condiciones enunciativas concretas. En el discurso teatral, en su manifestación dialógica y como combinación de texto dramático y texto de la representación (en el que se combinan elementos verbales, paraverbales y no-verbales), es donde este fenómeno adquiere una importancia crucial tanto para la construcción y caracterización de los personajes como para la dinámica de la acción. Por tanto, al traductor del texto dramático, entendido como texto destinado a la representación oral y, como tal, cargado de marcas de oralidad, no solo se le requiere traducir los contenidos de los enunciados que constituyen los discursos de los actores, sino también la actitud y el estado emocional de los mismos, su presencia sensorio-motriz, puesto que mediante sus palabras y la forma que emplean al decirlas impulsan el desarrollo de la acción dramática.

No cabe duda de que el fenómeno de la modalización, igual que ocurre con la definición y caracterización del discurso teatral y el estudio de su relación con el texto dramático, representan realidades muy complejas de delimitar y analizar de forma exhaustiva. Siendo conscientes de ello, en este capítulo hemos querido contribuir a impulsar este ámbito de estudio, destacando algunas de sus posibles aplicaciones y, sobre todo, su potencial. Queda mucho trabajo por delante y son numerosas las direcciones que podrían tomarse para seguir profundizando en este tema. Para terminar, y teniendo en cuenta la naturaleza de constructo semiótico pluridimensional del discurso teatral (Elam, 1980), nos gustaría mencionar como una de las posibles futuras líneas de investigación el estudio de la modalización y de los rasgos de oralidad combinando el análisis del código verbal con el estudio de otros códigos que actúan de forma simultánea en la construcción del discurso teatral, como son el código paraverbal y el gestual.

Referencias bibliográficas

Abdou Moindjie, M. (2015). The Function of Modality in Translation. *International Journal of Comparative Litterature and Translation Studies*, 3 (2), 11–24.

Austin, J. L. (1962). *How to do things with words*. Oxford: Oxford University Press.

Bally, C. (1932). *Linguistique générale et linguistique française*. París: Ernest Leroux.

Benveniste, E. (1983). *Problemas de lingüística general*. México: Siglo XXI (ed. or. *Problémes de linguistique générale*, I. París: Éditions Gallimard, 1966).

Brumme, J. (Ed.) (2008). *La oralidad fingida: descripción y traducción*. Madrid/Frankfurt am Main: Iberoamericana/Vervuert.

Brumme, J. (2012). *Traducir la voz ficticia*. Berlín: De Gruyter.

Celestini, A. (2005). *Radio Clandestina*. Roma: Donzelli Editore.

Celestini, A. (2011). *Radio Clandestina* (Luis García-Araus, trad.). Madrid: Quatenus Ediciones.

Elam, K. (1980). *The Semiotics of Theatre and Drama*. Londres y Nueva York: Routledge.

Espasa, E. (2009). Repensar la representabilidad. *TRANS. Revista de Traductología*, 13, 95–105.

Ezpeleta, P. (2007): *Teatro y traducción. Aproximación interdisciplinaria desde la obra de Shakespeare*. Madrid: Cátedra.

Ezpeleta, P. (2009). Introducción: De la traducción teatral. *TRANS. Revista de Traductología*, 13, 12–17.

Goetsch, P. (1985). üin der Erzählkunst entwickelter Schriftkulturen. *Poetica*, 17 (3–4), 202–218.

Guespin L. (1971). Problematiques des travaux sur le discourse politique. *Langage*, 23, 3–24.

Havelock, E. A. (1986). *The Muse Learns to Write. Reflections on Orality and Literacy form Antiquity to the Present.* New Haven y Londres: Yale University.

Jardiel Poncela, E. (2001). *Eloísa está debajo de un almendro. Las cinco advertencias de Satanás* (ed. de M. J. Conde Guerri). Madrid: Espasa Calpe (col. Austral), 28ª ed.

Kneževic B. y Brdar I. (2011). *Modals and modality in translation: a case study based approach. Jezikoslovlje* 12 (2), 117–145

Konstantinidi, K. (2017). *La traducción de la modalidad lingüística: del inglés al español y al griego, en comunicados de prensa de la Unión Europea.* España: Editorial Publicia.

López Lapeña, A. (2016). *A pie de escenario. Guía de traducción teatral.* Valencia: JPM Ediciones.

Maingueneau, D. (1990). *Pragmatique pour le discours littéraire.* Paris: Armand Colin.

Marchese, A. y Forradellas, J. (1986). *Diccionario de retórica, crítica y terminología literaria.* Barcelona: Ariel

Matteini, C. (2008). La traducción teatral. En V. Tortosa (Ed.), *Re-escrituras de lo global. Traducción e interculturalidad* (pp. 471–485). Madrid: Biblioteca Nueva.

Meunier, A. (1974). Modalités et communication. *Langue française*, 21, 8–25.

Ong, W. (1982): *Orality and Literacy. The Technologizing of the Word.* Londres y Nueva York: Routledge.

Otaola Olano, C. (1988). La modalidad (con especial referencia a la lengua española). *Revista de Filología Española* vol. 68, 1/2, 98–101.

Pavis, P. (1983). *Diccionario del teatro.* Barcelona: Paidós.

Ubersfeld, A. (1989). *Semiótica teatral.* Madrid: Cátedra/Universidad de Murcia.

Van Dijk, T. A. (1978). *La ciencia del texto. Un enfoque interdisciplinario.* Barcelona: Paidós, 1983.

Teruel, M., Montalt, V. y Ezpeleta, P. (2009). Traducir a Shakespeare. La palabra del actor. *TRANS. Revista de Traductología*, 13, 43–56.

Zupan, S. (2016). Epistemic Modality in Translation: Poe's "The Fall of the House of Usher". *Arbeiten aus Anglistik und Amerikanistik*, 1, 5–24.

Pablo Zamora

Universidad de Murcia

La inserción del léxico malsonante en filmes originales italianos y españoles y su grado de aceptación en los dos sistemas culturales. Un estudio de caso

1. Introducción

Los términos y secuencias malsonantes son unidades multifuncionales pragmáticas que expresan emociones y actitudes, que pueden cumplir múltiples funciones en la interacción y marcar grupos y normas sociales (Dewaele, 2004). Se trata de términos y secuencias cuyo significado literal y semántico se vacía y se cargan pragmáticamente en el discurso. El grado de transgresión y de ofensa de un determinado vulgarismo depende de su significado contextual y pragmático, es decir, como indica Díaz Pérez (2012, p. 76–77), depende de las circunstancias concretas y de los factores personales y sociales en los que se emiten.

El léxico malsonante ha sido clasificado tradicionalmente en tres grandes grupos: a) insultos, b) imprecaciones y c) un híbrido entre ambos tipos, que pueden variar según la intencionalidad del emisor, el mayor o menor tono agresivo o violento con el que se formulen y el perjuicio o daño que causen a la imagen o identidad del interlocutor o una tercera persona, siendo en este caso imprecaciones vejatorias (Crespo, 2007; Culpeper, 2010; Pavesi & Formenelli, 2019).

Respecto a su índice de ofensa, los vulgarismos se han catalogado tradicionalmente en cinco categorías (McEnery, 2006; Valdeón, 2020):

- muy tenues: esp. «Virgen santa», it. *Madonna*;
- tenues: esp. «Dios», it. *Oddio*;
- moderados: esp. «mierda», it. *Merda;*
- fuertemente ofensivos: esp «coño»; it. *Cazzo*;
- altamente ofensivos: esp. «cabrón», it. *Stronzo*.

Sin embargo, es necesario indicar que esta distinción es flexible puesto que el grado de ofensa y de transgresión de cada uno de los términos y secuencias soeces depende, además del idiolecto individual de cada uno de los hablantes, del valor y de la función que los distintos vulgarismos adquieran y cumplan en el discurso y de los contextos lingüísticos, extralingüísticos y paralingüísticos en los que estén insertados.

En nuestro estudio, el repertorio de lenguaje soez se limita únicamente a los vulgarismos pertenecientes a las tres últimas categorías -moderados, fuertemente y altamente ofensivos- y se han excluido los muy tenues y tenues. Esta selección se ha aplicado tanto en la extrapolación del léxico malsonante presente en las películas que conforman los dos corpus fílmicos como en la elección de los veinte insultos, improperios e imprecaciones que figuran en los sondeos escritos realizados para calcular el grado de tolerancia que muestran los hablantes de las dos culturas. A su vez, los resultados extraídos de las citadas encuestas nos han servido como punto de referencia para establecer la inclusión de dichos vulgarismos en cada una de las cinco categorías, teniendo en cuenta la aceptación o la intolerancia que han manifestado los participantes (apartado 5.2§).

Ejemplo 1. Vulgarismos malsonantes moderados

Vulgarismo italiano moderado	**Vulgarismo español moderado**
Filme: *Maschi contro femmine* 01:05:01	Filme: *Primos* 00:43:03
Andrea: Sì sì arrivo, un secondo solo. Inchiodo la tenda, metto i picchetti e arrivo. Cazzo, il treno trasporto hanno preso!?	Julián: Tú estabas súper enamorada de mí, me seguías a todas partes y yo pensaba ¡Joder, qué pesada la niña esta!

Ejemplo 2. Vulgarismos malsonantes fuertemente ofensivos

Vulgarismo italiano fuertemente ofensivo	**Vulgarismo español fuertemente ofensivo**
Filme: *Baciami ancora* 00:24:36	Filme: *Somos gente honrada* 01:17:02
Veronica: Marco, io sto male, lo capisci che sto male!? Marco: Allora cambia psicoanalista e trovatene uno bravo, porca puttana!	Suso: Vale, Vale. Manuel: ¡No me jodas, joder! ¡Me cago en la puta! ¡Déjame, joder! Suso: Ya, ya.

Ejemplo 3. Vulgarismos malsonantes altamente ofensivos

Vulgarismo italiano altamente ofensivo	**Vulgarismo español altamente ofensivo**
Filme: *Posti in piedi in paradiso* 00:51:45	Filme: *Tensión sexual no resuelta* 00:18:15
Domenico: Io sarei sposato, avrei una moglie e due figli. Marisa: Mi dici questo dopo un anno e mezzo a me! Ma te sei un pezzo di merda, sei! Sei un pezzo di merda! Vaffanculo! Vaffanculo!	Nico: Hombre, tal y como está el pobre Juan José sería una imprudencia dejarle aquí solo y contigo, ¡Rebeca! Rebeca: ¡Vete de clase! Nico: ¡Vete a la mierda!

2. La inserción del léxico malsonante en la lengua del cine y su grado de aceptación

Existe un amplio número de investigaciones que se han ocupado de analizar las pautas de actuación que han seguido los traductores y el resto de los agentes de doblaje en la translación del lenguaje malsonante en las versiones meta de distintos países. Destacan entre otros los trabajos de Goris (1993) del inglés al francés; de Pavesi y Malinverno (2000), Pavesi (2005), Bucaria (2009), Zanotti (2012) y Formentelli & Monti (2014) del inglés al italiano; de Martí Ferriol (2013), Soler Pardo (2013), Fuentes-Luque (2015) y Valdeón (2020) del inglés al español; de De Laurentiis y Romero (2016) del español al italiano; de Zamora Muñoz (2015) del italiano al español.

Sin embargo, son escasas las investigaciones que se han ocupado de investigar el empleo del léxico soez en los productos fílmicos de producción nacional y de calibrar el grado de permisividad que manifiestan los hablantes y el público receptor de una determinada cultura. Estos dos parámetros, junto a otros factores internos y externos, pueden influir en la mayor o menor tendencia a mitigar la cantidad de vulgarismos que se registra en las películas de producción ajena. Si la audiencia de un país y una cultura está habituada y acepta que se inserte un número reducido de vulgarismos en los filmes nacionales, se supone que en las películas dobladas imperará la eufemización; por el contrario, si el público está acostumbrado y tolera largometrajes de producción propia en los que abundan los términos y secuencias malsonantes, es probable que en los productos fílmicos meta predomine la tendencia a conservar un alto porcentaje de los vulgarismos presentes en las versiones originales.

Respecto a las películas de producción ajena y el léxico soez, Agost (2005, p. 25–26) apunta que el traductor debe amoldarse a las formas de comportamiento que pueden ser consideradas correctas o incorrectas, tolerables o intolerables, por parte de una determinada sociedad. Ranzato (2009, p. 66) indica que el tono más bajo que se constata en las versiones meta se debe a búsqueda del efecto *confort factor* por parte de los traductores, que intentan adaptarse al gusto y a las expectativas de la audiencia; en el caso del léxico malsonante, la censura o autocensura evita la excesiva transgresión y permite disminuir el impacto ofensivo que los vulgarismos pueden producirle al espectador. Parini (2013, p. 160) afirma que los traductores son conscientes que no deben superar un determinado umbral, pero dicho umbral depende de las apreciaciones personales y subjetivas de los propios traductores.

De cualquier modo, es sumamente complejo establecer el agrado y las expectativas de una cultura hacia el lenguaje malsonante puesto que, como hemos indicado anteriormente, el índice de transigencia es heterogéneo y puede variar según los subgrupos sociales y culturales a los que pertenezcan los hablantes y las situaciones comunicativas en los que se enuncien los términos soeces (Haverkate, 1994, p. 12; Kerbrat-Orecchioni, 2004, p. 48–51; Zimmermann, 2005, p. 266).

3. Diseño del estudio: objetivos y materiales

Los objetivos de esta investigación son los siguientes:

a) Cuantificar el número y el tipo de términos soeces presentes en las películas nacionales italianas y españolas.
b) Calibrar el grado de aceptación y el índice de ofensa que genera la recepción del lenguaje malsonante en los hablantes de las dos culturas.
c) Verificar si el número de vulgarismos que se registra en las películas de producción propia italianas y en los filmes de producción nacional españoles coinciden con el nivel de tolerancia que muestran los hablantes de ambos sistemas lingüísticos y culturales respecto a un conjunto de insultos, improperios e imprecaciones soeces.

A tal fin, nos hemos servido de los siguientes instrumentos:

a) Dos corpus paralelos: el primero, constituido por diez películas italianas de producción propia; el segundo, formado por diez filmes españoles nacionales.
b) Dos encuestas informáticas, una por cada comunidad de hablantes, que han permitido calcular de forma aproximativa el índice de ofensa que suscita un amplio grupo de términos y unidades fraseológicas vulgares en los hablantes de sendas culturas.

4. Metodología

4.1 Corpus fílmico

En los dos corpus de producción propia se han incluido seis comedias, dos *thrillers* y dos dramas por cada cultura. En las dos últimas clases de largometrajes son muy habituales las escenas conflictivas en las que los personajes son más proclives al uso de la violencia verbal (Pavesi y Malinverno, 2000, p. 78).

Tab. 1. Corpus italiano

Título	**Año**	**Director**	**Género**
Romanzo criminale	2005	M. Placido	*Thriller*
Suburra	2015	S. Sollima	*Thriller*
Baciami ancora	2010	G. Muccino	Dramático
Il capitale umano	2013	P. Virzì	Dramático
Maschi contro femmine	2010	F. Brizzi	Comedia
Nessuno ti può giudicare	2011	M. Bruno	Comedia
Posti in piedi in paradiso	2012	C. Verdone	Comedia
Passione sinistra	2013	M. Ponti	Comedia
Tutto colpa di Freud	2014	P. Genovesi	Comedia
Belli di papà	2015	G. Chiesa	Comedia

El corpus italiano está formado por dos *thrillers*, dos dramas y seis comedias; estas últimas fueron rodadas entre los años 2010 y 2015. Los filmes suman un total de 1.171 minutos de rodaje. 534 minutos los *thrillers* y las películas dramáticas, 637 las comedias.

Tab. 2. Corpus español

Título	**Año**	**Director**	**Género**
Gal	2006	M. Courtois	*Thriller*
Grupo 7	2012	A. Rodríguez	*Thriller*
Planes para mañana	2010	J. Macías	Dramático
Somos gente honrada	2013	A. Marzoa	Dramático
Tensión sexual no resuelta	2010	M.A Lamata	Comedia
Primos	2011	D. Sánchez	Comedia
Bypass	2012	A. Mazo y P. Tellería	Comedia
Esto no es una cita	2013	G. Fernández	Comedia
Ocho apellidos vascos	2014	E. Martínez-Lázaro	Comedia
Perdiendo el norte	2015	N. G. Velilla	Comedia

El corpus español está constituido asimismo por dos *thrillers*, dos dramas y seis comedias, cuyos años de estreno coinciden con los largometrajes italianos de dicho género. La duración global de los filmes es de 948 minutos. 387 minutos los *thriller* y las películas dramáticas; 561 las seis comedias.

4.2 Encuestas

Las encuestas, cumplimentadas entre los años 2012 y 2013 a través de la aplicación encuestas.um.es, se confeccionaron para evaluar el grado de tolerancia que muestra un conjunto de hablantes hacia el léxico malsonante en los sistemas lingüísticos y culturales italiano y español.

El cuestionario consta de veinticuatro baterías de preguntas de distinto tipo –matriz, gradiente y lista–. Las dos primeras permiten diferenciar el sexo y la edad de los sujetos –menores de veinticinco años y entre veinticinco y cincuenta y cinco–; las dos siguientes permiten estimar el índice de permisividad respecto al lenguaje soez y determinar la asiduidad de su empleo según las diferentes situaciones comunicativas en las cuales se usan los términos y secuencias malsonantes. En las veinte restantes, divididas en bloques de vulgarismos afines, se les solicita a los participantes, por un parte, que manifiesten el grado de ofensa que les produce su recepción: –nada ofensiva, poco ofensiva, bastante ofensiva y muy ofensiva–, cuantificadas numéricamente de 0 a 3; por otra, cuáles suelen utilizar habitualmente en el discurso.

La encuesta italiana ha sido cumplimentada por 229 sujetos de nacionalidad italiana, 111 menores de veinticinco años y 118 entre veinticinco y cincuenta y cinco años, en su totalidad alumnos y docentes de las Universidades de Parma, Milán, Forlì y Roma Tor Vergata. El cuestionario español ha sido cumplimentado por 304 participantes, íntegramente estudiantes y profesores de la Universidad de Murcia, cuya lengua materna es el castellano. De ellos, 196 son menores de veinticinco años y 108 tienen entre veinticinco y cincuenta y cinco años.

En nuestro estudio, hemos restringido el análisis y la extrapolación de datos únicamente a veinte vulgarismos italianos y sus correspondientes pragmáticos en español: seis insultos (tab. 3) y catorce imprecaciones inocuas o vejatorias, según el daño que pueden causar a la identidad y la imagen del interlocutor o a una tercera persona (tab. 4).

Tab. 3. Insultos en italiano y en español

Insultos	
Italiano	**Español**
Finocchio	Maricón
Coglione	Gilipollas
Stronzo	Capullo
Figlio di puttana	Hijo de puta
Bastardo	Cabrón
Testa di cazzo	Tonto del culo

Tab. 4. Imprecaciones en italiano y en español

Imprecaciones inocuas		Imprecaciones vejatorias	
Italiano	**Español**	**Italiano**	**Español**
Cazzo! *Merda!* *Porca puttana!* *Che cazzata!* *Che stronzata!* *Bella merda!* *E un cazzo!* *E che cazzo!*	¡Joder! ¡Mierda! ¡Me cago en la puta! ¡Qué gilipollez! ¡Qué capullada! ¡Vaya mierda! ¡Y una mierda! ¡No me jodas!	*Vaffanculo!* *Vai a cagare!* *Fottiti!* *Non me ne frega un cazzo!* *Non mi rompere le palle!* *Non mi rompere i coglioni!*	¡Vete a tomar por culo! ¡Vete a la mierda! ¡Qué te jodan! ¡No me importa una mierda! ¡No me toques los huevos! ¡No me toques los cojones!

5. Extrapolación de datos

5.1 Términos malsonantes en los filmes de producción propia italianos y españoles

En las diez películas que conforman el corpus de filmes de producción propia italiana, (dos thrillers, dos dramáticas y seis comedias) se ha registrado un total de 721 vulgarismos en 1 171 minutos de rodaje, un término soez cada 1 minuto y 37 segundos.

La cuantía y proporción por minuto varía en función del tipo de género cinematográfico: en los filmes thriller y dramáticos la cantidad es superior y el porcentaje más elevado: en 534 minutos de rodaje se han registrado 502 términos, uno cada 1 minuto y 3 segundos. En las comedias se ha inventariado una cifra más reducida y un porcentaje inferior: 279 en 637 minutos, uno cada dos minutos y 16 segundos. Por consiguiente, se identifica una fuerte desigualdad en la inserción del léxico malsonante entre los dos primeros géneros y el último (tabs. 5 y 7).

Tab. 5. Número de vulgarismos en cada una de las películas italianas

Romanzo criminale	155	*Nessuno ti può giudicare*	42
Suburra	84	*Posti in piedi en paradiso*	63
Baciami ancora	101	*Passione sinistra*	35
Il capitale umano	162	*Tutto colpa di Freud*	30
Maschi contro femmine	31	*Belli di papà*	78

En el corpus fílmico español, constituido por diez películas nacionales análogas a las italianas, que suman un total de 948 minutos de rodaje, se han inventariado 874 términos malsonantes. El porcentaje –uno cada 1 minuto y 5 segundos– es superior respecto al conjunto de largometrajes italianos. Sin embargo, en los filmes *thriller*, los dos primeros, y en los filmes dramáticos, el tercero y cuarto, la proporción de términos y secuencias soeces por minuto es ligeramente inferior en comparación con los productos cinematográficos homólogos italianos –una cada 1 minuto y 20 segundos–. Por el contrario, en las comedias, las seis últimas, se ha registrado una cantidad bastante más elevada y se ha identificado un porcentaje por minuto muy superior: 587 vulgarismos, uno cada 57 segundos (tabs. 6 y 7).

Tab. 6. Número de vulgarismos en cada una de las películas españolas

Gal	86	*Primos*	141
Grupo 7	80	*Bypass*	54
Planes para mañana	31	*Esto no es una cita*	99
Somos gente honrada	90	*Ocho apellidos vascos*	111
Tensión sexual no resuelta	80	*Perdiendo el norte*	102

Según los datos extraídos, tanto el número de vulgarismos que se ha registrado en los filmes nacionales italianos como el porcentaje global por minuto son inferiores respecto a la cantidad que se ha inventariado en las películas de producción propia españolas y a la proporción de ocurrencias por minuto. Sin embargo, estas diferencias, como se ha indicado, se circunscriben exclusivamente a la cifra de léxico malsonante que se registra en las comedias (tab. 7). Por tanto, las audiencias italiana y española están habituadas a que se inserte en los productos cinematográficos nacionales un cuantioso número de términos soeces en los filmes *thriller* y en las películas dramáticas. Por el contrario, el público italiano está menos acostumbrado que el español a la recepción de una elevada cantidad de léxico malsonante en los largometrajes pertenecientes al género comedia.

Tab. 7. Porcentaje de vulgarismos por minuto en los filmes italianos y españoles

Lenguas	Filmes nacionales	*Thriller* y dramáticos	Comedias
Italiano	Un vulgarismo / 1' 37"	Un vulgarismo / 1' 3"	Un vulgarismo / 2' 16"
Español	Un vulgarismo / 1' 5"	Un vulgarismo / 1' 20"	Un vulgarismo / 0' 57"

En los dos corpus se constata que predominan las imprecaciones de tono moderado que no dañan la imagen del interlocutor o de un tercero, las cuales se emplean como un acto ilocutivo *per se* o bien aparecen insertadas en enunciados en los que cumplen una función enfática. Dicha función la realizan en italiano *cazzo* y *merda* y en español «joder», «coño», «hostia» y «cojones» «mierda» y «puto-a», que suponen el 32,73 % y 54,69 % del total del léxico malsonante que se ha inventariado en los corpus fílmicos italiano y español respectivamente (tab. 8).

Tab. 8. Los diez vulgarismos más usuales en la lengua del cine en los dos corpus

Filmes nacionales italianos	Filmes nacionales españoles
Cazzo (193)	Joder (166)
Stronzo (60)	Coño (137)
Vaffanculo (44)	Hostia (86)
Merda (41)	Puto/a (53)
Non + verbo + cazzo (25)	Cojones (36)
Coglione (22)	Hijo de puta (30)
Cazzate (15)	Cabrón (22)
Stronzate (10)	No me jodas (20)
Porca troia (10)	Mandar a la mierda (12)
Scemo (10)	Me cago en la puta (11)

En lo que se refiere al número y a la tipología de insultos, se ha registrado una cantidad similar en los corpus cinematográficos de las dos culturas –130 en italiano y 129 en español–, que suponen el 18,05 % y 14,75 % del total del léxico malsonante (tab. 9).

Tab. 9. Tipología y número inventariado de los insultos más frecuentes en los dos corpus

Filmes nacionales italianos	Filmes nacionales españoles
Stronzo (60)	Hijo de puta (30)
Coglione (22)	Gilipollas (20)
Scemo (10)	Cabrón (20)
Bastardo (5)	Maricón (14)
Imbecille (5)	Capullo (7)
Testa di cazzo (5)	Imbécil (6)
Troia (4)	Zorra (5)
Pezzo di merda (4)	Idiota (5)
Figlio di puttana (3)	Guarra (4)
Otros (12)	Otros (18)

El número de ocurrencias por minuto es ligeramente superior en las películas españolas –uno cada 8 minutos y 22 segundos– que en los filmes italianos –uno cada 9 minutos y 30 segundos– a causa de la mayor duración de las películas que conforman el corpus fílmico italiano comparado con el español.

5.2 Datos extraídos de las encuestas

Los resultados extraídos de los cuestionarios demuestran que los hablantes de las dos culturas manifiestan un grado de aceptación semejante hacia el léxico malsonante: 1,491 los encuestados italianos y 1,441 los españoles. Los sujetos menores de 25 años de ambas lenguas muestran un índice de tolerancia superior que los participantes mayores de 25 años (tab. 10).

Tab. 10. Índice de tolerancia hacia el léxico soez de los hablantes de las dos culturas

Sondeo italiano		Sondeo español	
< 25	≥ 25	< 25	≥ 25
1,331	1,652	1,333	1,549
1,491		1,441	

Por el contrario, en lo que se refiere al grado de ofensa que suscitan los insultos, se constata que el hablante español –1,658– se muestra más permisivo que el italiano –2,001–. Los sujetos menores de 25 años de ambas lenguas manifiestan asimismo una mayor condescendencia que los participantes mayores de 25 años (tab. 11).

Tab. 11. Índice de aceptación hacia los insultos de los hablantes de ambas lenguas

Sondeo italiano		Sondeo español	
< 25	≥ 25	< 25	≥ 25
1,848	2,173	1,476	1,841
2,010		1,658	

6. Discusión

En este estudio hemos investigado, por una parte, si en los productos cinematográficos de producción nacional italianos y españoles se registra el mismo número de términos y secuencias malsonantes; y por otra, si existen diferencias respecto al grado de aceptación del léxico soez en ambas culturas y si las posibles divergencias pueden ser un factor que justifique la mayor o menor cantidad de vulgarismos que se insertan en los filmes originales italianos y españoles.

En el corpus de películas italianas se ha inventariado una cantidad menor de lenguaje soez que en el español, tanto en número como en porcentaje de ocurrencias por minuto; no obstante, esta desigualdad se constata únicamente en los largometrajes de comedias (tab. 7). Los datos extraídos coinciden con los resultados de una investigación reciente, en la cual se comparan dos series televisivas españolas pertenecientes al género comedia y sus versiones adaptadas italianas y se demuestra que en las producciones seriales italianas se observa un empleo mucho más restringido del lenguaje soez que en las españolas (Gualdo y Zamora, 2019).

Aunque se requieren ulteriores investigaciones más amplias y profundas que lo confirmen, se puede afirmar que existe una cierta disparidad en las culturas fílmicas de los dos países. Nuestros datos indican que en los filmes *thriller* y dramáticos los directores y guionistas italianos insertan una proporción alta de términos y secuencias soeces, cuyo número de ocurrencias y porcentaje por minuto es muy similar al que se registra y se constata en las películas españolas análogas. Por el contrario, en las comedias cinematográficas italianas se tiende a evitar la inserción de una cifra excesiva de vulgarismos y se observa que impera un tono bajo en lo que se refiere al lenguaje malsonante. En las comedias españolas, contrariamente, se ha verificado una fuerte propensión a incluir un elevado número de términos y secuencias soeces en los diálogos fílmicos con el fin de caracterizar a los personajes y confeccionar textos oralmente creíbles y verosímiles.

En relación con lo anteriormente expuesto, la siguiente pregunta de investigación consiste en verificar si los hablantes de las dos culturas manifiestan un grado de aceptación diferente hacia el lenguaje soez. Un hipotético mayor rechazo por parte de la sociedad italiana respecto a la española podría justificar la menor inclusión de términos y secuencias malsonantes en las comedias nacionales italianas que en las españolas. Es posible que los directores y guionistas consideren que la inserción de un excesivo número de vulgarismos en los filmes de este tipo de género cinematográfico, en los que no suelen abundar las escenas de máxima violenta y conflictividad, pueda resultar contraproducente y no satisfaga las supuestas expectativas del público receptor.

Los resultados globales extraídos de los dos sondeos cumplimentados por los participantes nativos de ambas lenguas demuestran que no existen diferencias sustanciales respecto al grado de aceptación del léxico malsonante en las dos culturas -1,491 sobre 3 en el caso de los encuestados italianos y 1,441 en el caso de los españoles–. Se aprecia una semejanza plena entre los participantes menores de 25 años y una leve desigualdad entre los sujetos mayores de 25 años, ligeramente más tolerantes los hablantes españoles pertenecientes a esta franja de edad que los italianos (tab. 10).

Esta semejanza respecto al efecto que produce la recepción del léxico malsonante está en consonancia con la cantidad similar de términos y secuencias soeces que se ha registrado en los filmes *thriller* y dramáticos de ambos países (tabs. 5 y 6) y en los porcentajes de ocurrencias por minuto que se han identificado en estos productos (tab. 7). Por el contrario, por lo que se refiere a las comedias, si se comparan los datos extraídos de los corpus fílmicos y los resultados extrapolados de los cuestionarios, se observa que no existe una correlación entre la inserción restringida de vulgarismos que se ha identificado en las comedias italianas al compararlas con sus homólogas españolas y el grado de permisividad que muestran los hablantes italianos y españoles hacia el lenguaje soez, que es parejo. Las convenciones que imperan en la lengua del cine del género comedia en Italia no se corresponden con las expectativas reales del público.

Respecto a los insultos, en los corpus fílmicos se ha registrado la misma cantidad de este tipo de vulgarismos en ambas lenguas, aunque el porcentaje de ocurrencias por minuto es ligeramente superior en el corpus español –uno cada ocho minutos y 22 segundos– que en el italiano –uno cada 9 minutos y 30 segundos–. Estos datos concuerdan con la menor cuantía de este tipo de términos que se suelen incluir en las películas italianas nacionales en comparación con los filmes de producción propia anglófonos y sus versiones dobladas al italiano (Pavesi y Formentelli, 2019, p. 573). No obstante, el porcentaje de insultos, respecto al global del lenguaje malsonante, es más elevado en los largometrajes italianos que en las películas españolas. En los filmes italianos, de 721 vulgarismos, 130 son insultos, el 18,05 % del total del léxico soez inventariado; en las películas españolas, de 874 términos y secuencias malsonantes, 129 corresponde a insultos, el 14,75 %. Esta proporción más elevada de insultos que se ha constatado en los filmes italianos respecto a las películas españolas no se corresponde con el mayor rechazo que genera la recepción de los insultos en la cultura italiana que en la española: los participantes italianos manifiestan una mayor desaprobación hacia los insultos –2,010 sobre 3– que los sujetos españoles –1,658– (tab. 11).

7. Conclusiones

En la presente investigación se ha analizado y comparado la inserción de términos y secuencias malsonantes en filmes de producción nacional italianos y españoles, diez por cada cultura; asimismo, se ha expuesto y estudiado el grado de ofensa y permisividad que muestran los participantes de los cuestionarios, nativos italianos y españoles, hacia veinte vulgarismos.

Nuestro estudio indica que en las películas italianas originales se registra un menor número de insultos, improperios e imprecaciones que en los largometrajes españoles. Sin embargo, esta diferencia ataña exclusivamente a las películas del género comedia, ya que en los filmes *thriller* y dramáticos el porcentaje de ocurrencias por minuto es similar, incluso ligeramente superior en los largometrajes italianos (apartado 5.1§).

Por lo que respecta al índice de ofensa, los hablantes de ambos países muestran un grado de tolerancia parejo: los participantes italianos 1,491 y los españoles 1,441, de una escala de 0 –nada ofensivo– a 3 –muy ofensivo– (apartado 5.2§).

Por consiguiente, la similitud respecto al número de vulgarismos y su porcentaje de ocurrencias por minuto que se constata en los filmes *thriller* y dramáticos nacionales italianos y españoles coincide con el grado de permisividad semejante que manifiestan los hablantes de las dos sociedades. Por el contrario, el grado de aceptación parejo no se refrenda en los filmes del género comedia, ya que en las comedias italianas se registra una cantidad de términos y secuencias malsonantes muy inferior a la cifra inventariada en las homólogas españolas. La inserción reducida de vulgarismos no refleja las verdaderas expectativas de la audiencia italiana.

En lo que se refiere a los insultos, el número de ocurrencias que se ha inventariado por minuto en los filmes nacionales italianos es levemente inferior a la cantidad que se ha registrado en las películas españolas. Sin embargo, la proporción de insultos respecto al número total de términos y secuencias soeces es mayor en las películas italianas que en las españolas, aunque estos resulten más ofensivos para el hablante italiano que para el español (apartado 5.2§).

Las conclusiones de este estudio son relativas y deben considerarse como el resultado de una primera investigación. Por una parte, la cantidad de filmes que conforman los corpus es reducida, por lo que sería necesario ampliar el número de películas con el fin de recabar una mayor cantidad de datos para que los resultados sean significativos, puesto que en corpus tan restringidos, la selección de unos largometrajes u otros puede modificar y alterar los datos extraídos. Por otra, la cifra de participantes que ha cumplimentado la encuesta es limitada y el hecho de que los sujetos pertenezcan a un determinado sector de población como es el ámbito universitario, ha podido mediatizar los resultados obtenidos.

Asimismo, para medir la aceptación o rechazo que muestra el público receptor de ambas culturas hacia el léxico malsonante se requiere la realización y cumplimentación de un sondeo audiovisual en el cual se muestre a los participantes un conjunto de *clips* en los que figure una cantidad relevante de escenas en las que los actores enuncien una serie de vulgarismos en diferentes contextos lingüísticos, extralingüísticos y paralingüísticos.

De hecho, la investigación presentada aquí tiene su continuación en la elaboración de un estudio en el que se analizarán, por un lado, las pautas de traducción que rigen en la traducción para el doblaje en sendos países; y por otro, se calculará el índice de aceptación del lenguaje malsonante que manifiestan los espectadores de las dos sociedades, tanto en filmes de producción nacional como en películas dobladas.

Referencias bibliográficas

Agost, R. (2005). Investigación descriptiva en traducción audiovisual: el estudio de las normas. En P. Zabalbeascoa, L. Santamaría y F. Chaume (Eds.), *La traducción audiovisual: investigación, enseñanza y profesión* (pp. 127–142). Granada: Comares.

Bucaria, C. (2009). Translation and censorship on Italia tv: an inevitable love affair, *Vial*, 6, 13-32.

De Laurentiis, A. y Romero, L. (2016). Aspectos traductológicos en la traducción para el doblaje en *Física o Química*. En C. Calvo y N. Spinolo (Eds.), *Translating orality. La traducción de la oralidad, MonTi*, 3, 157–179.

Crespo, E. (2007). *El eufemismo y el disfemismo. Proceso de manipulación del tabú en el lenguaje literario inglés*. Alicante: Servicio de Publicaciones de la Universidad de Alicante.

Culpeper, J. (2010). Conventionalised impoliteness formulae, *Journal of Pragmatics*, 42, 3232–3245.

De Laurentiis, A. y Romero, L. (2016). Aspectos traductológicos en la traducción para el doblaje en *Física o Química*. En C. Calvo y N. Spinolo (Eds.), *Translating orality. La traducción de la oralidad, MonTi*, 3, 157–179.

Dewaele, J.M. (2004). The Emotional Force of Swearwords and Taboo Words in the Speech of Multilinguals, *Journals of multilingual and multicultural development*, 25, 204–222.

Díaz Pérez, J. C. (2012). *Pragmalingüística del disfemismo y la descortesía. Los actos de habla hostiles en los medios de comunicación virtual*. Tesis Doctoral, Madrid: Universidad Carlos III, <http:/hdl.handle.net/10016/15682>. [Consulta: 12-4-2013].

Formentelli, M. & Monti, S. (2014). Translating slanguage in British and American films: a corpus-based analysis. En M. Pavesi, M. Formentelli & E. Ghia (Eds.), *The languages of Dubbing* (pp. 168–195). Frankfurt am Main: Peter Lang.

Fuentes-Luque, Adrián (2015). El lenguaje tabú en la traducción audiovisual: límites lingüísticos, culturales y sociales, *E-Aesla*, 1, Centro Virtual Cervantes <https://cvc.cervantes.es/lengua/eaesla/pdf/01/70.pdf>. [Consulta: 15-1-2020].

Gualdo, R. y Zamora, P. (2019). Italiano e spagnolo a confronto: analisi di un corpus di fiction televisiva, *Studi italiani di lingüística teorica e applicata*, 3, 440–472.

Goris, O. (1993). The Question of French Dubbling: Towards a Frame for Sistematic investigation, *Target*, 5 (2), 169–190.

Haverkate, H. (1994). *La cortesía verbal*, Madrid: Gredos.

Kerbrat-Orecchioni, C. (2004). ¿Es universal la cortesía?. En D. Bravo y A. Briz (Eds.), *Pragmática socio-cultural: estudios sobre el discurso de cortesía en español* (pp. 39–44). Barcelona: Ariel.

McEnery, T. (2006). *Swearing in English*. Londres: Routledge.

Martí Ferriol, J. L. (2013). *El método de traducción. Doblaje y subtitulación frente a frente*. Castellò: Publicacions de la Universitat Jaume I.

Parini, I. (2013). Taboo and translation in audiovisual Works. En S. Bayó, E. Ní Chuilleanáin & C. Ó Cuilleaanáin (Eds.), *Translation right or wrong* (pp. 149–164). Dublín: Four Courts Press.

Pavesi, M. y Malinverno, A. (2000). Usi del turpiloquio nella traduzione fílmica. En C. Taylor (Ed.), *Tradurre il cinema* (pp. 75–90). Trieste: Università degli Studi di Trieste.

Pavesi, M. (2005). *La traduzione filmica*. Roma: Carocci.

Pavesi, M. & Formentelli, M. (2019). Comparing insults across languages in films: Dubbing as cross-cultural mediation, *Multilingua*, 38 (5), 563–582.

Ranzato, I. (2009). Censorship or 'Creative' Translation?: The Italian Experience from Tennessee Williams to Woody Alenn to *Six Feet Under*. En F. Federici (Ed.), *Translating Regionalides Voices in Audiovisuals* (pp. 43–70). Roma: Aracne.

Soler Pardo, B. (2013). Translating and Dubbing Verbal Violence in Reservoir Dogs. Censorship in the Linguistic Transference of Quenti Tarantino's (swear) Words. *The Journal of Specialised Translation*, 20, 122–133.

Valdeon, R. (2020). Swearing and the vulgarization hypothesis in Spanish audiovisual translation, *Journal of Pragmatics*, (en prensa).

Zamora Muñoz, P. (2015). Pautas de traducción de las unidades fraseológicas tabuizadas en el doblaje fílmico italiano-español. En F. Domínguez y P. Mogorrón (Eds.), *Fraseología, Didáctica y Traducción* (pp. 321–338). Frankfurt am Main: Peter Lang.

Zanotti, S. (2012). Censorship or Profit? The Manipulation of Dialogue in Dubbed Youth Films, *Meta*, 57 (2), 351–368.

Zimmermann, K. (2005). Estudios de conversación entre jóvenes masculinos. En D. Bravo (Ed.), *Estudios de la (des)cortesía en español. Categorías conceptuales y aplicaciones a corpora orales y escritos* (pp. 245–272). Estocolmo-Buenos Aires: Dunken.

Dilia Di Vincenzo

Universidad de Génova

Análisis del conflicto verbal en dos secuencias cinematográficas de *Rencor* de Miguel Albaladejo

1. Introducción

La centralidad de nuestro trabajo radica en el análisis de los contextos comunicativos de los guiones cinematográficos del corpus y en el estudio de las intenciones de los actos de habla coloquiales injuriosos. Para llevar a cabo el análisis de los conflictos verbales, hemos observado el contexto situacional en el que se manifiestan las conversaciones espontáneas, los motivos que «justifican» y explican los enunciados intensificados y marcados. Hemos querido demostrar que el *setting*, la vivencia personal, el entorno sociocultural de los personajes, los estados de ánimo, los arrebatos emocionales, etc., influyen en la relación entre emisores y receptores y en la expresión de determinados enunciados disfemísticos.

2. Marco teórico

2.1 La pretendida oralidad

Aunque los diálogos fílmicos sean discursos que nacen de la producción escrita, han sido concebidos para ser oralizados; por esta razón, tienen una dimensión comunicativa oral espontánea, como la de hablantes nativos en situaciones reales de vida cotidiana (en cuanto a velocidad, ritmo, entonación, pausas, densidad de ideas, emociones, etc.). En este sentido hablamos de «mímesis de la oralidad» (López, 2007), o «pretendida oralidad» en el contexto audiovisual (Martínez Sierra, 2012). La variedad del habla fílmica puede colocarse en el eje diamésico, entre dos extremos, por un lado, la lengua hablada («parlato-parlato»), y por el otro, la lengua escrita («scritto-scritto»), puesto que contiene tanto elementos de la *oralidad* como características de la *escrituridad*. Se trata, como lo define Nencioni (1976), de «parlato scenico», un habla, anteriormente programada, finalizada a la escena. De hecho, el texto audiovisual no se puede considerar plenamente un texto espontáneo, perteneciente a la modalidad de uso *coloquial oral* inmediato. El habla fílmica pertenece más bien a la modalidad de uso *coloquial escrito*, con mayor grado de planificación, pero con algunos rasgos de la coloquialidad, como la relación de proximidad y el saber compartido.

2.2 El contexto comunicativo y los actos de habla

Para analizar los enunciados de las secuencias seleccionadas, ha sido fundamental examinar el «sentido pragmático» (Récanati, 1979, p. 14) que nos ha permitido observar las reacciones emotivas de los hablantes al expresar determinados enunciados en circunstancias específicas.

El *contexto comunicativo* representa el conjunto de conocimientos y creencias que comparten tanto el hablante como el oyente en una interacción verbal y que son pertinentes para poder interpretar y emitir sus enunciados.

Tal y como veremos en el análisis de los dos diálogos seleccionados para el corpus, cada acto de habla representa una *acción* porque, como observa Austin (1998), «hablar» es «hacer» y cada enunciado emitido tiene un significado literal, una dimensión intencional y una dimensión que tiene un efecto en el interlocutor. Aunque los interlocutores no digan todo lo que desearían expresar, lo hacen entender y la parte implícita del significado constituye una *inferencia*. Esto significa que, a la hora de comunicar, es muy importante reconocer la intención comunicativa e interpretar lo que dice el otro. En la interacción entre emisor y destinatario, puede haber un acuerdo y una negociación estratégica, o bien, un conflicto verbal o una pugna dialéctica donde no hay cooperación. El hablante puede aceptar o rechazar libremente los enunciados del oyente; si, en cambio, el emisor manipula a su interlocutor y lo induce a una posición en la que no tiene libertad, estamos ante una *comunicación manipulatoria*, donde el destinatario, intimidado y amenazado, está obligado a aceptar las consecuencias de los actos de habla impositivos; de hecho, el emisor le «hace-hacer» (Greimas, 1979) lo que desea, utilizando una estructura modal factitiva.

Cuando hablamos de *actos de habla*, hay que hacer una distinción entre los *enunciados constatativos* (descriptivos o asertivos) y los *performativos* (realizativos). Los *constatativos* tienen una función descriptiva y un valor lógico y son enunciados en los que se dice algo que puede ser verdadero o falso; los *performativos* no tienen valor de verdad y se utilizan más para *hacer* que para *decir*. Austin (1998) habla de tres tipos de acto: *locucionario, ilocucionario* y *perlocucionario*. Las *locuciones* o los *actos locucionarios* representan los actos de *decir* algo; las *ilocuciones* o los *actos ilocucionarios* representan lo que *se hace* al decir algo (dichos actos pueden transformar las relaciones entre hablante y oyente); las *perlocuciones* o los *actos perlocucionarios* representan lo que *se hace diciendo algo*, es decir, el *efecto* que se produce en el interlocutor al expresar cierto enunciado. Todas las oraciones sirven para cumplir actos; esto nos permite distinguir *significado* de *fuerza*: "significado del enunciado" – lo que las palabras *dicen* – y "fuerza de la enunciación" – lo que las palabras *hacen* (Reyes, 1995, p. 32).

2.3 Las máximas conversacionales

Cuando no hay cooperación, no se respetan las cuatro *máximas conversacionales* (Grice, 1975, p. 516–17). Para que una conversación sea eficaz y tenga éxito, es necesario que tanto hablante como oyente sean cooperativos, respondan a principios racionales y respeten las cuatro *máximas conversacionales*: -máxima de *cantidad* (el hablante debe dar solo la información requerida, ni más ni menos); -máxima de *calidad/cualidad* (la contribución del hablante debe ser veraz); -máxima de *relación* (la contribución del hablante debe ser relevante, es decir que el emisor tiene que hablar «a propósito»); -máxima de *manera/modalidad* (el locutor tiene que hablar de manera clara, breve y metódica).

2.4 El registro informal coloquial

Puesto que los diálogos del corpus del presente trabajo tienen una modalidad de uso coloquial oral, cabe recordar las características de un *registro informal coloquial*: + (mayor) relación de proximidad, + saber compartido, + cotidianidad, – (menor) grado de planificación, + finalidad interpersonal, tono informal, menor variación léxica, repeticiones, palabras comodín, paráfrasis, etc. (Briz Gómez, 2001, p. 27).

2.5 La prosodia

La prosodia (entonación, intensidad, ritmo) representa un aspecto relevante y específico de la oralidad. La *entonación* señala la modalidad de la oración (enunciativa, interrogativa, exclamativa) y representa un indicio contextualizador. La *intensidad* marca énfasis y distingue significados. El *ritmo* o la presencia/ausencia de *pausas* tiene funciones sintácticas y es útil para interpretar actitudes, estados de ánimo.

2.6 Las modalidades de la enunciación y las modalidades del enunciado

Para comprender los enunciados de las interacciones, cabe observar la diferencia entre las *modalidades de la enunciación* y las *modalidades del enunciado* (Meunier, 1974, p. 12 y ss.). La *modalidad de la enunciación* hace referencia a la manera en que se realiza la comunicación entre el enunciador y el oyente, mientras que la *modalidad del enunciado* caracteriza la forma en que el emisor coloca la proposición. Gracias a su concepción dinámica, el *discurso* provoca una reacción; esto significa que *hace* algo al *decir* algo.

3. Análisis de los diálogos del corpus

Para el corpus, hemos escogido dos diálogos de la película *Rencor* (2002) del director español Miguel Albaladejo. En ellos se verbaliza el inevitable conflicto entre hablante y oyente, manifestado no solo por medio de enunciados exasperados y marcados, sino también a través de palabras malsonantes y expresiones vulgares. Los personajes transgreden una o más máximas conversacionales y las expresiones son disfemísticas. Se manifiestan imposiciones, exigencias, dominaciones que producen transformaciones en las relaciones entre emisor y receptor. El enunciado de un sujeto (S1) afecta a otro sujeto (S2).

4. Sinopsis de la película *Rencor* de Miguel Albaladejo

La cantante Chelo, en una de sus giras y después de diez años, vuelve a ver a Dani, un hombre con el que tuvo una relación turbia y que nunca llegó a amarla como ella habría querido. Al cruzarse con Dani (cuyo nombre actual es Toni), Chelo percibe que el hombre sigue mostrándole el mismo desprecio de siempre. Por el dolor que Dani le había causado cuando estaban juntos y por la aversión que sigue manifestándole, Chelo decide vengarse de él y arruinarle la vida. Toni (que antes era un delincuente de poca monta) ha cambiado de identidad y está intentando rehacer su vida; tiene una relación con Esther, una chica a la que quiere realmente y por la que está dispuesto a sentar cabeza, pero, cuando Chelo se vuelve a cruzar en su camino, la situación cambia. De hecho, la cantante, llena de rencor, saca a relucir todo el pasado, perjudicando la imagen y la vida social de Toni. Para llevar a cabo su plan de venganza, se pone en contacto con una antigua «novia» de Toni, Natalia; la invita a pasar el verano con ella y aprovecha la ocasión para revelar la verdad, es decir que Natalia tiene un hijo que nació de su unión con Toni. De esta forma, logra sembrar semillas de odio. La noticia llega a los oídos de Esther y desata el conflicto entre Toni y su pareja. Las consecuencias son devastadoras: Toni se ve obligado a dejar su trabajo, a cortar con su novia y, tras una situación de riñas y peleas, va a parar en la cárcel.

Aunque hayamos realizado la traducción para el doblaje al italiano de los diálogos fílmicos, por razones de espacio, proponemos solo la transcripción en español de las dos secuencias, indicando las pausas (/).

Los diálogos de las secuencias escogidas son espontáneos, coloquiales y, en la mayoría de los casos, representan la exteriorización de emociones impulsivas que manifiestan rabia y deseo de defender tanto la imagen positiva como la negativa.

4.1 Análisis del primer diálogo

Primer diálogo – TCR 00:06:30

ESTHER: Toni/ ¿tú eres este tío?
TONI: Y yo qué sé.
ESTHER: Pues dice mi hermano que eres tú, macho. Lo ha sacado de internet… de la web de la policía portuguesa… ¿Eres tú?
TONI: Mira Esther/ tu hermano es tremendo gilipollas. Y estoy a punto de pensar que tú también./ ¿Se puede saber qué cojones le he hecho yo a tu hermano?/ Parecéis moros, ¡hostia!/ Se nota que estáis a un tiro de piedra de Marruecos.
ESTHER: Dice que si no corto contigo, se lo va a decir a mi madre.
TONI: Pues corta conmigo, ¿qué quieres que te diga?/ Yo te quiero mucho, tú me gustas mucho, estoy muy feliz saliendo contigo/ pero si eso va a significar una tragedia en tu familia/ pues tú sabrás lo que tienes que hacer.
ESTHER: Quiero que me digas que tú no eres quien mi hermano dice que eres./ A ver, tío, te podrías esforzar un poquito y decirme algo para que pueda pegarle un corte a mi hermano.
TONI: Tu hermano lo que es es tremendo comemierda. Seguramente por eso es policía municipal./ Coño, en mi puta vida yo le he dado explicaciones a nadie, ni a mi madre,/ ¡no voy a empezar contigo ahora, pa' que sepas!
ESTHER: Tú a mí no me quieres.
TONI: ¡Pues eso será!/ Te presentas con un garabato de un tío con barba diciendo que soy un delincuente y resulta que el que no te quiere soy yo./ ¡Qué vaina! Manda cojones, pues ven pa' ca' la foto. (La rompe).
ESTHER: ¿Estás loco?
TONI: ¡Loco no, enfermo que me ponen tú y las gilipolleces de tu hermano!

Marco, el hermano de Esther, es policía y sospecha de Toni. Al ver la foto de un delincuente, publicada en internet por la policía portuguesa, se la muestra a su hermana insinuando que se trata de su novio. Cuando Esther se acerca a Toni para preguntarle si es él el hombre de la foto, el tono que utiliza es arrogante y tiene un matiz de reproche y recriminación, como si ya sospechase de él. No escucha antes lo que el interlocutor tenga que decirle, sino que exige que le confiese la identidad del hombre que aparece en la ficha policial. Por otra parte, Toni, al reaccionar de una manera irascible, muestra que, probablemente, necesite ocultar algún episodio de su vida pasada que podría perjudicarlo. La *petición* de Esther podría representar un acto razonable que permitiría «escapar a la impugnación del interlocutor» (Gordon y Lakoff, 1975). Esther tiene razones suficientes para desear que el oyente satisfaga su petición. Además, la hablante supone que el interlocutor está dispuesto a responder a la pregunta y a colaborar con ella, por eso le pide a Toni que le dé una respuesta para poder zanjar la disputa con su hermano policía y poder demostrar que su novio no es un delincuente perseguido por la ley. Sin embargo, la pregunta de Esther destaca desconfianza y sospecha; por esta razón, Toni «impugna» la petición de la chica. El joven cuestiona el presupuesto pragmático del acto discursivo de Esther. La *impugnación* conlleva tanto la descalificación del interlocutor como la deslegitimación como agente, con la consecuente ruptura de la interacción comunicativa. Entre las *respuestas impugnadoras* de Toni (que no acepta la razonabilidad de la petición de la interlocutora), podríamos sugerir: -¿Por qué quieres que te diga si soy yo el de la foto?, -¿Por qué supones que es mi deber responder?, -¿Por qué crees que no quiero o que no estoy dispuesto a decírtelo?

En este caso, Esther podría contrarrestar las impugnaciones de Toni, expresando condiciones de *razonabilidad del acto*, como por ejemplo: – Supongo que te interesa nuestra relación y que estás dispuesto a colaborar de manera que mi familia no ponga pegas a nuestra unión, -Si no tienes nada que ocultar, no hace falta que te pongas así y podrías decirme si eres tú el de la foto. Esther utiliza el *condicional de cortesía* («...te podrías esforzar un poquito...») para suavizar el tono algo exigente y para sustituir el «performativo directo» (Rivero, 1979). Sin embargo, Toni se niega rotundamente a colaborar; es más, rompe la foto e insulta al hermano de Esther. Esto hace que la joven afirme que su novio no la quiere y que se rompa la comunicación. Esther utiliza un procedimiento que intenta «transformar lo que se podría considerar como ofensivo en lo que se puede tomar por aceptable» (Roulet, 1980, p. 217), para que Toni no pierda la cara, sea la *cara negativa* (que indica la función de reivindicación espacial del yo), sea la *cara positiva* (que señala la función de reconocimiento y aprecio por parte de los otros). Sin embargo, Toni se siente atacado y reacciona de forma impulsiva. El hecho de romper la hoja con la imagen sacada de internet le permite, de alguna manera, poner a salvo su propia cara y la del interlocutor.

A través de un objeto, en este caso la foto de la policía portuguesa, se violan las máximas conversacionales, se llega a una pugna dialéctica hasta acabar en la ruptura conversacional. El acto iniciativo de Esther («Toni/¿tú eres este tío? ») es el que provoca la reacción del interlocutor, es decir que solicita una respuesta. Se trata de un acto directo, formulado a través de una frase interrogativa absoluta y para llamar la atención del oyente. Sin embargo, Toni, en su acto reactivo de respuesta, muestra desacuerdo y rechazo. Violando la máxima de cooperación, Toni no contesta a la pregunta de Esther, sino que insulta inmediatamente al hermano de la novia y, como consecuencia, a la novia misma. Las acciones que afectan negativamente a la imagen de los interactuantes se llaman *Actos Amenazadores de la Imagen* (AAI); entre los AAI más fuertes y agresivos encontramos el *insulto*.

En una sociedad, el individuo tiene dos entidades interdependientes (Brown y Levinson, 1978, 1987): la *imagen positiva* (Toni tiene consideración y estima de sí mismo y desea que los miembros de la sociedad en la que vive le respeten) y la *imagen negativa* (la libertad de acción que él desea preservar en la sociedad). Al reaccionar de forma agresiva ante la exigencia de Esther, Toni intenta influir sobre el punto de vista y la acción de la interlocutora para que ella se olvide de la foto policial y le quite importancia al hecho. Por esta razón, Toni prefiere optar por el *insulto* y la *intensificación* del enunciado, imponiendo su yo «impregnado de ideas, sentimientos e impulsos volitivos» (Beinhauer, 1991, p. 195–96). El *realce lingüístico* es señal del deseo del hablante de evitar fijarse en la imagen para no tener que afrontar la situación. Está claro que tiene algo que ocultar y teme ser «reconocido» por la policía; por esto, sus actos de habla expresivos, debidos a emociones negativas hacia el hermano de Esther y, como consecuencia, hacia la oyente, intentan producir efectos perlocutivos (Haverkate, 1994, p. 78).

Tanto Esther como Toni desean hacer valer su intención comunicativa y el énfasis en los actos de habla no solo impide cumplir las máximas de calidad, tacto o generosidad, sino que hiperboliza la idea de intensidad y realza el desacuerdo con lo dicho («modificadores semántico–pragmáticos») (Briz Gómez, 2001, p. 127).

Otro aspecto que debemos señalar es que, en nuestro caso, no se puede hablar de *desacuerdo cooperativo* (Herrero, 2002, p. 221–242), es decir, de una discusión momentánea que precede a un consenso mutuo preferido, puesto que, en el diálogo del corpus, hay un *desacuerdo polémico* que revela un enfrentamiento abierto con el oyente y el deseo, tal vez inconsciente, de romper el intercambio discursivo. De hecho, Toni no solo ofende a su novia y a su hermano policía, sino que también rompe la foto y dice que las «gilipolleces» de los dos lo están «poniendo enfermo». En su intervención reactiva, rechaza la solicitud de la novia y se niega a cooperar con ella.

El *desacuerdo*, que pertenece a las intervenciones con función ilocutiva reactiva negativa, (Moeschler, 1985), expresa la objeción y la oposición a la enunciación del interlocutor. Al rechazar el valor ilocutivo de la «petición» ofensiva de Esther, Toni prefiere atacar y oponerse al enunciado inapropiado («despreferir la respuesta» implica una variante de la negación pragmática o discursiva) (Calvo Pérez, 1994, p. 257–271). La refutación puede concluir el diálogo (Plantin, 1998, p. 44), mientras que la objeción puede sugerir una respuesta y manifiesta la posibilidad de continuar la conversación. En nuestro caso, al rechazar la propuesta de Esther y al no colaborar con ella, Toni evita el diálogo. En la interacción, el *acto impositivo* producido por la hablante, que no respeta la imagen negativa del oyente, se manifiesta porque Esther está enfadada por la actitud de su interlocutor; además, hay circunstancias externas al intercambio comunicativo que exigen que el oyente reaccione inmediatamente a la exhortación. Puesto que la pregunta de Esther es también una *petición*, cabe observar el tipo de expresión interrogativa: ¿un intento de obtener información del oyente («pregunta real»), o bien un intento de saber si el oyente se ha enterado de algo y sabe contestar («pregunta de examen»)? (Searle, 1980, p. 74). Si una pregunta se puede interpretar también como una *petición*, entonces la expresión tiene una doble fuerza ilocucionaria. El enunciado de Esther es un *acto exhortativo impositivo* en el que destaca la intención de la hablante de salvar su imagen negativa; además, al usar el condicional «...te podrías esforzar... », intenta calmar al interlocutor para evitar que se desencadene un conflicto y se produzcan actos disentivos frente a «oyentes casuales», como los llama Verschueren (2002, p. 148), que serían receptores adicionales, no previstos. Sin embargo, la «prepotencia» de Esther desencadena la rabia y el desconcierto del oyente que, en un arrebato, coge la foto y hace el papel añicos, intentando mostrar su poder y su autoridad de hombre, cuestionando el *decir* de su interlocutora y pronunciando un acto asertivo, comisivo y declarativo a la vez, sin importarle las consecuencias. Ante la reacción de Toni, Esther le echa en cara que él no la quiere. Sin embargo, es Toni el que pone en duda el supuesto amor de su novia por él precisamente porque cree más en su hermano y en el garabato de un tío con barba. De hecho, aunque Toni le confirme que la quiere y que es feliz con ella, Esther destaca su exigencia de saber la verdad a toda costa, pase lo que pase, y su actitud puede poner en peligro su relación sentimental.

4.2 Análisis del segundo diálogo

Segundo diálogo – TCR 00:45:09

ESTHER: ¡Hijo de puta!/ Condenado, lo que me contaron de ti era cierto./ Eres un cerdo con la cara más dura que he visto en mi vida, cabrón./ Pues no... me hiciste creer que eras una víctima.
TONI: Esther... este es mi trabajo y mi trabajo me lo respetas./ No te voy a aceptar que vengas aquí a estar montando ninguna escenita.
ESTHER: Tener un hijo con otra mujer ¿qué es? ¡Pedazo de cabrón!
TONI: ¿Un hijo?/ ¿Qué hijo ni qué leche? ¿De qué coño tú me estás hablando?
ESTHER: De tu hijo./ Del hijo que le hiciste a la tía esa y luego la dejaste tirada.
TONI: ¿Chelo te dijo que tiene un hijo mío?
ESTHER: Esa no/, la otra, la amiga... Natalia.
TONI: O sea, ¿Natalia está aquí y está diciendo que tiene un hijo mío?
ESTHER: Eso, reniega/ reniega todavía de él.
TONI: Mira, ven acá y explícamelo todo tranquilamente, despacio porque no entiendo nada.
ESTHER: ¡Y una mierda!/Tú a mí ya no me das órdenes, a mí.

Esther ha descubierto que su novio Toni tiene un hijo, nacido de una antigua y breve relación con Natalia, una amiga de Chelo. Toni no sabe nada de la existencia del niño; de hecho, no sabía ni siquiera que Natalia se hubiera quedado embarazada. Sin embargo, Esther no le cree y está furiosa. Cuando va a hablar con él y lo insulta, observamos que la reacción de sorpresa del interlocutor es sincera, por lo tanto, al ver su imagen afectada, no acepta el enunciado injurioso de la hablante. Puesto que ambos están en la playa y hay gente que «asiste» involuntariamente a la escenita que le está montando Esther al joven, Toni reacciona diciendo que tiene que seguir trabajando y que la interlocutora no tiene el derecho de interrumpir bruscamente su trabajo. Sin embargo, al enterarse de la existencia de un hijo, Toni deja lo que está haciendo e intenta aclarar los hechos. Aunque se podría suponer que Esther tiene interés en saber la verdad, cierra bruscamente la conversación y le deja claro a Toni que él ya no puede mandar sobre ella. Además de lo que se podría inferir a nivel emotivo (Toni estaba acostumbrado a mandar sobre Esther), notamos que la reacción de la joven es inesperada. Lo más natural sería que Esther escuchara la versión de Toni; sin embargo, desconfía de él y no tiene la menor intención de seguir el discurso. Estamos ante una conversación espontánea caracterizada por la *indefinición* y la *imprevisibilidad*. El cierre brusco y marcado de Esther indica que se ha producido un juego de poder ya que es ella quien controla el espacio discursivo y la interacción coloquial no es prototípica sino periférica (Briz, 1998, p. 43). Ni Esther ni Toni han desarrollado una competencia estratégica tal que les permita reparar eventuales errores y evitar conflictos indeseados (Canale, 1983; Canale y Swain, 1980).

La incomunicabilidad y los posibles agravios se deben a la intervención de otras personas, tales como Marco (el hermano policía de Esther) y Chelo, la mujer despechada; son ellos quienes fomentan el fracaso comunicativo entre Esther y Toni.

A nivel morfosintáctico, hay una *tematización* y Esther pone mayor intensidad en el hecho de que Toni ya no puede mandar sobre ella y que no tiene intención de colaborar con el receptor («Tú *a mí* ya no me das órdenes, *a mí*»).

El fenómeno de la *deixis* nos permite indicar de qué manera «las lenguas codifican o gramaticalizan rasgos del contexto de enunciación o evento de habla» (Levinson, 1983: 47). Los deícticos «conmutadores» (Jakobson, 1957) son elementos que conectan la lengua con la enunciación. Se encuentran en: pronombres personales, artículos, preposiciones, posesivos, demostrativos, adjetivos, verbos, adverbios que adquieren pleno significado en el contexto en que se producen. En cuanto a la *deixis personal*, los enunciados entre Esther y Toni -«… Del hijo que le hiciste a la tía *esa* y luego la dejaste tirada»/ -«¿Chelo te dijo que tiene un hijo mío? » / -«*Esa* no, *la otra*, *la amiga*… Natalia», además de hacer referencia al «yo» de Esther y al «tú» de Toni, personas presentes en el momento de la enunciación, se señalan a Chelo y a Natalia, ausentes en el momento de la enunciación, pero fundamentales para comprender el contexto de situación y el cotexto (conjunto de elementos lingüísticos que anteceden o suceden a una oración o a un término y que determinan su significado o su correcta interpretación). En cuanto a la *deixis espacial*, en el enunciado «Esther… *este* es mi trabajo… /No te voy a aceptar que vengas *aquí* a estar montando ninguna escenita», por medio del adverbio de lugar «aquí» y del pronombre demostrativo «este», Toni señala el lugar en el que trabaja y expresa de manera implícita que su novia no puede montarle un numerito en un espacio público delante de oyentes involuntarios y desprestigiando su imagen.

En lo que se refiere a la *deixis temporal*, el enunciado de Esther «…del hijo que le *hiciste a la tía esa* y luego la *dejaste* tirada», alude a un «antes», a un tiempo alejado del «ahora», pero que contribuye al «después» (Calsamiglia y Tusón, 2004: 121), en este caso, a la pugna verbal entre los interlocutores y al fracaso comunicativo. Al expresar el enunciado, Esther está «reprochando» indirectamente a Toni y está «despertando su conciencia»; de hecho, quiere que el oyente tome conciencia del error cometido en el pasado y considere la posibilidad de «repararlo».

En cuanto a las palabrotas y expresiones malsonantes que aparecen en los diálogos escogidos, cabe señalar que representan la exteriorización de sentimientos y de emociones impulsivas. Las funciones principales de tales expresiones soeces son: -manifestar rabia, reprochar, humillar, desahogar una emoción, defenderse, proteger la imagen positiva/negativa. La manera que tiene Esther de dirigirse a Toni por medio de expresiones groseras y marcadas («¡Hijo de puta!, ¡Cerdo!, ¡Cabrón!, ¡Pedazo de cabrón!») y su rechazo de colaboración con el interlocutor («¡Y una mierda!…») muestran el deseo de la hablante de reprochar y de no cooperar con el oyente. Tanto el inicio («¡Hijo puta!/ Condenado, lo que me contaron de ti era cierto./ Eres un cerdo con la cara más dura que he visto en mi vida, cabrón…») como el final («¡Y una mierda!/ Tú a mí ya no me das órdenes, a mí») de la interacción no responden a fórmulas rituales específicas ni a las expectativas de los eventos dialogales.

5. Conclusiones

Para concluir, podemos observar que en las conversaciones del corpus, las metas del emisor y del receptor son incompatibles y los enunciados *realizativos*, que no describen el estado del mundo, sino que lo transforman, fracasan, dejando sin cumplir condiciones de éxito o de felicidad. Las acciones de los intercambios comunicativos, que afectan a las cualificaciones pasionales, manifiestan una suerte de manipulación en el contrato conversacional. La *pasión*, correlato de la *acción*, nos permite observar que el sujeto actuante puede haber sido previamente un sujeto pasionalmente afectado, y el sujeto afectado puede llegar a ser un sujeto que actúa. Puesto que una misma frase puede servir para cumplir actos muy diferentes, es necesario conocer no solo el enunciado sino también la situación, el contexto en que se expresa para saber qué quiere «hacer» el hablante a través del enunciado mismo. Aunque los diálogos representen conversaciones cara a cara, dinámicas, con alternancia de turnos inmediata donde destaca la tensión dialógica, no hay cooperación puesto que los interlocutores se hieren verbalmente y se reprochan actitudes y decisiones que les perjudicaron en el pasado y que tienen repercusiones en el presente. Los interlocutores no respetan las reglas del *juego* del lenguaje, sino que juegan a *ganar* la partida, amenazando e hiriendo verbalmente al otro. Las intenciones del emisor y del receptor no coinciden y el uso de expresiones soeces imprime mayor fuerza a lo dicho. No hay posibilidades de suavizar el discurso; de hecho, asistimos a conflictos abiertos que no son negociables.

Referencias bibliográficas

Austin, J. L. (1971). *Palabras y acciones. Cómo hacer cosas con palabras*, Conferencia VIII. Buenos Aires: Paidós.

Austin, J. L. (1998). *Cómo hacer cosas con palabras*. Barcelona: Paidós.

Beinhauer, W. (1991). *El español coloquial*. Madrid: Ed. Gredos.

Briz Gómez, A. (1998). *El español coloquial en la conversación*. Barcelona: Ariel.

Briz Gómez, A. (2001). *El español coloquial en la conversación. Esbozo de pragmagramática*. Barcelona: Ariel lingüística.

Brown, G. y Yule, G. (1983). *Discourse Analysis*, Cambridge: Cambridge University Press.

Brown, P. y Levinson. S. (1978). "Universal in language usage: Politeness phenomena." En *Questions and politeness: Strategies in social interaction*, ed. Goody, Cambridge: Cambridge University Press, pp. 237–257.

Brown, P. y Levinson. S. (1987). *Politeness. Some universals in language usage*. Cambridge: Cambridge University Press.

Calsamiglia B. y Tusón V. (2004). *Las cosas del decir - Manual de análisis del discurso*. Barcelona: Ed. Ariel Lingüística.

Calvo Pérez, J., (1994), *Introducción a la pragmática del español*, Madrid, Ediciones Cátedra (Lingüística).

Canale, M. (1983). "De la competencia comunicativa a la pedagogía comunicativa del lenguaje", en VVAA, *Competencia comunicativa. Documentos básicos en la enseñanza de lenguas extranjeras*. Madrid: Edelsa. 1995, pp. 63-81.

Canale, M. y Swain, M. (1980). "Fundamentos teóricos de los enfoques comunicativos. La enseñanza y la evaluación de una segunda lengua", en *Signos. Teoría y práctica de la educación*, 17, pp. 54-62 y 18, pp. 78-89, 1996.

Chaume, F. (2001). *La pretendida oralidad de los textos audiovisuales y sus implicaciones en traducción*. En F. Chaume y R. Agost (Eds.), *La traducción en los medios audiovisuales* (pp. 77–87). Castellón: Publicaciones de la Universitat Jaume I.

Ducrot, O. (1999). *El decir y lo dicho – Polifonía de la enunciación*. Barcelona: Paidós Comunicación.

Gallardo, B. (1996). *Análisis conversacional y pragmática del receptor*. Valencia: Ediciones Episteme.

García Negroni, M. M. y Tordesillas Colado, M. (2001). *La enunciación en la lengua: de la deixis a la polifonía*. Madrid: Gredos.

Gordon, D. y Lakoff, G., (1975). "Conversational postulates". En P. Cole y J. L. Morgan (Eds.), *Syntax and semantics 3: Speech acts (pp.* 83–106*)*. Nueva York: Academic Press.

Greimas, A. J. y Courtés, J. (1979). *Sémiotique. Dictionnaire raisonné de la théorie du langage*. París: Hachette.

Grice, H. P. (1975). Logic & conversation. En P. Cole (Ed.), *Syntax & semantics*, III: *Speech Acts* (pp. 41–58) Nueva York: Academic Press.

Haverkate, H. (1994). *La cortesía verbal. Estudio pragmalingüístico*. Madrid: Ed. Gredos.

Herrero, G. (2002). Los actos disentivos, *Verba*, vol. 29, Universidad de Santiago de Compostela, pp. 221–242.

Jakobson, R. (1957). "Los conmutadores, las categorías verbales y el verbo ruso", en *Ensayos de lingüística general*, Barcelona, Ariel, 1984, pp. 13-33.

Leech, G. (1983). *Principles of pragmatics*. Londres: Longman.

Levinson, S. C. (1983). *Pragmatics*. Cambridge: Cambridge University Press.

López Serena, A. (2007), *Oralidad y escrituralidad en la recreación literaria del español coloquial*, Madrid: Gredos.

Martínez Sierra, J.J. (2012). *Introducción a la traducción audiovisual*. Murcia: Universidad de Murcia.

Meunier, A. (1974). Modalités et communication, *Langue Française*, 21, pp. 8–25.

Moeschler, J. (1985). *Argumentation et Conversation*. París: Hatier.

Nencioni, G. (1976). Parlato-parlato, parlato-scritto, parlato-recitato, *Strumenti critici*, 29, pp. 1–56.

Plantin, C. (1998). *La argumentación*. Barcelona: Ariel.

Récanati, F. (1979). *La transparence et l'énonciation. Pour introduire à la pragmatique*, Paris: Seuil.

Reyes, G. (1990). *La pragmática lingüística. El estudio del uso del lenguaje*. Barcelona: Montesinos.

Reyes, G. (1995, 2002). *El abecé de la pragmática*. Madrid: Arco Libros.

Ricoeur, P. (1975b) 1985. Signe et sens. In *Encyclopaedia universalis*, vol. 16, pp. 881-95.

Rivero, María L. (1979). "Un ejemplo de metodología de filosofía analítica en la semántica lingüística: La cortesía y los actos verbales", en Abad, F., *et al.*

Roulet, E. (1980). "Modalité et illocution", *Communications*, 32, pp. 216-239.

Searle, J. (1980). *Actos de habla: Ensayo de filosofía del lenguaje*. Madrid: Cátedra.

Stubbs, M. (1987). *Análisis del discurso*. Madrid: Alianza.

Verschueren, J. (2002). *Para entender la pragmática*. Madrid: Gredos.

Laura Sanfelici

Universidad de Génova

Aspectos lingüísticos de la traducción audiovisual a través del estudio de un caso

1. Introducción: de la novela a la película

El secreto de sus ojos, dirigida por Juan José Campanella (2009), está basada en la novela *La pregunta de sus ojos* de Eduardo Sacheri (2005). La historia cuenta un viaje de ida y vuelta a través de un asesinato sin resolver que, después de 25 años, sigue marcando la vida de Benjamín Espósito, oficial de un Juzgado de Instrucción de Buenos Aires recién retirado. En 1974 la joven Liliana Colotto fue brutalmente violada y asesinada dentro de su casa; Benjamín, testigo del levantamiento del cadáver, le prometió al marido de la víctima encontrar al asesino. Decide escribir una novela sobre el caso y, al revisar el pasado, viene también a su memoria el recuerdo de una mujer, a quien ha amado en silencio durante todos esos años. La estructura narrativa está marcada por dos espacios temporales bien diferenciados: presente y pasado, y por unos diálogos bien construidos, que, junto con la narración en *off* del protagonista, consiguen mostrar la nostalgia del protagonista y, al mismo tiempo, mantener viva la atención del espectador. Mediante transformaciones en la estructura, en el contenido narrativo y en la puesta en imágenes, o sea a través de un proceso que podemos definir de adaptación, el relato la novela ha tomado la forma de texto fílmico. Como afirma Sánchez Noriega, no es una operación exenta de riesgos ya que la usual distinción entre narración y descripción en los textos literarios no es trasladable fácilmente a los fílmicos:

> El escritor combina, sucesivamente, pasajes donde prima la narración –sucesión de acciones desarrolladas por unos personajes – con aquellos en que, haciendo una inevitable pausa en el devenir de la diégesis, prevalece la descripción y, por tanto, están destinados a caracterizar interna o externamente a los personajes y a indicar el espacio dramático en que tienen lugar las acciones. La descripción ralentiza el relato, lo que se logra limitando los verbos y adverbios «de estado». (...) La simultaneidad inherente a la imagen fílmica (...) rompe esta dualidad y, salvo una voluntad expresa de evitar descripciones, toda descripción de acciones supone, al mismo tiempo, una descripción de los existentes (personajes y escenarios). (Sánchez Noriega, 2000, p. 120)

Dusi (2003) afirma que, si el término «adaptación» implica una reducción inevitable, hablar de «transposición» recuerda la idea de una estructura que, aun siendo ordenada, es flexible, y sabe apoyar el pasaje de transformación de un texto a otro respetando las diferencias y coherencias internas. No es nuestro objetivo profundizar en el debate terminológico; lo que sí podemos decir es que en este «pasaje» el diálogo desempeña una función fundamental ya que, debido a la reproducción sonora de las palabras y a la visualización de los personajes y del espacio, el diálogo fílmico posee mayor expresividad que el novelístico gracias a algunos elementos fundamentales:

> a) elección de la voz y del actor (...); b) posibilidad de establecer planos sonoros y de combinar los diálogos con otros sonidos; c) simultaneidad de las palabras del personaje con sus gestos y con los gestos de quienes lo escuchan (...); d) escala de los planos que establece una distancia capaz de dar distinto valor al diálogo; e) posibilidad de la voz fuera de campo o no presentación en imagen de la fuente sonora; f) simultaneidad de las palabras con las acciones y de diálogos correspondientes a más de un personaje; y g) ubicación de los personajes en distintos espacios que proporcionan determinado valor a lo dicho. (Sánchez Noriega, 2000, p. 123)

Después de pasar a la pantalla, la novela, que ahora es una película, se puede «traducir». La traducción puede ser intralingüística (monolingüe, en la que encontramos el subtitulado para sordos), interlingüística (subtitulado para oyentes, doblaje y voces superpuestas). En cuanto a la audiodescripción para ciegos puede ser intralingüística o interlingüística. A través de este estudio sobre el análisis del subtitulado interlingüístico e intralingüístico de la película, se ofrecerá una aproximación a la traducción audiovisual, haciendo hincapié en los aspectos lingüísticos de la que Orero (2004, p. viii) define como «the most dynamic and fastest developing trend within Translation Studies». En la primera parte, a través de la traducción interlingüística se profundizará en el tema de la traducción de los elementos culturales; en la segunda, en la que trataremos del subtitulado para sordos (SPS) se llevará a cabo un breve estudio comparativo entre la variante rioplatense del español hablado por los personajes de la película y el español del subtitulado, ya que la película argentina se ha subtitulado en «idioma castellano neutro». Como afirma Petrella, el artículo 1° de la Ley n. 1 de 1986 sobre el uso del español neutro en la TAV se amplió dos años después, subrayando que: «Se entenderá por idioma castellano neutro al hablar puro, fonética, sintáctica y semánticamente, conocido y aceptado por todo el público hispanohablante, libre de modismos y expresiones idiomáticas de sectores» (1998, p. 979).

2. La subtitulación interlingüística: aspectos técnicos, lingüísticos y culturales

Como afirma Hurtado Albir: «En la subtitulación, el texto audiovisual original permanece inalterado añadiéndose un texto escrito (los subtítulos) que se emite simultáneamente a las intervenciones de los actores en pantalla». (2001, p. 79). El subtitulado interlingüístico consiste en proporcionar subtítulos en una lengua diferente a la del producto original y que por esto involucran y sintetizan dos lenguas y también dos culturas. Hurtado Albir (2001) subraya la importancia de cada una de las etapas del trabajo de subtitulación, que resume en visionado, lectura y toma de notas, segmentación del original en unidades de sentido (o pautado), traducción y sincronización, y la edición de los subtítulos.

La calidad del mensaje transmitido se define «diagonal» ya que según Gottlieb (2005), además de la transposición de un texto oral a un texto escrito, significa también trasladar un texto oral en lengua de partida a un texto oral en la lengua de llegada:

> Subtitling, on the other hand, can be either vertical or diagonal. Being intralingual, vertical subtitling limits itself to taking speech down in writing, whereas diagonal subtitling, being interlingual, 'jaywalks' (crosses over) from source-language (SL) speech to target language (TL) writing. (Gottlieb, 2005, p. 17)

Como afirma Rica Peromingo (2016, p. 93), el subtitulado se ha entendido en los últimos años como el típico ejemplo de «adaptación», y no de «traducción», por sus limitaciones espacio-temporales que influyen en el trasvase lingüístico. Es una traducción transparente, porque el espectador tiene acceso al mismo tiempo a los subtítulos en la lengua de llegada y a la versión original en la lengua original. Gottlieb identifica algunos parámetros fundamentales que diferencian la traducción audiovisual de otros tipos de subtitulación:

> As a basis for comparison with other main types of translation, subtitling can be defined – semiotically – as A. Prepared communication B. using written language C. acting as an additive D. and synchronous semiotic channel, E. as part of a transient F. and polysemiotic text. (Gottlieb, 2005, p. 15)

El texto escrito no reemplaza a los diálogos, sino que se añade a estos, vehiculando el mismo mensaje original a través de un canal semiótico diferente. Hay que subrayar algunas características del texto fílmico, según las cuales la palabra, como afirma Blanco (2003), ostenta rasgos de brevedad, concisión y precisión y administra con rigor las referencias contextuales. El lenguaje utilizado en las obras cinematográficas y televisivas, de hecho, se adapta y se estudia para parecer auténtico. Como afirma Chaume (2001, p. 70) la especificidad del texto audiovisual y el foco de interés para el traductor debe centrarse en la consecución de un texto coherente y bien cohesionado a partir de los mecanismos que le proporcionan los diferentes códigos de significación audiovisual. Imágenes y palabras, por hablar en términos generales, interactúan y crean un significado extra a través de repeticiones, paralelismos y focalizaciones que dotan al texto final de un nivel de coherencia característico de estos textos. Por su inmediatez, el espectador no puede volver a leer lo traducido, que aparece en la pantalla de forma sincrónica junto con las imágenes. Rica Peromingo (2016, p. 94) subraya que el registro oral utiliza menos elementos lingüísticos que pueden considerarse redundantes en el registro escrito, de ahí que sea necesario optar por dos tipos de reducciones: condensación o concisión y eliminación o supresión. Un buen trabajo de subtitulación depende de la percepción de los espectadores con respecto al producto subtitulado. Es importante que tengan la impresión de que se les está proporcionando toda la información necesaria para entender el producto audiovisual. La condensación o la eliminación son necesarias ya que los subtítulos tienen un máximo de dos líneas y la longitud máxima de cada línea de subtítulos es de 37 caracteres. En el primero de los dos ejemplos que citamos a continuación no se ha subtitulado tres veces el mismo verbo, porque habría ralentizado inútilmente la lectura. En el segundo se ha eliminado un elemento nominal (abrigo) y se ha dejado otro elemento, (maleta), sin especificar «hecha» porque no se le ha omitido nada al espectador en términos de sentido, pero sí se le ha concedido más tiempo para leer.

Ejemplo 1. Min. 00:17:53

Diálogo	**Subtitulado**
Para, para, para, ¿qué albañiles?	*Fermo, che muratori?*

Ejemplo 2. Min. 00:30:59

Diálogo	**Subtitulado**
Se metió en la pieza y a los diez minutos se fue con el abrigo y la maleta hecha.	*È entrato nella stanza e dopo dieci minuti se ne è uscito con la valigia.*

Otro aspecto fundamental que hay que tener en cuenta dentro del ámbito lingüístico de la TAV son las prioridades y restricciones que suponen las referencias culturales. Los dos ejemplos que se presentan a continuación (extraídos de la SPS) son alusiones a personajes (3) o a expresiones idiomáticas (4) que forman parte de la cultura del TO y para los que en la subtitulación hay que plantearse qué criterios y técnicas seguir. En primer lugar, se deberá elegir entre domesticación y exotización (Venuti, 1995). La primera opción tiene el propósito de conseguir una traducción que evite efectos de extrañamiento, mientras que la segunda no prevé la adaptación, principalmente de referencias culturales, para conservar la esencia de la cultura del TO. En el ejemplo (3) se ha optado por la domesticación, evitándole al espectador cualquier efecto de extrañamiento. Susanita es una amiga de Mafalda cuyo mayor deseo en la vida es casarse. Mafalda es la protagonista de la tira de prensa argentina creada por el humorista gráfico Quino de 1964 a 1973, forma parte de nuestra cultura, pero la referencia no es inmediata para el espectador italiano.

En el ejemplo (4) notamos, en primer lugar, una forma de neutralización de la palabra «mina», que se sustituye en el subtítulo por el pronombre personal. El elemento cultural se mantiene, obviamente, en el subtitulado intralingüístico, mientras que se pierde en el interlingüístico.

Ejemplo 3. Min. 00:53:41

Diálogo	**Subtitulado**
y la mina tiene más ganas de casarse que Susanita	*e intanto quella sta morendo dalla voglia di sposarsi.*

Ejemplo 4. Min. 00:55:58

Diálogo	**SPS**
y la mina tiene más ganas de casarse que Susanita.	y ella tiene más ganas de casarse que Susanita.

El ejemplo (5) es la traducción de una expresión idiomática con la que suelen terminar los cuentos de hadas: «Que sean felices y que coman perdices». Una traducción exotizante, sobre todo en el subtitulado en el que los tiempos de lectura son muy rápidos, habría ralentizado la lectura y dificultado la comprensión. Lo que podemos subrayar es que, en italiano existe una «fórmula» para terminar los cuentos de hadas que es *...e vissero felici e contenti.*

Ejemplo 5. Min. 01:23:54

Diálogo	**Subtitulado**
Que sean felices y que coman perdices.	Che siate felici nei secoli dei secoli.

En el subtitulado para sordos las referencias culturales no representan un desafío, pero sí hay que tener en cuenta otros aspectos sobre los que profundizaremos en el apartado que sigue a continuación.

3. La subtitulación intralingüística: aspectos técnicos y lingüísticos

Como afirma Díaz Cintas, desde el punto de vista lingüístico y semántico, el subtitulado para sordos se podría definir, de un modo más detallado: «como una práctica sociolingüística entre modos, de oral a escrito, que consiste en ofrecer, generalmente en la parte inferior de la pantalla, aunque no siempre, un texto escrito» (2010, p. 160). El texto escrito debe proporcionar información no solo acerca de lo que se dice, sino también de quién lo dice (qué personaje está interviniendo en ese momento o si es una voz en *off*); cómo se dice, es decir los elementos suprasegmentales (información relacionada con el énfasis, el tono de voz, los acentos, la prosodia, etc.); lo que se oye: todos los efectos como, por ejemplo, los ruidos ambientales y la música instrumental; lo que se ve: se trata de elementos discursivos que forman parte de la fotografía y están en otros idiomas, como cartas, pintadas, leyendas, etc. Se trata de información contextual de la que *El secreto de sus ojos* presenta muchos ejemplos. Entre otros:

Ejemplo 6. Min.: 00:6:24; 00:09:36; 01:13:21 TELÉFONO SONANDO
Ejemplo 7. Min.: 00:35:26; 00:35:37; 00:35:44 PERRO LADRANDO
Ejemplo 8. Min.: 00:58:40 MURMULLOS, RUIDO AMBIENTE
Ejemplo 9. Min.: 01:35:54 PÁJAROS CANTANDO
Ejemplo 10. Min.: 01:36:18 BOCINA
Ejemplo 11. Min. 01:43:10 PASOS
Ejemplo 12. Min.: 01:44:34 CARGAN LAS ARMAS
Ejemplo 13. Min.: 01:47:29 BOCINA DE TREN

Sin esta información el espectador no podría crear una conexión entre las escenas que se suceden. Como afirma Rica Peromingo (2016), desde el punto de vista técnico el SPS sigue los procedimientos del subtitulado convencional para oyentes. El uso de colores para identificar los papeles principales de los personajes es fundamental: amarillo, verde, cian, magenta para los personajes principales y blanco para el resto. El espectador necesita tener puntos de referencia claros que le indiquen qué personaje está hablando en cada momento. También es necesario señalar qué personaje interviene mediante el uso de etiquetas o didascalias. El tono de voz, el volumen, el acento, los tartamudeos son otros aspectos del diálogo que no se pueden deducir de la transcripción del texto. Además de etiquetas aclaratorias se pueden introducir emoticonos para indicar el estado del personaje. Otro aspecto relevante es la literalidad -hasta cierto punto- de los subtítulos, que para los espectadores con discapacidad auditiva es sinónimo de igualdad de oportunidades y garantiza el acceso a la misma cantidad de información para personas sordas y oyentes. Si la fidelidad es un requisito necesario del texto audiovisual traducido, también lo son la velocidad de lectura y el tiempo de exposición, más aún si tenemos en cuenta que en el subtitulado para sordos es necesario añadir la información extralingüística además de los diálogos. En la SPS de la película objeto de nuestro estudio hemos extraído un par de reducciones:

Ejemplo 14. Min. 01:16:04

Diálogo	SPS
Isidoro Gómez. Violación seguida de muerte.	Isidoro Gómez. Violación y muerte.

Ejemplo 15. Min. 01:20:00

Diálogo	SPS
Gómez antes de entrar ya está libre y yo me paso 50 años metido en una celda.	Gómez antes de entrar ya está libre y yo me paso 50 años en una celda.

Como afirman Perego y Taylor (2016) aunque la subtitulación interlingüística no puede prescindir del componente traductivo y en el SPS normalmente se propone, por el contrario, la transcripción en la misma lengua, en ambos casos los productos están sujetos a una serie de vínculos formales y textuales inevitables que no permiten traducir o transcribir íntegramente el diálogo original. La naturaleza selectiva de cualquier forma de subtitulación es evidente y presupone una reducción razonable y razonada del TO intentando minimizar la pérdida de información.

Un aspecto relevante del SPS de la película *El secreto de sus ojos* es la neutralización, que presentamos en este ejemplo (16) y que introduce el siguiente apartado.

Ejemplo 16. Min. 00:53:28

Diálogo	SPS
Me gusta venir acá, ponerme en pedo.	Me gusta venir aquí, emborracharme.

3.1 La neutralización en la SPS

Como afirma Duro (2001), el fenómeno de nivelación se produce cuando la traducción iguala las diferencias, «nivelándolas». Se refiere principalmente al componente dialectal, que afecta a los textos a nivel sociolingüístico anulando las ambigüedades. Añade Duro:

> En el doblaje, y también en la subtitulación, la traducción tiende a nivelar los "lectos" presentes en el TO, y a uniformarlos en una única variedad, que suele ser la más estándar o neutra, con la salvedad de que, en la subtitulación, la posibilidad de escuchar la versión original de la película los mantiene, lo que permite oírlos siempre y distinguirlos si el espectador conoce la lengua de origen (LO). (2001, p. 59)

Según Bravo García, español (castellano) neutro, acento neutro o simplemente neutro son términos muy utilizados en el continente americano, especialmente en los países lingüísticamente más «marcados», donde con frecuencia el uso de esta modalidad llega a ser obligatorio para los profesionales de la comunicación y de la telemercadotecnia. Y añade: «Para ellos *neutro* significa ausencia total de marca, por lo tanto, manejar ese estilo implica garantizar la ausencia de rasgos nacionales o locales, que se consideran como interferencias indeseadas en la promoción de los productos» (Bravo García, 2008, p. 28).

Petrella (1998) afirma que el fin principal de la ley que regula el uso del español neutro, aprobada en Argentina en mayo de 1986, es comercial. El artículo 1 de la ley establece: «El doblaje deberá ser realizado en idioma castellano neutro, según su uso corriente en nuestro país, pero comprensible para todo el público de la América hispanohablante» (Petrella, 1998, p. 979). Una reglamentación introducida dos años después amplía esta definición y especifica que el español neutro es el hablar puro, un español que, libre de modismos marcados, podrá ser reconocido por todo el público hispanohablante. Petrella afirma que la ley se aplicó en Argentina a doblajes y subtítulos como medio eficaz para enfrentar la incomprensibilidad. La lectura de la ley suscita no pocas preguntas: ¿Qué se entiende por modismos?, ¿qué es el hablar puro? Si se evitan las expresiones de sectores, ¿a qué sectores y a qué expresiones se alude?, ¿por qué idiomáticas? Como afirma Duro:

> El caso más notorio es del neutro en las películas dobladas en Argentina: se evitan elementos del lunfardo, se evitan las aspiraciones del español porteño, se escogen los tiempos verbales y las formas en general utilizadas de forma más amplia por los hablantes de la lengua. (2001, p. 29)

«Neutro» es el adjetivo que ha acumulado una mayor cantidad de opiniones en contra. Para Bravo García el término acultural tiene la misma connotación negativa. Es un término utilizado sobre todo en el mundo de las editoriales, como dice la autora: «para hacer referencia a las creaciones y traducciones que evitan las marcas de origen, dando lugar a libros *aculturales* que, en general, son bien recibidos por las editoriales de difusión internacional, aunque parecen ir contra la raíz misma de la creatividad» (2008, p. 30). Para Miquel Cortés no existe unanimidad en lo que se refiere a la definición de este término. En su opinión:

> (...) es una acuñación motivada por intereses económicos de los grandes productores y elevada a *koiné* por los medios de comunicación social, las grandes empresas de traducción audiovisual y también por los profesionales de la TAV (traducción audiovisual) (...). Claro que debemos enfatizar el hecho de que este tipo de español no se habla en ningún país en concreto. (2005, p. 2)

Pajares Giménez usa los adjetivos desabrido, soso, seco para definir el propio adjetivo neutro y añade que:

> (...) lo es aún más cuando se aplica a su expresión oral. El concepto de español neutro es artificial, espurio y supone que la comprensión se compromete debido a las distintas variedades. Eso no es así, como es bien sabido por los expertos, y los acentos muy cerrados pueden compensarse con el esmero en la pronunciación y en los movimientos de los órganos resonadores. (2011, p. 50)

En la película objeto de nuestro estudio encontramos varios ejemplos de neutralización, tanto a nivel morfosintáctico como a nivel léxico. Como es sabido:

> El español de Argentina emplea uniformemente *vos* en vez de *tú*. El uso de *vos* se acepta en todos los niveles sociales y en todos los contextos, y aunque algunos individuos muestren ciertas reservas personales sobre la corrección de *vos*, Argentina en su conjunto ha afirmado su identidad criolla en parte mediante el uso universal de *vos* (Lipski, 1996, p. 194).

Los ejemplos (17) y (18) explican muy claramente el proceso de nivelación.

Ejemplo 17. Min. 01:13:03

Diálogo	SPS
¿Vos sos Espósito?	¿Tú eres Espósito?

Ejemplo 18. Min. 01:15:43

Diálogo	SPS
¿Qué hacés vos acá?	¿Qué haces aquí?

El uso de los tiempos verbales en Argentina no siempre sigue los modelos establecidos por las gramáticas normativas (Lipski 1996, p. 195). El uso del pretérito indefinido se puede utilizar incluso cuando se ha establecido la continuidad con el momento presente, como podemos ver en el ejemplo que sigue:

Ejemplo 19. Min. 00:06:14

Diálogo	SPS
Me pasé la vida escribiendo.	Me he pasado la vida escribiendo.

El *ché* vocativo, de origen discutible, es tan notable que los residentes de países vecinos se refieren a los argentinos como los *ché* (Lipski 1996, p. 197). El ejemplo (20) muestra la neutralización de la interjección que se usa para llamar, detener o pedir atención a alguien, o para denotar asombro o sorpresa[1].

Ejemplo 20. Min. 01:27:1

Diálogo	SPS
Che	Oye

Para el adjetivo «pelotudo», típico del uso coloquial de Argentina y Chile para indicar una persona que tiene pocas luces (www.rae.es) se ha preferido un término más internacional como es «idiota» y como se puede ver en los ejemplos (21) y (22).

1 Diccionario de la Real Academia de la Lengua (www.rae.es)

Ejemplo 21. Min. 00:11:41

Diálogo	SPS
Ojo, hay miles de pelotudos	Ojo, hay miles de idiotas

Ejemplo 22. Min. 00:11:43

Diálogo	SPS
Está el pelotudo tranquilo, pacífico, que sabe que es pelotudo	Está el idiota tranquilo, pacífico, que sabe que es un idiota

Estos dos ejemplos forman parte de un diálogo que Benjamín mantiene con el Inspector Báez y está refiriéndose a su jefe antes de entrar en la escena del crimen. En la novela de Sacheri podemos notar el mismo uso de la variante argentina, constante en todo el libro:

> Adalberto Rivadero, el primer oficial primero que tuve como jefe cuando entré como meritorio, me dijo una verdad suprema: «Mirá, Chaparrito: los Juzgados son como islas; podés caer en Tahití o en Sing-Sing». La cara de ese antiguo maestro, que me miraba desde la grisácea veteranía que yo mismo padezco ahora, me indicaba a las claras que él se sentía más un habitante de esta última. «Y otra cosa, pibe —agregaba mirándome con la tristeza de quien sabe que dice la verdad, pero que sabe también que esa verdad es inútil—, la isla depende del juez que te toque. Si te toca un tipo piola, estás salvado. Si te toca un hijo de puta, el asunto se complica. Pero lo peor son los boludos, Chaparro. Ojo con los boludos, muchacho. Si te toca un boludo, estás frito». (Sacheri, 2005, p. 31)

También en la película aparece el adjetivo «boludo»: definido en el Diccionario de la Real Academia de la Lengua Española: «adj. malson. coloq. Arg. y R. Dom. Necio o estúpido. Apl. a pers., u. t. c. s», neutralizado, como se puede ver en el ejemplo (23), en el subtítulo por «imbécil»:

Ejemplo 23. Min. 00:52:23

Diálogo	SPS
Porque somos dos boludos	Porque somos dos imbéciles

Pajares Giménez subraya la importancia de hacer un uso del español que pueda mostrar su extraordinaria riqueza, sin desposeerlo de expresividad y de sus señas naturales de identidad o identidades. La autora identifica en la oralidad los límites del español general ya que:

> Esta es la que garantiza la riqueza plural de variedades del español, mientras que la capacidad cultural es la que permite cambiar de un nivel de español, general a otro general o local. (...). Puede observarse la impropiedad y el perjuicio que supone mezclar la noción de español neutro con la de oralidad, al extremo de resultar conceptos antitéticos por definición. (2011, p. 51)

4. Conclusiones

A raíz de lo que hemos dicho, para lograr un buen subtitulado se deberá tender a una sutil armonía entre imagen, sonido y palabra, que deberá desaparecer en la mente del espectador para fundirse en la pantalla. Teniendo en cuenta las limitaciones de espacio y tiempo, se deberá abogar por opciones sintéticas. Otro desafío es el trasvase de las referencias culturales. El humor, los refranes, las frases hechas, los juegos de palabras y la alusión a personajes o lugares son todos elementos de identidad cultural que requieren soluciones concretas e inmediatas. En los culturemas analizados se han perdido algunos matices o referencias culturales difícilmente traducibles. Sin embargo, el valor semiótico de la imagen ayuda a prescindir de lo superfluo consiguiendo igualmente espontaneidad y fluidez. También se pierde algo con la neutralización, en aras de un mercado cada vez más internacional. Por lo que se refiere a la investigación en TAV, como afirma Díaz Cintas en una entrevista de Orrego: «sí se está abriendo a otro tipo de enfoques más pluridisciplinares, en sintonía con los cambios que ya se han observado en traducción en general, donde cuestiones éticas o aspectos psicológicos o sociológicos se llevan estudiando desde hace un cierto tiempo» (Orrego Carmona, 2013, p. 550). Siguiendo el consejo de Díaz Cintas, parte de la investigación en TAV debería tener como objetivo el estudio del papel del traductor en un nuevo entorno digital, social y mediático.

Referencias bibliográficas

Bravo García, E. (2008). *El español internacional. Conceptos, contextos y aplicaciones*. Madrid: Arco Libros.

Blanco, D. (2003). *Semiótica del texto fílmico*. Lima: Universidad de Lima-Fondo Editorial.

Chaume Varela, F. (2001). Más allá de la lingüística textual: cohesión y coherencia en los textos audiovisuales en su implicación en traducción. En M. Duro (Ed.), *La traducción para el doblaje y la subtitulación* (pp. 65–81). Madrid: Cátedra.

Díaz Cintas, J. (2010). La accesibilidad a los medios de comunicación audiovisual a través del subtitulado y de la audiodescripción. Cooperación y diálogo,

En Luis González L. y Pollux Hernúñez, P. (Eds.) *El español, lengua de traducción para la cooperación y el diálogo*. Madrid: Instituto Cervantes, 157–180. Recuperado de https://www.researchgate.net

Duro, M. (Ed.) (2001). *La traducción para el doblaje y la subtitulación*. Madrid: Cátedra.

Dusi, N. (2003). *Il cinema come traduzione. Da un medium all'altro: letteratura, cinema, pittura*. Torino: UTET.

Gottlieb, H. (2005). Texts, Translations and Subtitling – In Theory, and in Denmark. En H. Gottlieb, (Ed.), *Screen translation: eight studies in subtitling, dubbing and voice over*. Copenhague: University of Copenhagen (pp. 1–40). Recuperado de: http://www.sub2learn.ie/downloads/gottlieb_2001c.pdf

Hurtado Albir, A. (2001). *Traducción y traductología. Introducción a la traductología*. Madrid: Cátedra

Besuievsky, M. (productora), Campanella J. (productor), Kuschevatzky, A. (productor asociado) y Campanella, J. (director). (2009). *El secreto de sus ojos* [cinta cinematográfica]. Coproducción Argentina-España; 100 Bares, Tornasol Films, Haddock Films, Telefe

Lipski, J. (1996). *El español de América*. Madrid: Cátedra.

Miquel Cortés, C. (2005). Traducción y (Auto)Censura: el caso de Kill Bill en España y Latinoamérica. En *Jornades de Foment de la Investigació*, Castellón, Universitat Jaume I, 1–19. Recuperado de http://repositori.uji.es/xmlui/handle/10234/79106

Orero, P. (Ed.). (2004). *Topics in Audiovisual Translation*. Ámsterdam/Philadelphia: John Benjamins Publishing Company.

Orrego Carmona, D. (2013). Entrevista a Jorge Díaz Cintas: Contexto actual de los estudios en traducción audiovisual. *Mutatis Mutandis*. *6* (2), 549–560.

Pajares Giménez, M. (2011). El español "neutro" y la oralidad. En Sáez Rivera, D., Braga Riera, J., Guirao Ochoa, M., Soto Aranda, B., Abuín González, M., Maroto, N. (Eds.), *Últimas tendencias en traducción e interpretación*. Madrid: Iberoamericana Vervuert, 45–58.

Perego, E., C. Taylor (Eds.) (2016). *Tradurre l'audiovisivo*. Roma: Carocci.

Petrella, Lila (1998). El español "neutro" de los doblajes. Intenciones y realidades en Hispanoamérica. En Cortés Bargalló, L., Mapes, C. y García Tort, C., *La lengua española y los medios de comunicación*. México: Ed. Siglo XXI, 977–989.

Real Academia Española, www.rae.es

Rica Peromingo, J.P. (2016). *Aspectos lingüísticos y técnicos de la traducción audiovisual (TAV)*. Berna, Berlín, Bruselas, Frankfurt am Main, Nueva York, Oxford, Wien: Peter Lang.

Sacheri, E. (2005). *La pregunta de sus ojos*. Buenos Aires: Editorial Galerna.

Sánchez Noriega, J.L. (2000). *De la literatura al cine. Teoría y análisis de la adaptación*, Barcelona: Ediciones Paidós.

Venuti, L. (1995). *The Translator's Invisibility. A History of Translation*. Londres: Routledge.

Marina Ramos Caro
Universidad de Murcia

Aprender a audiodescribir: el teatro físico como banco de pruebas

1. La audiodescripción: fundamentos básicos, normativa y enfoques profesionales

Según la OMS, hay 1300 millones de personas en el mundo con discapacidad visual (OMS, 2018). En España, las últimas cifras del Instituto Nacional de Estadística sitúan a la población con ceguera en torno al millón de personas (INE, 2008). Teniendo en cuenta, además, el progresivo e inevitable envejecimiento de nuestra sociedad, se espera que estas cifras aumenten en los próximos años.

Con la finalidad de facilitar la participación de todas las personas en la sociedad, han surgido conceptos como la accesibilidad universal, definida por el artículo 2.K del Real Decreto Legislativo 1/2013 como:

> la condición que deben cumplir los entornos, procesos, bienes, productos y servicios, así como los objetos o instrumentos, herramientas y dispositivos, para ser comprensibles, utilizables y practicables por todas las personas en condiciones de seguridad, comodidad y de la forma más autónoma y natural posible (p. 119).

La accesibilidad universal se puede aplicar a todos los ámbitos, pero hay un tipo de accesibilidad que nos interesa especialmente: el acceso universal a la comunicación y la cultura. Ya en 2008, la Convención de Derechos Humanos de las Personas con Discapacidad mencionó la necesidad de garantizar la accesibilidad universal en el teatro. En España, la encargada de velar por la comunicación accesible es la Ley General de la Comunicación Audiovisual (2010, Ley 7/2010) que reconoce el derecho de todos los ciudadanos a una accesibilidad universal a la comunicación audiovisual y presenta un calendario de implantación de técnicas de accesibilidad audiovisual en España. De momento, la Ley 7/2010 no tiene un carácter punitivo sino meramente prescriptivo, pero está consiguiendo que cadenas de TV, teatros y entidades culturales se conciencien poco a poco de la necesidad de facilitar el acceso a las personas con discapacidad.

El mundo de la Traducción también se ha ido concienciando de los problemas que experimentan las personas con discapacidad sensorial para acceder a la comunicación. Durante la última década ha habido una enorme explosión de conocimiento, investigación y docencia sobre ciertas técnicas de Traducción

Audiovisual encargadas de ofrecer accesibilidad universal a la comunicación, como son la audiodescripción (en adelante, AD), y el Subtitulado para Sordos (en adelante, SPS). En el presente capítulo nos centraremos en la AD, un tipo de traducción considerada intersemiótica o intermodal (Braun 2008, p. 358) puesto que no pretende trasladar el significado de una lengua a otra, sino entre códigos semióticos distintos —en este caso, de imágenes a palabras— con el objetivo de ayudar a aquellas personas con una discapacidad visual a construir una imagen mental de aquello que no pueden ver (Salzhauer *et al.* 2003, p. 229). La norma UNE 153020 define la AD como:

> un servicio de apoyo a la comunicación que consiste en el conjunto de técnicas y habilidades aplicadas con objeto de compensar la carencia de captación de la parte visual contenida en cualquier tipo de mensaje, suministrando una adecuada información sonora que la traduce o explica, de manera que el posible receptor discapacitado visual perciba dicho mensaje como un tono armónico y de forma más parecida a como lo percibe una persona que ve. (AENOR, 2005, p. 4)

Con el fin de que la persona con discapacidad visual pueda percibir el mensaje audiovisual de la forma más parecida a como lo percibe una persona normovidente, se aprovechan los silencios o huecos de mensaje de las producciones audiovisuales para describir elementos como la acción, el lenguaje corporal de los personajes, las expresiones faciales, el decorado y el vestuario (Benecke, 2004). La AD se puede aplicar a diversos tipos de texto: las artes audiovisuales (películas, videojuegos), el arte estático (cuadros, esculturas, instalaciones), las artes escénicas (teatro, ópera, baile, espectáculos musicales), y otros entornos (monumentos, espacios arquitectónicos y naturales).

Existen algunos documentos tanto en España como en otros países que tratan de unificar la práctica de la AD. En España conviene consultar la norma UNE 153020, una herramienta creada por la Agencia Española de Normalización (AENOR, 2005) con el fin de estandarizar el proceso de creación de la AD y nos puede resultar muy útil para aprender los fundamentos básicos de la misma (AENOR, 2005). Se trata de un documento muy general, pero ofrece ciertas recomendaciones interesantes para poder ofrecer una AD de calidad referidas a cada una de las fases del proceso audiodescriptivo. Reproducimos aquí algunas de las sugerencias más importantes:

1. Análisis previo de la obra: Este análisis se debe hacer, principalmente, para localizar los huecos de mensaje y saber si es una obra susceptible de ser audiodescrita.
2. Confección del guion. Se debe especificar, en todo momento, el «qué», el «quién», el «dónde», el «cuándo» y el «cómo» de cada escena. Para ello, es

importante usar un lenguaje sencillo, fluido y adecuado a la obra en cuestión y a las necesidades del público. El descriptor debe limitarse a describir lo que aparece en la imagen, sin censurar, transmitir un punto de vista subjetivo, ni describir lo que se deduce fácilmente de la obra.
3. Revisión y corrección del guion: como sucede con otros tipos de traducción, se recomienda que realice la revisión una persona distinta al creador de la AD.
4. Locución: debe ser neutra y con una dicción correcta. Se debe elegir un tipo de voz apropiado a la obra.
5. Montaje en el soporte elegido: manteniendo un volumen similar al del sonido original de la obra.
6. Revisión del producto final: para comprobar que se han seguido todas las recomendaciones de la norma UNE.

Otro estándar europeo que puede resultar de enorme utilidad al aprendiz de audiodescriptor es la norma creada por el proyecto ADLAB (25011–2014), financiado por la Unión Europea, en el que han participado investigadores y profesionales de distintos países europeos como Reino Unido, España, Italia y Polonia. Como resultado de dicho proyecto se publicó en 2015 (Remael, Reviers, Vercauteren, 2015) un completo documento normalizador.

La información que hemos presentado en este apartado ha servido para enmarcar la AD en su contexto legislativo y normativo, y puede resultar muy útil para aquellos estudiantes que desconozcan completamente la AD. En el siguiente apartado pasaremos a describir algunas propuestas didácticas ya existentes para aprender a audiodescribir.

2. Aprender a audiodescribir: iniciativas previas

Todavía no son multitud, pero ya existen algunas propuestas didácticas muy interesantes en relación a la audiodescripción. Todas ellas han sido desarrolladas en inglés, y todas se basan en las normas y prácticas dominantes en países como Polonia, Reino Unido, EE. UU. y España.

Una de las primeras propuestas didácticas fue desarrollada por Matamala y Orero (2007). Las autoras realizan una completa revisión de los trabajos dedicados hasta la fecha a definir las competencias necesarias para ejercer la profesión antes de ofrecer una propuesta didáctica basada en un módulo de 20 horas dentro del Máster de la Universitat Autónoma de Barcelona. Para este módulo, las autoras definen las siguientes competencias: dominio de la lengua materna, sobre todo, del vocabulario y la gramática, capacidad de observar material audiovisual y seleccionar la información más importante, capacidad de resumir información para conseguir la sincronización, habilidades vocales básicas, capacidad de adaptar el estilo lingüístico a la audiencia meta y al producto a través del manejo de los registros y, por último, capacidad de traducir guiones de AD y sincronizarlos con los huecos de mensaje disponibles. Matamala y Orero (2007) describen los fundamentos teóricos y prácticos que se imparten en la asignatura y se trabajan en grupos de 3 estudiantes. La propuesta de las autoras es muy interesante, pero se centra exclusivamente en los fundamentos básicos de la AD y, especialmente, de la AD fílmica, pero no incluye otras modalidades como la AD teatral que nos ocupa en el presente capítulo.

Otra contribución temprana sobre el tema se publicó en EE. UU. Snyder (2005) ofrece un completo manual sobre la práctica de la AD (Snyder, 2005; 2014). Snyder, presidente de la Audio Description Associates y director del Audio Description Project, del American Council of the Blind, plasma en este manual sus décadas de experiencia como audiodescriptor profesional en EE. UU. Aunque el manual incluye decenas de ejercicios y ejemplos, solo uno de ellos se centra en la AD de teatro. Otro manual más reciente es el que propone la británica Louise Fryer (2016), también basado en su amplia experiencia profesional como audiodescriptora en Reino Unido. Se trata de un interesante manual que combina información general sobre la AD (definiciones, legislación, historia, normas…), resultados de investigación y ejercicios prácticos.

Desde Polonia, Jankowska (2017, 2019) presenta el contenido de un curso impartido en Universidad Jagiellonian de Cracovia dentro de su Máster en Traducción y Comunicación Cultural. El curso también se basa en su propia experiencia profesional con la Fundación *Seventh Sense*, una ONG establecida por la misma Jankowska y sus estudiantes en 2011 para llevar la AD desde las aulas universitarias a la práctica. Se trata de un curso de 30 horas compuesto por 8 unidades. Cada una de ellas cuenta con una introducción, dos clases magistrales, lecturas obligatorias, un test y un debate, así como tareas prácticas para desarrollar en grupo o individualmente. En el curso se tratan temas como: introducción teórica, toma de conciencia y reglamentos, introducción a la AD, edición de textos, traducción frente a escritura, normas y estándares, estrategias para la AD y descripción de personajes. Más recientemente (Jankowska, 2019), la autora ha presentado una serie de 15 ejercicios de AD relacionados con 5 bloques distintos: 4 ejercicios para introducir al estudiante en la práctica de la AD, 3 ejercicios para practicar la traducción de AD de una lengua a otra, 2 ejercicios para aprender y cuestionar las normas, 4 ejercicios para adquirir estrategias específicas de la AD y 2 ejercicios para fomentar el trabajo colaborativo. No obstante, en ninguno de los dos trabajos se hace hincapié en la AD en directo para teatro, sino más bien en las estrategias generales de la AD. Todos los ejercicios tratan ejemplos de AD fílmica.

Otro interesante proyecto europeo cuyo resultado implicó la creación de un curso de formación de libre acceso fue Accessible Culture and Training (Orero & Matamala, 2015–2018), financiado por el programa Erasmus + de la Unión Europea (Zhang, 2019). El curso Accessibility to the Scenic Arts[1], facilitado por Pilar Orero, Anna Matamala y Sharon Black, es un MOOC ofrecido a través de la plataforma *Coursera* y destinado a formar gestores de accesibilidad, un nuevo perfil profesional encargado de coordinar los servicios de accesibilidad en distintos entornos dentro de un distrito o región y que puede implicar colaborar con los coordinadores de accesibilidad de diferentes recintos. También debe administrar las necesidades de accesibilidad en los recintos en los que no exista un coordinador de accesibilidad. Por ello, debe conocer la accesibilidad suficientemente bien como para poder tomar decisiones sobre políticas de accesibilidad y evaluar la capacidad de los recintos a la hora de seleccionar entornos y producciones (Zhang, 2019). El curso pivota en torno a las distintas competencias del gestor de accesibilidad:

1. Comprender la accesibilidad
2. Accesibilidad a los recintos
3. Sevicios de accesibilidad
4. Gestionar la accesibilidad en eventos en directo
5. Promover la accesibilidad

A pesar de ser un recurso de enorme utilidad, se trata en realidad de un curso destinado a profesionales con un conocimiento más avanzado de la accesibilidad en espectáculos en directo e, incluso, para profesionales del sector que ya tengan cierta experiencia en gestionar la accesibilidad a la cultura. Por este motivo, trata la AD de una manera superficial, ya que no pretende ser un recurso para formar audiodescriptores ni creadores de contenido accesible.

Por último, el proyecto ADLAB PRO (Perego 2016-2019) es una continuación del proyecto ADLAB, mencionado en el apartado 1 del presente capítulo. Como resultado del trabajo conjunto de varios investigadores y profesionales de distintos países europeos, uno de los objetivos del proyecto era desarrollar una tabla de competencias generales del audiodescriptor profesional. A continuación, la Tab. 1 refleja una traducción al español de las competencias establecidas por dicho proyecto.

1 https://www.coursera.org/learn/accessibility-scenic-arts).

Tab. 1. Competencias definidas por el Proyecto ADLAB PRO (mi traducción).

1	Historia, desarrollos y corrientes en la investigación y la práctica de la AD
2	Nociones generales
3	Comprensión práctica del funcionamiento de los textos audiovisuales
4	Nociones técnicas y conocimiento del software para la producción y recepción de la AD
5	Conocimiento de los flujos de trabajo y los agentes involucrados en el proceso de AD
6	Competencias para la producción de un guion de AD
6a	Conocimiento general necesario para los distintos contextos y retos de la AD
6b	Saber cómo seleccionar y priorizar la información
6c	Saber cuánta información es necesaria y deseable
6d	Saber formular descripciones y elegir las estrategias de AD adecuadas para defender la AD como una narración, facilitar la claridad y la producción de un texto cautivador a través de la selección lingüística y textual
6e	Saber cuándo insertar las descripciones en el T. M., respetar la sincronía con los efectos sonoros, interactuar con los diálogos y conseguir una cohesión intersemiótica general
6f	Aplicar los requisitos formales de un guion de AD para facilitar la locución o grabación.
7	Competencias relacionadas con la emisión de los distintos tipos de AD:
7a	Habilidades vocales y lectoras o capacidad de colaborar con expertos en locución
7b	Identificar los requisitos y equipos técnicos para la AD grabada o en directo
8	Conocer los parámetros para una AD de calidad y las habilidades para evaluar o revisar la AD
9	Dominar la audiointroducción: qué incluir, cómo escribirla y grabarla o locutarla
10	Conocer el uso de los audiosubtítulos, el doblaje y las voces superpuestas. Poder adaptar y grabar estas técnicas si surge la necesidad
11	Estar actualizado sobre el desarrollo de la disciplina: la traducción de AD, el uso de traducción automática y voces artificiales
12	Conocer los avances, las nuevas áreas de aplicación y los nuevos públicos
13	Conocer las necesidades del público con discapacidad visual en las interacciones en directo, al guiar las visitas

En base a dichas competencias, también han creado un material formativo on-line accesible y gratuito[2] (con licencia *Creative Commons*) que incluye 6 módulos con lecturas, vídeos explicativos, ejercicios y presentaciones. De

2 https://www.adlabpro.eu/coursematerials/

estos seis módulos, es especialmente interesante para nosotros es el módulo 3, creado por Louise Fryer (*Utopian Voices*, UK), dedicado a la AD en directo. Se trata de un recurso valiosísimo para todos aquellos interesados en la AD en directo. Especialmente interesante nos resulta la unidad 3, dedicada a la selección de contenido. En la propuesta didáctica que presentaremos en el apartado 4 del presente capítulo, nos centraremos especialmente en las enormes posibilidades que ofrece el teatro físico para aprender esta fase central de la AD teatral y aplicaremos al teatro físico algunos de los fundamentos que introduce esta propuesta didáctica.

Como hemos visto, hasta la fecha no existe ningún material docente en español y, mucho menos, centrado en la AD teatral, especialidad que nos parece especialmente interesante y un punto de partida estupendo para los estudiantes, por varios motivos: 1. Ha recibido mucha menos atención tanto en la práctica como en la investigación. 2. El teatro, al contrario que la TV, cumple una importante función socializadora para las personas con discapacidad visual, dado que las obliga a salir de casa y encontrarse con otras personas con y sin discapacidad (Román, 2019). 3. A nivel didáctico, se trata de un tipo de texto audiovisual vivo y de gran complejidad semiótica. Estas tres características hacen del teatro un laboratorio maravilloso para que los estudiantes aprendan a audiodescribir objetos reales y elementos con contenido simbólico, a seleccionar la información más relevante y a ser capaces de improvisar y adaptarse a un contexto cambiante. A continuación, en el apartado 3 procederemos a describir algunos de los fundamentos propios de la AD teatral con el fin de situar al estudiante en la práctica de esta técnica.

3. La AD en directo: del papel a la cabina

Existen algunas características que distinguen la AD teatral de la más conocida AD fílmica. En el apartado 3.4.1. de la norma europea creada por el proyecto ADLAB (Reviers, 2015) que, como hemos visto con anterioridad, está dedicado a la AD en directo para representaciones teatrales, se mencionan algunas de ellas. La primera de estas diferencias es que, al contrario que en el caso de la AD fílmica, la AD teatral se suele transmitir en directo haciendo uso de un guion preparado con anterioridad. El audiodescriptor suele tener acceso a la representación antes del pase accesible, ya sea por haber asistido a los ensayos o al estreno, bien sea porque le hayan hecho llegar una grabación de la representación. Con dicho material, el audiodescriptor suele contar con varios días para preparar el guion audiodescriptivo antes del pase accesible.

Otra característica de la AD teatral es que se suele combinar con otros recursos como pueden ser la audiointroducción y la visita táctil. La audiointroducción es una información adicional a la representación que se ofrece a través de los auriculares antes del comienzo de la obra y en la que se incluye información general como la descripción del teatro y los datos técnicos de la obra que aparecen en el programa de mano. Además, se pueden aprovechar esos minutos previos al comienzo del espectáculo para adelantar información general de la obra, como la escenografía y una descripción general de los personajes y el vestuario. Esto nos permitirá ahorrar algo de tiempo que, una vez empezada la representación, se podrá utilizar para ir describiendo detalles del desarrollo de la misma. Por su parte, la visita táctil es un recorrido guiado que se puede programar antes del comienzo de la obra con el fin de que las personas con discapacidad visual puedan tocar el escenario y los objetos que componen la escenografía, los trajes y el *atrezzo*, e incluso charlar con los actores para que puedan tener una idea más completa de lo que van a experimentar durante la representación.

A pesar de todas estas diferencias, el proceso de creación de una AD teatral tiene numerosas similitudes con el de la AD fílmica (cf. Reviers, 2015). En primer lugar, es necesario realizar un análisis del texto origen (TO) dedicando especial atención a los personajes y la acción, la localización espacio-temporal, la información sonora (incluida la música y los efectos sonoros), el género de la obra, las referencias intertextuales, el uso de vocabulario y el estilo lingüístico y la cohesión textual. No obstante, hay que tener en cuenta que el teatro es una representación del mundo real, no una simulación —como suelen ser las películas—, por lo que muchos de estos detalles pueden tener un carácter simbólico. Algo similar sucede con la iluminación y el sonido. En el caso del teatro, y tal y como nos explica Reviers (2015), la luz y el sonido se suelen usar de manera extradiegética para representar elementos que no están presentes de manera física.

Como ya han comentado varios autores (Reviers, 2015; Roofthooft, Remael y Van den Dries, 2018), y por su naturaleza simbólica, el teatro se basa en la capacidad de inferencia de la audiencia, por lo que el audiodescriptor se ve en una encrucijada: ¿debemos describir los elementos de manera objetiva o hacer referencia al significado denotativo que conllevan? En realidad, no existe una única respuesta para esta pregunta y el audiodescriptor deberá considerar cada caso de manera singular, teniendo en cuenta las restricciones que imponga el TO y la información disponible para las personas con discapacidad visual. Así, podremos decidir si los espectadores serán capaces de inferir el significado denotativo de una mera descripción física o si conviene explicitar el significado implícito para facilitar la comprensión y el disfrute de la obra.

Para poder tomar esta decisión conviene tener algunas nociones de semiótica teatral. Un par de trabajos incluyen el análisis semiótico de la obra en el proceso de creación de la AD (Roofthooft *et al.*, 2018; Román, 2019). Roofthooft *et al.* (2018) se centran en el teatro postdramático, descrito por Hans-Thies Lehmann (2006) como todo aquel teatro que no se basa principalmente en el texto, sino que descansa en el conjunto total de la puesta en escena. De esta forma, el teatro postdramático no presenta una estructura narrativa determinada. Roofthooft *et al.* (2018) presentan el modelo de análisis semiótico teatral de Fischer-Lichte (1992). En dicho modelo se explica la construcción del significado teatral partiendo de las acciones de los actores, la apariencia de los actores, el espacio teatral y los aspectos acústicos. Estas cuatro categorías engloban los sistemas semióticos lingüístico, gestual, de vestuario, decorado, luces y música, entre otros. Por su parte, Román (2019) recurre a otro sistema distinto de análisis semiótico teatral, el propuesto por Kowzan (1997), quien distingue 13 tipos de signos teatrales: palabra, tono, mímica del rostro, gestos, movimiento escénico del autor, maquillaje, peinado, vestuario, accesorios, decorado, iluminación, música y efectos sonoros.

A pesar de que los análisis semióticos resultan de gran interés para la escritura del guion de AD y, especialmente, para sistematizar la selección de información, los propios autores (Roofthooft *et al.*, 2018) advierten del peligro de describir los signos de manera aislada. En teatro existen infinitos signos y la descripción física de todos ellos puede dificultar la comprensión de la obra y abrumar al público con demasiada información aislada, lo que lo privaría de una experiencia teatral gozosa. Por eso, en teatro no se trata tanto de describir cada uno de los elementos que aparecen, sino más bien de la relación entre ellos ya que es esta relación la que crea el significado simbólico. A su vez, y dada la naturaleza simbólica del teatro, Roofthooft *et al.* (2018) recomiendan, en el caso del teatro postdramático, dejar de lado el principio de objetividad presente en casi todas las normas con el fin de ofrecer un significado más explícito a los espectadores. Los autores abogan, eso sí, por incluir la figura del director de la obra como elemento clave para una interpretación lo más objetiva posible de dichos códigos.

Por último, a la hora de crear el guion de AD teatral también debemos tener en cuenta que el TO no es un texto cerrado, sino una producción viva y, como tal, está sujeta a cambios y a la improvisación de los actores. El audiodescriptor de teatro debe estar preparado para poder flexibilizar el texto y adaptarlo a las posibles modificaciones que puedan surgir durante la representación. Por este motivo, es más común en la AD teatral presentar siempre la información una vez que ha tenido lugar en la escena y en grandes bloques, más que, como suele suceder en la AD fílmica, en enunciados breves. Tal y como nos explica

Reviers (2015), la información en bloques es más fácil de procesar por parte de la audiencia, ya que así el público con discapacidad visual no tiene que ir pasando tantas veces de un tipo de sonido (a través de los auriculares) a otro (desde el escenario). No obstante, también conviene tener preparada la información en pequeños bloques por si hubiera que adaptarse a los posibles cambios en la representación y nos quedáramos sin tiempo.

Como hemos visto en este apartado, la AD teatral presenta numerosas características que hacen de ella un tipo de traducción intersemiótica de especial interés. En el siguiente apartado presentaremos el Laboratorio de Traducción Inclusiva de la Universidad de Murcia y algunos de sus antecedentes en España. Asimismo, describiremos *Periplo*, la obra de teatro físico que utilizaremos para ejemplificar las bondades de este tipo de teatro a la hora de adquirir competencias audiodescriptivas, especialmente en la fase de selección de información, paso central en el proceso audiodescriptivo.

4. El teatro como banco de pruebas: LaTrIUM

En España existen ya desde hace años varias iniciativas para hacer accesible el teatro a las personas con discapacidad visual. Muchas de ellas aparecen descritas en la Guía de Accesibilidad al Teatro (CESyA, 2013), elaborado por el Centro español del Subtitulado y la Audiodescripción (CESyA). Uno de los proyectos pioneros en España fue AUDESC-TEATRO, de la Organización Nacional de Ciegos de España. Por su parte, la *Associació Discapacitat Visual Catalunya* lleva años programando funciones accesibles en el Liceo de Barcelona y el Teatro Nacional de Cataluña. Otra iniciativa interesantísima es la Fundación Teatro Accesible dedicada a ofrecer funciones accesibles por toda España. Este proyecto fue creado conjuntamente por la fundación Vodafone, el Centro de Rehabilitación Laboral Nueva Vida y la empresa Aptent, dedicada también al desarrollo de *software* para la accesibilidad en directo. Por último, el Foro de Cultura Inclusiva se centra en la accesibilidad en los teatros de la capital, facilitando el acceso a personas con discapacidad sensorial a funciones seleccionadas en el Teatro de la Zarzuela, el Teatro de la Comedia, el María Guerrero y el Valle-Inclán. No obstante, todos estos proyectos nacieron y se gestionan fuera de la Región de Murcia, por lo que suelen obviar la prolífica producción teatral murciana

Para suplir esta carencia en la Región de Murcia nace en 2019 el Laboratorio de Traducción Inclusiva de la Universidad de Murcia (LaTrIUM), un proyecto surgido en el seno Departamento de Traducción e Interpretación por parte de la autora del presente capítulo. Se trata de una iniciativa pionera en la implementación de técnicas de Traducción Audiovisual en teatros, museos y otras instituciones culturales de la Región de Murcia con el fin de facilitar el acceso a la cultura a los ciudadanos con discapacidad sensorial a la cultura local. En una primera fase, el proyecto se centra en la AD teatral para hacer accesibles producciones murcianas que, hasta la fecha, quedaban ajenas al público invidente. Al surgir dentro de la Universidad, LaTrIUM también sirve de plataforma para ofrecer a los alumnos una primera inmersión en el mundo profesional y que puedan llevar a la práctica los conocimientos adquiridos en el aula.

4.1. Primeros pasos de LaTrIUM: experimentando con el teatro físico

LaTrIUM se encuentra en proceso de establecimiento mediante un convenio institucional entre varias entidades relacionadas con la cultura y la discapacidad de la Región de Murcia. Pero mientras ese momento llega, el proyecto ya ha tenido la oportunidad de echar a andar, aunque sea solo de manera tímida.

Una de las primeras obras en las que ha participado LaTrIUM es *Periplo*, estrenada en junio de 2018 en el Teatro Circo de Murcia y producida por la compañía murciana La Aye Cía, compuesta por los actores Susan Ríos y Fran Ros. Se trata de una pieza de teatro físico, considerado un tipo de teatro postdramático, cuyo principal medio de creación y expresión es el cuerpo, a través de la danza, el mimo, la acrobacia o las artes marciales. Al ser una forma de teatro menos literal, potencia la imaginación y capacidad de sugestión del espectador. El teatro físico suele considerarse un teatro experimental, opuesto al naturalismo y el realismo, que busca generar experiencias más visuales, sensoriales y viscerales en el espectador (Callery, 2001).

Periplo narra el drama de las migraciones contemporáneas a través de una serie de imágenes poéticas. La obra, dirigida por Iván Rojas, sigue el viaje de una pareja desde su ciudad de origen, en busca de un futuro, hasta su dramático periplo a través del mar. Con la ayuda de la iluminación y el sonido, *Periplo* nos expone a una serie de escenas cotidianas, íntimas y de enorme valor estético. La escenografía de papel y cartón, creada por la empresa murciana CartonLab y el escenógrafo Yeray Pérez, representa elementos como el barco, la casa o las olas de manera minimalista. El sonido del mar mece al espectador en esta pesadilla contemporánea y desgarradora en la que, a través de sus cuerpos y sin mediar una sola palabra, los actores consiguen provocar un enorme impacto emocional en el público.

4.2. *Periplo*: Aprender a audiodescribir en el teatro

La actividad se desarrolló durante el segundo cuatrimestre del curso 2018–19 con cuatro alumnos de 4º de Traducción e Interpretación que ya habían cursado la asignatura de Traducción Audiovisual en la que se impartió un módulo sobre técnicas de AD y SPS. Para introducir a los alumnos en la creación de la AD teatral se les ofreció la posibilidad de asistir en directo al preestreno de la obra, un pase privado para amigos de la compañía al que asistieron menos de 30 espectadores. Dos días después de asistir al preestreno, los alumnos recibieron por correo electrónico una grabación en vídeo de la obra completa y lecturas complementarias sobre la AD de teatro (Román, 2019; AENOR, 2005; Belmonte Trujillo, 2013). El plazo para entregar el encargo fue de dos semanas.

La práctica se centró en la fase de selección y creación de contenido de la AD. Se pidió a los alumnos que realizaran la AD de la obra *Periplo*, atendiendo especialmente a los siguientes elementos, tomados parcialmente del módulo 3 del curso de ADLAB Pro (*AD for live events*) y, más en concreto, de la unidad 3 (*What to describe for live events*): 1) qué audiodescribir: escenario, acciones, personajes, reacciones del público. 2) Ubicación de los elementos en el espacio escénico. 3) Cómo audiodescribir: ¿realizar una mera descripción física o explicitar el contenido simbólico de los elementos? 3) Especificaciones lingüísticas de la AD teatral: uso de la primera persona del singular para aumentar el sentimiento de pertenencia al público y presencia social. Si tratamos de enmarcar el ejercicio dentro del marco de competencias propuesto por ADLAB Pro, veremos que se trabajan especialmente las competencias 3 (Comprensión práctica del funcionamiento de los textos audiovisuales) y todas las competencias para la producción de un guion de AD (bloque de competencias 6a-6f, cf. Tab. 1).

Por la naturaleza del teatro físico y, en concreto, de la producción *Periplo*, la fase de selección de información y creación de contenido se puede trabajar especialmente bien debido a varios motivos: a) la escenografía, minimalista y construida con cartón blanco, tiene un enorme componente simbólico; b) al carecer completamente de texto, existen infinitos huecos de mensaje que permiten al alumno experimentar con la localización y la cantidad de información; c) la música y los efectos sonoros tienen un papel central en esta obra, lo que obliga a los alumnos a reflexionar sobre la importancia del sonido, la naturaleza multimodal del teatro y la interacción entre los distintos códigos semióticos; d) en el teatro físico, los gestos faciales y los movimientos corporales son los encargados de narrar la historia. La descripción de gestos faciales y movimientos corporales es uno de los elementos clave de la AD; e) la iluminación también tiene un rol central en esta obra de teatro físico. A través de este ejercicio, los alumnos aprenden a inferir y transmitir los significados simbólicos que se transmiten a través de la luz.

A continuación, veremos algunos extractos de la AD realizada por los alumnos para ilustrar el potencial del teatro físico en la adquisición de competencias para la producción de un guion de AD:

Ejemplo 1
00:01:38- Los actores colocan el decorado de cartón blanco a la izquierda del escenario. Despliegan un cuadrado en el que aparecen una mesa y dos sillas.

En este primer ejemplo podemos ver la descripción de la escenografía, tanto en su vertiente física como en su contenido simbólico. El cuadrado de cartón sobre el que se sitúan las sillas y la mesa representa el hogar de la pareja.

Ejemplo 2
00:03: 37- Se besan. Al separarse, ella le muestra con la mano que está embarazada y él le acaricia la barriga.

El segundo extracto de la AD nos muestra cómo el teatro físico construye la narración por medio de los movimientos y expresiones de los actores.

Ejemplo 3
00:07:05- El hombre coloca un barquito de papel sobre la mesa. Ambos lo observan con curiosidad. El hombre lo coge y juega con él haciendo como si navegara por el mar. La mujer coge el barco y lo imita. La iluminación desaparece y solo queda una tenue luz enfocando al barco y las caras de la pareja. La mujer continúa moviendo el barco.

En este tercer ejemplo la iluminación juega un papel fundamental. El juego de los actores con el barquito de papel y el foco de luz sobre el mismo hace que el espectador infiera que están considerando la posibilidad de emprender un viaje.

Ejemplo 4
00:11:49- Se oscurece el escenario. Al iluminarse la escena, él se golpea el pecho, simulando su corazón latiendo por ella. Ella ríe. Se oscurece el escenario. Al iluminarse la escena, él aparece cabizbajo, sacando la tela de sus bolsillos para mostrarle que están vacíos. La mujer se tapa la boca y baja la cabeza.

A lo largo de toda la obra, la iluminación hace que el espectador crea estar viendo las escenas aisladas de la vida cotidiana que, cuando se suceden unas a otras, van construyendo la historia. La labor actoral de movimientos corporales y expresiones faciales del teatro físico, enormemente expresiva y simbólica, permite que el alumno sea capaz de reproducir con palabras las metáforas que se transmiten de manera visual.

Ejemplo 5
00:16:36- Al iluminarse la escena, los dos se pasean por el decorado de cartón blanco, miran los muebles, miran alrededor y, por último, **nos dedican** una mirada triste.

En pasaje podemos apreciar un ejemplo de narración en primera persona del singular para incrementar la sensación de pertenencia al público y presencia social.

Ejemplo 6
00:20:50- Comienzan a parpadear dos líneas de luz a la izquierda y a la derecha del escenario, que acaban convergiendo en un círculo en el centro. La mujer se encuentra en el extremo izquierdo del escenario y el hombre, en el derecho. Ambos se aproximan al centro del círculo. Cuando llegan, las luces dejan de parpadear. El escenario se ilumina con una luz muy cálida. Comienzan a andar en direcciones opuestas, siguiendo las líneas de luz que se iluminan a su paso. Vuelven al centro del círculo para, poco después, volver a separar sus caminos. Cada vez andan más rápido. Echan a correr. La mujer corre fatigada y se sujeta el vientre.

Este ejemplo sirve para trabajar la interacción entre los distintos códigos semióticos, en este caso, la iluminación y las acciones de los actores. La escena tiene un alto contenido simbólico y representa la huida desesperada de la pareja.

Ejemplo 7
00:25:05- Al iluminarse la escena, la mujer está dando a luz mientras el hombre, a su lado, la ayuda. Se oscurece el escenario. Al iluminarse la escena, la mujer está dándole el pecho al bebé y el hombre permanece junto a ellos, observando la tierna escena.

En este pasaje podemos ver cómo la AD se aleja del principio de objetividad para poder transmitir al público con discapacidad la gran carga emocional de la escena original.

Ejemplo 8
00:32:15- Al iluminarse la escena, el hombre y la mujer están sentados en un barco de papel, a la derecha del escenario. Se balancean hacia delante y hacia atrás, como sacudidos por las olas. La mujer lleva al bebé en brazos.

Este es otro ejemplo de cómo el teatro físico, por medio del movimiento de los actores, puede crear escenas de gran contenido simbólico. El estudiante tiene que decidir si limitarse a describir la escena de manera física o si, como en este caso, conviene explicitar el contenido simbólico del movimiento de los actores.

Ejemplo 9
00:37:55- Al iluminarse la escena, ambos están sentados en el barco mirando al bebé. El hombre tiene las manos sobre el rostro. La mujer llora inclinándose sobre el bebé. La mujer se apoya sobre el hombre, que también rompe a llorar.

En este caso, sin embargo, el audiodescriptor opta por limitarse a ofrecer una descripción objetiva porque deduce que la historia se puede inferir fácilmente de los actos de los personajes.

Ejemplo 10
00:39:23- ESTRUENDO DE TORMENTA. El escenario se ilumina con luces brillantes e intermitentes, simulando los rayos.

Este es un buen ejemplo para aprender sobre la naturaleza multimodal del teatro, puesto que combina la iluminación y los efectos sonoros de la escena. A su vez, el estudiante tiene que captar y reflejar el enorme simbolismo de la escena.

Ejemplo 11
00:41:35- Se oscurece el escenario. Al iluminarse la escena, ambos están sentados en la barca sosteniendo al bebé. Depositan al bebé fuera de la barca, en el mar.

Aquí tenemos otro ejemplo en el que el audiodescriptor decide explicitar el simbolismo implícito en la escena.

Ejemplo 12
00:43:00 MÚSICA DE PIANO. Se enciende una luz tenue. El hombre sujeta un trozo de papel desplegable donde se distinguen animales marinos y algas, simbolizando el fondo del mar. En la otra mano tiene el barquito de papel. Lentamente, simula cómo el barquito se hunde en el fondo del mar. La escena queda iluminada solamente por la luz de una linterna.

Por último, este pasaje aúna muchos de los elementos que hemos tratado en este apartado: multimodalidad, interacción entre códigos semióticos, explicitación del simbolismo de la escena, descripción del movimiento de los actores y escenografía.

Estos doce ejemplos ilustran de manera muy clara por qué el teatro físico es un candidato ideal para introducir al alumno en el arte de la audiodescripción teatral. El enorme impacto emocional que se transmite a través de la conjunción entre el trabajo de los actores, la iluminación y los efectos sonoros, sumado al simbolismo de la escenografía y la gran cantidad de huecos de mensaje hacen de este tipo de teatro un banco de pruebas magnífico en el que experimentar con el lenguaje y los sentidos.

5. Conclusiones

En el presente capítulo hemos hecho un viaje por la audiodescripción teatral, desde las nociones más básicas hasta las profundidades del teatro físico a través de la obra *Periplo*. Como hemos visto, existen ya algunas propuestas didácticas en inglés de enorme valor. No obstante, esta es la primera propuesta en español centrada en la AD teatral y, más en concreto, en una producción de teatro físico. Como hemos visto, el teatro físico es una herramienta de enorme valor didáctico por numerosas razones, además de una experiencia emocional y estética riquísima que permite a los alumnos poner a prueba sus dotes creativas y lingüísticas y embarcarse en el periplo al que se enfrenta el audiodescriptor profesional de teatro.

Referencias bibliográficas

AENOR. (2005). *Norma Española UNE 153020-2005. Audiodescripción para personas con discapacidad visual. Requisitos para la audiodescripción y elaboración de audioguías*. Madrid: AENOR – Asociación Española de Normalización y Certificación.

Aye Cía y Rojas., I. (2019). *Periplo*. España.

Belmonte Trujillo, C. (2013). *Accesibilidad Audiovisual: Subtitulación y Audiodescripción*. Trabajo Fin de Máster no publicado. Universidad de Las Palmas de Gran Canaria.

Benecke, B. (2004). Audio-Description. *Meta Journal des traducteurs*, *49*(1), 78–80. Recuperado de https://www.erudit.org/fr/revues/meta/2004-v49-n1-meta733/009022ar.pdf

Braun, S. (2008). Audiodescription research: state of the art and beyond. *Translation Studies in the New Millennium. An International Journal of Translation and Interpreting*, 6, 14–30. Recuperado de https://www.researchgate.net/publication/30930831_Audiodescription_Research_State_of_the_Art_and_Beyond

Callery, D. (2001). *«What is Physical Theatre?». Through the Body: A Practical Guide to Physical Theatre* (en inglés). Nueva York, NY: Routledge. ISBN 0-878-30124-0.

Centro Español del Subtitulado y la Audiodescripción. (2013). *Guía de accesibilidad al teatro a través del subtitulado y la audiodescripción*. Recuperado de http://www.cesya.es/sites/default/files/documentos/AccesibilidadTeatro.pdf

Fischer-Lichte, E. (1992). *The Semiotics of Theatre*. Bloomington: Indiana University Press.

Fryer, L. (2016). *An Introduction to Audio Description. A Practical Guide*. Londres/Nueva York: Routledge, pp. 194.

Instituto Nacional de Estadística (2008). *Encuesta de Discapacidad, Autonomía personal y situaciones de Dependencia (EDAD)*. Recuperado de https://www.ine.es/prensa/np524.pdf

Jankowska, A. (2017). Blended learning in audio description training. *Między Oryginałem a Przekładem*, *38*(4), 101–124. doi:10.12797/MOaP.23.2017.38.05

Jankowska, A., (2019). Training future describers – a practice report from an audio description classroom. *Linguistica Antverpiensia, New Series: Themes in Translation Studies*, *18*, 197–215.

Kowzan, T. (1997). *El signo en el teatro*. Recuperado de https://www.academia.edu/19328498/El-Signo-en-El-Teatro-_Tadeusz_Kowzan

Lehmann, H.-T. (2006). *Postdramatic Theatre*. Oxon/Nueva York: Routledge.

Ley 7/2010, de 31 de marzo, General de la Comunicación Audiovisual. *Boletín Oficial del Estado*, *79*, de 1 de abril de 2010. Recuperado de https://www.boe.es/buscar/pdf/2010/BOE-A-2010-5292-consolidado.pdf

Matamala, A. y Orero, P. (2007). Designing a course on Audio Description and Defining the Main Competences of the Future Professional. *Linguistica Antverpiensia*, 6, 329–344.

Matamala, A. y Orero, P. (2018). Standardising accessibility: transferring knowledge to society. *Journal of Audiovisual Translation*, 1(1), 139–154.

Organización Mundial de la Salud (2018). *Ceguera y discapacidad visual*. Recuperado de https://www.who.int/es/news-room/fact-sheets/detail/blindness-and-visual-impairment

Orero, P. y Matamala, A. (2015-2018) ACT Project. Accessible Culture & Training. Universitat Autònoma de Barcelona. Recuperado de http://pagines.uab.cat/act/

Perego, E. (2016-2019). ADLAB PRO / Audio Description: A Laboratory for the Development of a New Professional Profile. Recuperado de www.adlabproject.eu

Real Decreto Legislativo 1/2013, de 29 de noviembre, por el que se aprueba el Texto Refundido de la Ley General de derechos de las personas con discapacidad y de su inclusión social. *Boletín Oficial del Estado*, *289* de 3 de diciembre de 2013. Recuperado de de https://www.boe.es/buscar/pdf/2013/BOE-A-2013-12632-consolidado.pdf

Remael, A. Reviers y N. Vercauteren, G. (2015). *Pictures painted in words: ADLAB audio description guidelines*. Trieste: Edizioni Università di Trieste.

Reviers, N. (2015). Audio describing theatre performances. En Remael, A. Reviers, N. Vercauteren, G. 2015. *Pictures painted in words: ADLAB audio description guidelines*. Trieste: Edizioni Università di Trieste.

Román, S. (2019). Servicios de accesibilidad para personas con discapacidad sensorial de la obra teatral *Volvió una noche*. Trabajo fin de Grado no publicado. Universidad de Murcia.

Roofthooft, H., Remael, A. y Van den Dries, L. (2018). Audio description for (postdramatic) theatre. Preparing the stage. *The Journal of Specialised Translation*, *30*, 232–248. Recuperado de https://www.jostrans.org/issue30/art_roofthooft_et_al.pdf

Salzhauer A. y Sobol Levent, N. (2003. Art Beyond Sight: A A Resource Guide to Art, Creativity, and Visual Impairment. Nueva York: AFB Press.

Snyder, J. (2005). Audio Description. The visual made verbal across arts disciplines – across the globe. *Translating Today* 4, 15–17.

Snyder, J. (2014). *Comprehensive Training Manual and Guide to the History and Applications of Audio Description*. Arlington: American Council of the Blind.

Zhang, X. (2019). Accessibility manager: Creating a profile of a new profession. *Linguistica Antverpiensia, New Series: Themes in Translation Studies*, 18, 73–86.

Purificación Meseguer Cutillas
Universidad de Murcia

Del laboratorio académico al mundo profesional: una propuesta didáctica para abordar la traducción literaria en el aula

1. Introducción

La literatura es material maleable y dinámico; es materia viva y las competencias productivas que requiere no son las que se le pueden exigir a un traductor que se enfrenta a un texto técnico, de características a priori rígidas e inertes: el traductor literario tiene más margen para distanciarse del texto original, para jugar con los límites de lo que se puede y no se puede decir, y resolver un reto traductológico mediante una solución ingeniosa sin dejar de ceñirse al corsé que impone el texto de partida. Para llegar a dominar estas destrezas se requiere un camino largo y muchas horas de instrucción: a traducir se aprende traduciendo e idealmente con el bagaje adecuado, que solo puede proporcionar la formación académica. A esto aspira el formador del traductor de libros. Sin embargo, en nuestro empeño por dotar al estudiante de las herramientas necesarias para enfrentarse a los retos que presenta la traducción literaria, olvidamos a veces que pondrá a prueba sus capacidades dentro de un mercado laboral. Es más, los avatares de la profesión habrán de influir forzosamente en las condiciones en las que el traductor llevará a cabo su labor y esto puede repercutir a su vez en la propia traducción del texto que tenga entre manos.

Es nuestra responsabilidad como docentes incorporar al aula diferentes tareas y actividades que nos permitan cerrar la brecha entre el mundo académico y profesional, y alejarnos de los modelos más tradicionales, que sitúan al profesor en el centro del aprendizaje, para actuar como facilitadores y guías en el proceso no solo de enseñar a nuestros alumnos a traducir sino de moldear a profesionales competentes capaces de desenvolverse en el mercado laboral. Este trabajo presenta una propuesta didáctica que permitirá al docente representar la profesión del traductor de libros en el contexto idealizado y controlado del aula. A partir de diferentes tareas y actividades, se recreará un proyecto de traducción editorial en sus distintas fases, desde la negociación de las cláusulas y las condiciones del encargo hasta la emisión de la factura o la relación con el editor durante la vigencia del contrato.

2. Acercar la profesión del traductor de libros al aula

2.1 La profesión en el aula de traducción

Las necesidades del mercado actual han propiciado un cambio de orientación del sistema educativo que, durante los últimos años y movido por el deseo de formar profesionales en los diferentes sectores, ha fomentado la implantación de los modelos basados en competencias, donde convergen sistema educativo y productivo o conocimiento teórico y desarrollo de capacidades y habilidades prácticas (Gil Montoya, Baños Navarro, Alías Sáez, Gil Montoya, 2007). En ocasiones, sin embargo, algunas de estas competencias no se trabajan a través de tareas específicas, sino que se espera que se adquieran de manera transversal, al tiempo que se trabajan otras. Esto es lo que sucede con la competencia profesional, a menudo en un segundo plano con respecto a otras. Por este motivo, queda aún mucho camino que recorrer para que los docentes puedan incorporar en los programas de sus asignaturas actividades y tareas orientadas a trabajar estas competencias menos teóricas.

Esta situación supone una limitación importante en el aula de traducción donde el aspecto profesional debería estar siempre presente como parte fundamental de la formación. Y es que las condiciones de un encargo profesional no pueden sino influir, e incluso limitar en ocasiones, las propias decisiones del traductor, algo de lo que el estudiante ha de ser consciente, ya desde los primeros estadios de su formación. A la traducción siempre le ha rodeado un halo romántico, idealizado que, sin ánimo de obviar esta faceta (la que elimina barreras entre pueblos y construye puente entre culturas), ha ensombrecido en cierto modo la parte más técnica y menos idealista, a saber, que la traducción es una profesión como cualquier otra, con sus deberes, responsabilidades y derechos. Y que el estudiante que lleva un par de años jugando con el texto, sin un corsé que limite sus decisiones, aprenda de repente que en ese «depende» no entra solo el texto sino las condiciones mismas de un encargo profesional y hasta los gustos o preferencias del cliente, puede resultar bastante desalentador y decepcionante. Si a esto le sumamos una selección de textos que, como apuntan Nord (1991) o Kussmaul (1995) son demasiado convencionales y no admiten variación alguna, no resulta extraño que los estudiantes puedan perder la motivación y no alcancen los objetivos pedagógicos pretendidos.

Por esta razón e impulsados por la necesidad de incorporar al aula materiales adecuados, ha habido intentos por parte de los docentes de alejarse de los textos tradicionales para experimentar con otros, que permitan recrear un contexto real en el aula y aplicar los conocimientos trabajados en clase. Kelly (2008) se hizo eco de estas inquietudes y propuso en su estudio una selección de materiales para trabajar en el aula de traducción que recrearan el contexto profesional al que habría de enfrentarse el traductor en ciernes. Su propuesta recalcaba la importancia de seleccionar estos materiales atendiendo a los siguientes criterios: (a) deben ser originales; (b) deben formar parte de un encargo realista; (c) deben responder a una demanda profesional inmediata; y (d) deben plantear cuestiones éticas.

La propuesta de Kelly impulsó nuevos enfoques y estudios que pretendían explorar la pertinencia y beneficios de simular el contexto real en el aula, ya fuera a través de proyectos de traducción concretos (Kiraly, 1995; Meseguer y Ramos, 2015) como poniendo el foco en ciertas destrezas propias del ejercicio de la profesión, como el trabajo cooperativo (Cifuentes y Meseguer, 2015; Rey y Cunillera, 2013). Estos estudios no solo revelan que acercar la profesión del traductor al aula es una necesidad curricular, sino que se ha asociado a un aumento de la motivación e implicación de los estudiantes, que, al entrever los entresijos del mundo laboral, dicen sentirse más estimulados y preparados para emprender el camino hacia la profesión (Meseguer y Ramos, 2015; Meseguer, 2017; Ramos, 2017). Las tareas que requieren este enfoque profesional, como enfrentarse a un encargo real o trabajar en equipo, han demostrado igualmente un mayor rendimiento académico de los alumnos, favoreciendo la adquisición de competencias transversales (Cifuentes y Meseguer, 2015; Meseguer 2017).

Pero la inclusión de estos materiales no tiene por qué asegurar que se cumpla con la función didáctica esperada ni se alcancen los objetivos pedagógicos deseados. Para ello, proponen Meseguer y Ramos (2015) se han de dar las siguientes condiciones: (i) el encargo debe ser accesible, esto es, el número de palabras ha de ser limitado y las características del encargo han de estar claras desde el principio; (ii) el profesor ha de ser el responsable de organizar la tarea, ya sea individual o en grupo, y asegurarse de que el proceso de aprendizaje está teniendo lugar, supervisando y guiando a los estudiantes durante todo el proceso; y (iii) el encargo debe llevarse a cabo dentro del aula y en horario de clase para que el profesor pueda controlar todo el proceso de traducción, así como la evolución del estudiante. Sea como fuere, se trata de propuestas didácticas viables que, pese a la importante carga que conlleva en términos de preparación y posterior evaluación, han demostrado ser de gran utilidad en el aula desde perspectivas tan esenciales para la formación del estudiante como pueden ser el desarrollo de destrezas básicas pero reales, el fomento de la proyección hacia la realidad laboral y la emulación de la autoestima.

2.2 La profesión en el aula de traducción literaria

Más allá del halo de romanticismo que rodea la traducción -más idealizada aún cuando se trata de traducción literaria- existen realidades mucho menos coloridas que, no obstante, son indisociables del ejercicio de la profesión. A la hora de la verdad, el lado lírico de este hermoso oficio pronto deja entrever notas de una realidad más práctica que forzosamente ha de reflejarse también en el aula, donde la enseñanza continúa estando demasiado orientada a cuestiones teóricas, obviando en ocasiones, como dice García Adánez (2018), la importancia que las condiciones del encargo pueden tener a la hora de delimitar o limitar las libertades del traductor. Estas lagunas o carencias sugieren la necesidad de adoptar nuevos enfoques y métodos teniendo en cuenta las necesidades concretas de la enseñanza de la traducción de libros, como las que propusieron hace ya unos años autores como Arregui (2007) o Martínez (2007) quienes, a través de propuestas didácticas concretas, animaban a los docentes a abordar en el aula ciertos aspectos profesionales de la traducción de libros.

En 2016, el grupo PETRA va más allá al publicar el Marco de referencia PETRA-E para la formación y educación de traductores literarios, y que recoge las ocho subcompetencias para alcanzar la competencia general del traductor literario: competencia traslatoria, competencia lingüística, competencia textual, competencia heurística, competencia literaria y cultural, competencia evaluadora, competencia investigadora y, cómo no, competencia profesional. El objetivo que se proponen desde PETRA es recopilar esas destrezas o habilidades con este marco que ha de adquirir el profesional de la traducción de libros en sus diferentes niveles: principiante, aprendiz avanzado, profesional incipiente, profesional avanzado y experto.

El Marco PETRA-E se presenta como un instrumento útil para formadores de traductores literarios. Diferentes docentes han partido de sus supuestos para proponer actividades y tareas en sus clases y ya existen estudios que demuestran su pertinencia y utilidad, como el reciente volumen de Fortea (2018), donde sus autores, miembros del grupo de investigación TradLit: Aproximación a la teoría de la traducción literaria, de la Universidad de Salamanca, ponen a prueba las distintas competencias recogidas en el Marco a través de propuestas didácticas concretas.

En este sentido y al hilo de estos estudios, el presente trabajo pretende diseñar un proyecto que permita al estudiante de traducción literaria acometer la labor de la traducción atendiendo al contexto profesional que ha de enmarcarlo. Partiremos pues del Marco de referencia PETRA-E para la formación y educación de traductores literarios y de la competencia profesional que recoge, entendida como la capacidad de recopilar conocimientos relativos al ámbito laboral y de adoptar una actitud adecuada a las exigencias de la profesión.

3. El proyecto

El proyecto que proponemos para trabajar esta competencia profesional consistiría en la traducción de un libro y permitiría al alumno, a modo por ejemplo de trabajo final de la asignatura, ponerse a prueba en las diferentes fases que implica el hecho de llevar a cabo un proyecto de traducción editorial, empezando por la negociación con el editor, pasando inevitablemente por el proceso de traducción y revisión, y terminando con otros aspectos a menudo olvidados y que, no obstante, no pueden faltar en una tarea que pretenda recrear el mundo profesional, como los que se derivan de la relación que el editor y traductor mantendrán durante la vigencia del contrato de cesión de la traducción y que por lo tanto se prolongan mucho más allá del mero hecho de traducir. Las tareas que presentamos a continuación no constituyen un conjunto de actividades cerrado ni exhaustivo. Se trata más bien de una propuesta flexible que puede adaptarse según los intereses y objetivos concretos de cada asignatura, y las necesidades de su alumnado.

BLOQUE 1. HACERSE CON EL ENCARGO DE TRADUCCIÓN

Tarea 1. Cómo hacerse con el primer encargo

Antes de dar comienzo al proyecto, es muy probable que el estudiante esté interesado en saber cómo se llega hasta él, es decir, qué puede hacer para meter cabeza en el sector de la traducción de libros. A partir de lecturas seleccionadas, y que abordan de manera exhaustiva y muy entretenida esta cuestión, como los trabajos de Miguel Ros González (2012, 2018), el docente puede proponer al estudiante diferentes formas de abordar esta dantesca tarea: a través del tradicional envío de currículum, de propuestas de traducción o informes de lectura. Los alumnos pueden trabajar en grupo y presentar ante el resto de compañeros las diferentes propuestas para después discutir sobre las posibilidades de éxito de cada una de ellas. Puede esta tarea llevar al docente a diseñar ejercicios específicos que le permitan tratar otras cuestiones determinantes a la hora de conseguir trabajo, como puede ser establecer una red de contactos profesionales, utilizar de forma oportuna las redes sociales en la búsqueda de potenciales clientes o pertenecer a una asociación de traductores.

BLOQUE 2. NEGOCIACIÓN DE LAS CONDICIONES

Tarea 2. Cláusulas del contrato, condiciones y tarifas

Los traductores noveles tienden a embarcarse en la profesión con mucha motivación, pero no por ello sin el temor «racional» a no llegar a hacerse un hueco en el sector. Esta incertidumbre hace que, en ocasiones, tiendan a mostrar una actitud de sumisión frente al editor, olvidando que, como proveedor de servicios y autor intelectual de la traducción que van a ceder, no han de entrar en una dinámica laboral del tipo empleado/jefe y que, por tanto, la clave está en no despreciar ni regalar su trabajo, sino en negociar unas condiciones todo lo justas que puedan ser y que le permitan vivir dignamente de su trabajo. El alumno probablemente ya sabrá que la firma de un contrato entre editor y traductor es condición fundamental para que este último pueda ceder su traducción y desempeñar su labor con tranquilidad y seguridad. Sin embargo, el hecho de que haya un contrato no significa que este se ajuste a la ley. Tras presentar al alumno la Ley de Propiedad Intelectual y las cláusulas mínimas que debería tener este contrato (a este respecto, cabría consultar el contrato tipo que la Asociación ACE Traductores pone a disposición en su página web: https://ace-traductores.org/profesion/tarifas-y-contratos/), el profesor puede proponer una tarea de juego de rol que permita trabajar diferentes puntos de esta negociación. En parejas, los alumnos encarnarán el papel del editor y el traductor, y entablarán la negociación de diferentes puntos (fecha de entrega, tipo de cobro, tarifa y forma de pago, porcentaje de derechos, porcentaje en caso de cesión…) a partir de las propuestas del profesor (mediante tarjetas que limiten los objetivos de cada parte, por ejemplo). De esta manera, el alumno tomará conciencia de su margen de negociación, del constante «tira y afloja» que conlleva la firma de un nuevo contrato y de la importancia de llegar a un acuerdo para que ambas partes queden satisfechas con el encargo o qué decisión tomar si, por el contrario, la negociación fracasa.

BLOQUE 3. TRADUCCIÓN Y REVISIÓN

Tarea 3. La traducción

Para dinamizar la tarea, el proyecto puede plantearse como un ejercicio de traducción a cuatro manos. Saber trabajar en equipo es fundamental para el traductor y, enfocar el proyecto desde esta perspectiva puede ayudar al alumno a trabajar algunas cualidades imprescindibles para que la empresa llegue a buen puerto: flexibilidad, adaptación o autocrítica, entre otras. En el sector editorial, no es extraño embarcarse en un proyecto con otro colega, o incluso recibir un encargo en el que vayan a trabajar simultáneamente otros traductores. El profesor puede plantear de este modo una pretarea, destinada a evitar posibles problemas derivados de esta colaboración, como delimitar las fuentes de consulta y documentación (que ambos utilicen los mismos diccionarios y manuales de estilo; que se tomen decisiones respecto a cuestiones ortotipográficas o de estilo antes de comenzar a trabajar; o se cree un glosario de palabras recurrentes, para asegurar la cohesión de la versión realizada). En cuanto a la tarea de traducción en sí, el profesor puede recomendar algunas pautas para facilitar el trabajo en equipo, como realizar una lectura conjunta y muy atenta, trabajar a partir de un documento compartido, o fomentar reuniones periódicas para discutir posibles escollos o problemas.

Tarea 4. La fase de revisión

Huelga decir que la traducción resultante de la tarea anterior será un texto algo caótico, al menos en cuanto a estilo se refiere. El profesor habrá tenido que dividir el texto a traducir en partes o capítulos para asignar el trabajo a sus alumnos que, recordemos, ya trabajan por parejas. Para armonizar esta amalgama de estilos, de idiolectos, habrá que asegurar una buena fase de revisión. Esta tarea puede a su vez dividirse en dos subtareas: (i) una primera revisión contrastiva entre original y traducción, que nos permita detectar posibles incongruencias, contrasentidos u omisiones involuntarias; (ii) una revisión de estilo y ortotipográfica de la traducción, orientada a armonizar estilos y a pulir el texto, momento crítico y culminante del proceso de calidad, en el que dotamos al texto de fluidez y naturalidad y lo hacemos nuestro, en el que «nos separamos del original para dar vida a la traducción», como describe Fortea (2018: 64).

BLOQUE 4. LA ENTREGA

Tarea 5. Entrega de la traducción y recepción de galeradas

Una vez que el estudiante ha hecho entrega de su traducción, le corresponderá al profesor meterse en la piel del corrector y remitir después al estudiante las galeradas. Llega aquí otro momento importante del proyecto, que permitirá al estudiante conocer también la inestimable tarea del revisor o corrector, y de qué modo puede esta sinergia derivar en un texto de mayor calidad. Puede hacer aquí el profesor sus triquiñuelas y realizar correcciones que no correspondan, para poner al estudiante a prueba y generar un debate en torno a la flexibilidad, o los límites de la corrección. Un juego de rol puede ser de nuevo una opción para esta tarea, que puede de nuevo poner sobre la mesa la cuestión de la negociación con el editor.

Tarea 6. Factura y obligaciones fiscales

Este es el momento de abordar la cuestión menos encantadora pero realista del asunto: los trámites legales a los que tendrá que hacer frente el traductor de libros, como trabajador por cuenta propia o trabajador autónomo. Estas cuestiones más técnicas, efectivamente, apenas tienen tiempo de abordarse durante la formación y la gran mayoría de estudiantes se sienten perdidos y desamparados cuando llega el momento de iniciar, como traductores autónomos, su actividad en la Agencia Tributaria y en la Tesorería General de la Seguridad Social. Que el proyecto que nos ocupa implique también la realización de una factura da pie al profesor a actuar como asesor y a orientar al alumno sobre una realidad que, por otro lado, difiere de la de un traductor más generalista (la literaria, por ejemplo, es una actividad exenta de IVA).

BLOQUE 5. RELACIÓN DURANTE LA VIGENCIA DEL CONTRATO

Tarea 7. Certificados de tirada, liquidaciones y cesiones a terceros

Pero la diferencia más sustancial que existe entre otros traductores y los literarios es que estos últimos son considerados autores de sus traducciones, lo que hace que entre en escena toda una retahíla de implicaciones legales derivadas de los derechos de autor que van generando en el desempeño de su actividad laboral. En este sentido, la relación entre traductor y editor no acaba con la entrega de la traducción y el envío de la factura, sino que se mantendrá durante toda la vigencia del contrato (que, a diferencia del autor de una obra original, puede dilatarse unos diez o quince años). Esto significa que el editor está obligado a enviar al traductor no solo el certificado de tirada, sino las liquidaciones anuales, así como informarle si existe una cesión a terceros (de la que el traductor percibirá, previsiblemente y si así ha quedado reflejado en el contrato, su correspondiente porcentaje). En esta tarea, el profesor puede apoyarse en documentos reales para ayudar al estudiante a orientarse en ese dédalo jurídico y concienciar al mismo tiempo al alumnado de la importancia de negociar las cláusulas de un contrato, lo que nos llevaría de vuelta al punto de partida de este proyecto.

4. Conclusiones

El estudiante que comienza su andadura en el mundo profesional lo hace en ocasiones sin la información y el conocimiento necesarios para avanzar con paso firme y certero. Movido por el interés y la necesidad de «hacer currículum», adoptará una actitud de sumisión que lo puede llevar a resignarse y acatar condiciones leoninas, una situación que alimentará la falta de orgullo profesional y de la que difícilmente podrá escapar. El hecho de que el traductor novel carezca de experiencia no debería ser óbice para colocarse en una situación de inferioridad con respecto al cliente. Esto tampoco significa que no sea digno aceptar ciertas condiciones según el estadio de nuestra carrera profesional (uno no tiene por qué rechazar un proyecto si la tarifa que le proponen no es lo que esperaba; en contra, puede negociar con un mayor porcentaje de derechos o una mejora de las otras condiciones). No obstante, es importante que el que empieza en el sector conozca sus deberes, pero también sus derechos. En este sentido, el profesor tiene una responsabilidad descomunal: formar profesionales cualificados y capacitados para desempeñar su labor y alcanzar el éxito, y también la excelencia profesional, pasa inevitablemente por facilitarles la transición hacia el mundo profesional y prepararlos para ese mercado laboral.

Este trabajo ha tomado como referencia estudios sobre la motivación e interés que despiertan los encargos reales y las recreaciones del contexto profesional para simular un proyecto de traducción que permita al docente sacar a colación diferentes aspectos técnicos y profesionales de la traducción editorial. Existen otras fórmulas para traer el mundo profesional al aula y diferentes enfoques metodológicos para abordar las diferentes cuestiones que esta iniciativa plantea. Pese a los problemas a los que se enfrenta la universidad española, los centros han comenzado ya un proceso de adaptación hacia una formación basada en el establecimiento de objetivos y el desarrollo de competencias que constituye, sin duda, un primer paso firme para alcanzar la meta de un profesional más competitivo y con una mayor capacidad para adaptarse a las demandas del mercado de trabajo (Rojo y Meseguer, 2015). A los docentes nos toca seguir trabajando para que esto se cumpla y nuestros estudiantes salgan de las aulas más preparados y, sobre todo, con la confianza y seguridad de haber emprendido el camino con un bagaje adecuado.

Referencias bibliográficas

ACE Traductores: acetraductores.org

Arregui, N. (2007). La didáctica de la traducción literaria: un caso práctico en alumnos de doctorado de Granada. En D. Gallego Hernández, M. Tolosa Igualada y J.A. Albaladejo Martínez (Eds.), *La didáctica de la traducción en Europa e Hispanoamérica. Actas del Primer Coloquio Lucentino de Traducción* (pp. 149–159). Alicante: Universidad de Alicante.

Cifuentes Férez, P. y Meseguer Cutillas, P. (2015). Trabajo en equipo frente a trabajo individual: ventajas del aprendizaje cooperativo en el aula de traducción, *Tonos Digital* 28, 1–21

Fortea, C. (Ed.) (2018). Apuntes para una secuencia en el aprendizaje de la traducción de textos literarios. En *El viaje de la literatura: aportaciones a una didáctica de la traducción literaria* (pp. 59–68). Granada: Comares.

Fortea, C. (Ed.). (2018). *El viaje de la literatura: aportaciones a una didáctica de la traducción literaria*. Granada: Comares.

García Adánez, I. (2018). Nueve sílabas volando entre las flores… O cómo enseñar a establecer y defender criterios de traducción a raíz de un ejemplo de Las penas del joven Werther de Goethe. En C. Fortea (Ed.), *El viaje de la literatura: aportaciones a una didáctica de la traducción literaria* (pp. 103–120). Granada: Comares.

Gil Montoya, M.D., Baños Navarro, R., Alías Sáez, A. y Gil Montoya, F. (2007). Trabajo cooperativo en el centro y en el aula. En *JAC'07: Séptima Jornada sobre Aprendizaje Cooperativo* (pp. 209–218). Valladolid: Universidad de Valladolid.

Kelly, D. (2008). Realismo profesional y progresión pedagógica: una propuesta de criterios para la selección de materiales para la formación de traductores, *Trans*, 12, 247–258.

Kiraly, D. (1995). *Pathways to Translation. Pedagogy and Process*. Kent: Kent State University Press.

Kussmaul, P. (1995). *Training the Translator*. Ámsterdam: John Benjamins.

Marco de referencia PETRA-E para la formación y educación de traductores literarios: https://petra-educationframework.eu/es/introduccion/

Martínez, L. (2007). Orientación profesional en la enseñanza de la traducción literaria. En M. del C. Balbuena Torezano y A. García Calderón (Eds.), *Traducción y mediación cultural: Reflexiones interdisciplinares* (pp. 399–406). Granada: Atrio.

Meseguer, Cutillas, P. y Ramos Caro, M. (2015). Learning through Real Assignments in the Audiovisual Translation Classroom, *Current Trends in Translation Teaching and Learning*, 2, 72–96

Meseguer Cutillas, P. (2017). Primeros pasos hacia la profesionalización: los encargos reales en el aula de traducción. En L. Torres-Zuñiga y T. Schmidt (Eds.), *New Methological Approaches to Foreing Language* (pp. 207–218). Newcastle upon Tyne: Cambridge Scholars Publishing.

Nord, C. (1991). *Text Analysis in Translation. Theory, Methodology, and Didactic Application of a Model for Translation-Oriented Text Analysis*. Ámsterdam: Rodopi.

Ramos, M (2017). Aplicaciones de Wikipedia en el aula de traducción. En G. Padilla Castillo (Ed.). *Aulas virtuales: fórmulas y prácticas* (*pp.* 601–612). Madrid: McGraw Hill.

Rey, J. & Cunillera, M. (2013). Metodología de proyecto y aprendizaje cooperativo en traducción: una aplicación en el marco de un encargo real. *Hermeneus: revista de traducción e interpretación*, 15, 161–191.

Rojo López, A. y Meseguer Cutillas, P. (2015). Fomentando la creatividad: una propuesta didáctica para el aula de traducción. *Quaderns, Revista de Traducció*, 22, 255–271

Ros González, M. (2012). Meter la cabeza. *El trujamán: revista diaria de traducción*. Recuperado de https://cvc.cervantes.es/trujaman/anteriores/marzo_12/07032012.htm

Ros González, M. (2018). Cómo hacerse con los primeros encargos en el sector editorial. En P. Meseguer Cutillas y A. Rojo López (Eds.), *La profesión del traductor e intérprete: claves para dar el salto al mundo laboral* (pp. 95–198). Gijón: Trea.

Elena Errico
Universidad de Génova

Liminalidad, bilingüismo y autotraducción: *Canícula* de Norma Elia Cantú

1. *Canícula* como la metáfora de la liminalidad

Canícula, *snapshots of a girlhood* en la Frontera (1995, en adelante TF) es la obra más conocida de la escritora chicana Norma Elia Cantú (Nuevo Laredo, México, 1947). Se trata de una colección de cuentos que, a partir de unas fotos, construyen una autobiografía ficticia de la niñez de la autora en la frontera entre Tejas y México. En esta propuesta analizo el texto fuente en inglés y la autotraducción de la obra (*Canícula, imágenes de una niñez fronteriza*, 2001, en adelante TM) desde dos vertientes: por una parte, comparo la versión original del texto con su versión en español e intento esbozar el proyecto traductor subyacente a partir de algunas pistas textuales. Por otra parte, miro al texto «fuente» (entendido simplemente como primer texto producido en orden cronológico y no como texto jerárquicamente superior o más autorizado que la versión en español) también como producto de una traducción, en el sentido de que visibiliza la dialéctica entre dos culturas no solo a nivel de testimonio etnográfico de la cultura fronteriza sino incluso a nivel textual, a través de un vaivén entre inglés y español tejano. Lo que voy a intentar argumentar es que el proyecto en que se fundamenta la versión en inglés y la posterior autotraducción al español forman parte de un mismo planteamiento sutilmente militante que glorifica la hibridez a varios niveles, no último el discursivo, desde una perspectiva incluyente.

Afirma Cordingley (2013, p. 9) que el autotraductor es una categoría especial de interlocutor transcultural ya que, al ser también autor del texto fuente, se permite libertades que normalmente no están aceptadas en la traducción, hasta el punto de que a menudo produce un nuevo «original». De ahí que la autotraducción sea un lugar conceptual privilegiado para la exploración de espacios liminales entre traducción y creación donde, al igual que en las identidades híbridas, los límites se difuminan y coexisten contradicciones. Esta idea de fondo impregna *Canícula* en muchos sentidos: de género textual, de estructura temporal, de narración y de selección del código lingüístico. La decisión de Cantú de autotraducirse es coherente con este talante, pues «the sheer act of self-translating is an opening out on both languages, rather than a binary tension of foreclosure» (Hokenson, 2013, p. 52).

Canícula se conforma de una secuencia de cuentitos breves que relatan la vida de Azucena/Nena, de su familia y de su comunidad en Laredo, Tejas (en la frontera con México) desde el nacimiento hasta el final del instituto. Es la segunda novela de una trilogía y está precedida por *Papeles de mujer*, escrita en español e inédita, que traza la historia de una familia en la franja fronteriza entre Tamaulipas y Tejas (Gutiérrez y Muhs, 2017). *Cabañuelas (*2019), el tercer texto, continúa la historia de *Canícula* y trata sobre la estancia de Nena en España para investigar el folclore.

El título de *Canícula*,[1] que se refiere a los días de calor aplastante de la época en que se recolecta el algodón, en verano, es metáfora de múltiples connotaciones. Enlaza directamente con el primer capítulo, titulado «Las Pizcas» (TF: p. 3), que brinda una instantánea de la dura vida del campo y del trabajo infantil, y desde el principio permite vislumbrar las difíciles condiciones de vida de la comunidad chicana en el medio rural de aquel entonces.[2] Además, como comenta la autora en una entrevista,[3] al ser la canícula una época del año entre el verano y el otoño, es metáfora de las etapas de transición en el tiempo. *Canícula* es, pues, una novela de crecimiento que habla del «time in-between, when you're still a teenager and not quite an adult»[4], una edad liminal, esto es, marcada por la duda y la desorientación. Sin embargo, la liminalidad de *Canícula* es también espacial y lingüístico-discursiva, pues Nena y su comunidad viven en la Frontera, a caballo entre dos lenguas y culturas (o más de dos, si incluimos el legado de los pueblos originarios). Efectivamente, el título original de la obra, Canícula, *snapshots of a girlhood* en la Frontera, contiene dos cambios de código al español justamente en las dos palabras clave que señalan dimensiones liminales: la canícula y la frontera.

---

1 La autora acepta la etimología popular, diciendo que la canícula es una época de tanto calor «que ni los perros salen» (TM: p. xviii). Efectivamente, el término deriva del latín *canis* (*canicula* significa perrito), pero hace referencia a la estrella de Sirio (apodada «la Abrasadora») de la constelación de Canis Maior, que es la más brillante del cielo nocturno durante ciertos días de verano en el hemisferio norte (DRAE, sub voce).

2 La pizca es tan importante como sustento de la comunidad laredina, incluso simbólicamente, que en la edición actualizada de *Canícula* (2015) la cubierta muestra los capullos de un campo de algodón.

3 UCSD Guestbook: Norma Elia Cantú, https://www.youtube.com/watch?v=4DGQks2Uwvc [20 de enero de 2020].

4 UCSD Guestbook: Norma Elia Cantú, https://www.youtube.com/watch?v=4DGQks2Uwvc [20 de enero de 2020].

Es más, el carácter de liminalidad de la obra se aprecia también en el género textual escogido puesto que, como dice la autora refiriéndose explícitamente a la idea de la experiencia transcultural:

> [e]n *Canícula*, la historia se narra por medio de fotografías y lo que parece ser autobiográfico no siempre lo es. (...) Así que, aunque pareciera que son historias de mi familia, no lo son precisamente y sí lo son. Pero como Pat Mora nos dice: la vida en la frontera es verdad cruda y todo cuento basado en tal vida, por más ficticio que sea, es tal vez aún más verdadero que la realidad. Comencé llamando este trabajo *autobiografía ficticia*, hasta que una amiga me dijo que mis cuentos eran más etnografía que autobiografía, y así fue cómo llegué a la conclusión que si acaso esto tiene que encajar en un género, puede ser el de la *autobioetnografía ficticia* (TM: p. xvii, cursiva en el original).

La liminalidad, así como el juego deliberado con lo auténtico y lo ficticio, se aprecian en las fotos que, en lugar de «dar fe» como documento, presentan interesantes incongruencias con respecto al texto. En el cuento titulado «Bueli» (TF, p. 24–25), la abuela aparece rodeada de tres niñas, mientras que el texto menciona también a Tino, el hermano de Nena/Norma, que murió en Vietnam. Estas extrañezas, sin embargo, más que como despistes, se han interpretado como huella de la ambigüedad y de las contradicciones que experimenta la mestiza (Rodríguez-Rabin, 2017): un ir y venir, una coexistencia dinámica de componentes múltiples dentro de la identidad, complementarios y muchas veces contradictorios o conflictivos. Otro ejemplo al respecto no es una incongruencia textual, sino situacional: en la foto de «China Poblana Uno» (TF, p. 38–39) Nena luce un traje de china poblana, símbolo de la identidad popular mexicana, para participar en la *George Washington birthday parade*, momento muy simbólico del patriotismo anglo. El cuento siguiente, «China Poblana Dos» (TF, p. 40–41), en cambio, es exactamente especular al anterior. Esta vez la foto es la de la madre de Nena vestida de china poblana con un sombrero charro que lleva bordado el lema ¡Viva México!. La paradoja es igual y contraria a la anterior, si se considera que la madre de Nena había nacido en Estados Unidos y llegado a México a los diez años sin hablar ni una sola palabra de inglés.

Son incongruentes también las dos imágenes de los documentos de Nena (en cuyas fotos se ve claramente que se trata de la autora, TF, p. 22). En una de ellas hasta aparece la firma, aunque se trata de una niña de un año (TF, p. 21). La elección de un documento de identidad, el elemento que oficializa la nacionalidad mexicana de Azucena pero que es patentemente fingido, pone simbólicamente en tela de juicio la consistencia de las identidades tales como las construyen y cristalizan las instituciones de la corriente principal en ambos lados de la frontera. Y es interesante lo que subraya Azucena que, una vez legalmente convertida en mexicana, será igualmente tildada de pocha[5] por sus familiares del lado mexicano. Además aquí se patentiza un choque de visiones: «ser mexicano» para un fronterizo no es un hecho de nacionalidad, sino de pertenencia étnica, por eso en el habla de la frontera se distingue entre mexicanos «del otro lado» y mexicanos «de este lado» (Anzaldúa, 2007, p. 84). Por último, el cuestionamiento de categorías convencionales se da también con la ruptura de la secuencia cronológica lineal del relato en beneficio de una narración «fotográfica», a través de instantáneas, con cuentos muy cortos, a veces acompañados de imágenes, a veces no, sin un aparente orden. Dice la autora:

> Los cuentos reflejan cómo vivimos nuestras vidas por medio de los recuerdos con nuestro pasado yuxtapuesto al presente; colándose de un lado al otro, de uno a otro, en una danza recursiva que no tiene ni principio ni fin (TM: p. xviii).

A este respecto Rodríguez-Rabin (2017, p. 174) observa, refiriéndose al concepto de *New* Mestiza de Gloria Anzaldúa (2007), que a través de estos recursos Cantú pretende socavar la estructura de la narración tradicional occidental. Sin embargo, el alcance de esta militancia rebasa los límites de la estética, en consonancia con la idea de la autora de ser una intelectual comprometida con su comunidad y con las comunidades fronterizas. Como lo resume Gutiérrez y Muhs, «*Canícula* reveals the binary notion of the border as many know it today to be: fragile and unreal» (2017, p. 8). *Canícula* es la celebración de la *New* Mestiza, donde no solo se toleran, sino que se celebran las contradicciones y las ambigüedades heredadas por las chicanas y se asumen como modelo para una sociedad abierta, integradora y anti-asimilacionista.

2. El bilingüismo en *Canícula*

Un comentario aparte merece el papel que desempeña la presencia ubicua del bilingüismo en *Canícula*, tanto en el contenido, cuando Cantú comenta ciertas anécdotas donde destaca el estatus minorizado del español, a pesar de ser la lengua de la comunidad, como a nivel de forma, a través del empleo masivo del cambio de código. En ambos elementos, la presencia de la lengua o de observaciones sobre la lengua funcionan de comentario metalingüístico acerca de la opresión cultural que sufren los chicanos, de la que el menosprecio de la lengua es uno de los elementos.

---

5 Según el DRAE (sub voce), el pocho es un mexicano agringado. La palabra tiene un matiz negativo, a diferencia de «chicano», que tiene una connotación militante y de reafirmación identitaria.

A modo de ejemplo, voy a mencionar «Declamación» (TF, p. 62–63), un cuento donde el propio título subraya que hasta la forma de declamar tiene una raíz cultural y que así Nena la había aprendido. Sin embargo, una vez entrada al colegio público, donde la enseñanza era en inglés, la maestra rechaza su manera de interpretar los versos, percibida como demasiado enfática, comentando: «this is not a dramatic performance, but a reading», e indirectamente menospreciando un elemento simbólico del legado cultural de la protagonista. Uno de los factores más eficaces en la concreción del modelo asimilacionista es la escuela, a la que Azucena no por casualidad se refiere siempre en inglés (el *high school*, el *junior high)* porque la experimenta únicamente en esta lengua, al ser este el único medio de enseñanza permitido a la vez que un poderoso instrumento de la política asimilacionista.[6] Se trata justamente del estado de cosas comentado por Bruce-Novoa:

> Non-Hispanics conceive of Chicanos and other Latinos who maintain our language both in speaking and in writing as recent immigrants. They have been trained to think of U.S. residents according to the pattern of European people arriving to Eastern ports of entry and blending into the English speaking mainstream in the process of assimilation over a couple of generations. The end-product of this transformation is the monolingual "American". Logically, according to this formula, anyone who speaks the language of another country must be either an excellent student or a recent arrival, and those who write it by choice must have been educated somewhere other than in U.S. schools. This concept of assimilation remains so ingrained in the U.S. psyche that any deviation suffices to brand a person exactly that, a deviant, with rather negative connotations (Bruce-Novoa, 1990, p. 42).

Este proceso de asimilación resulta especialmente traumático en las comunidades rurales como donde se crio Cantú, la cual en una entrevista recuerda que empezó a aprender inglés solo a partir del colegio simplemente porque para vivir en Laredo no necesitaba utilizarlo. La notación, además de dar la idea del choque

6 La situación que padecían en la escuela los inmigrantes recién llegados es un tema recurrente en la literatura chicana. Piénsese por ejemplo en *Bless me, Ultima* (Anaya, 1972), *Johnny Tenorio* (Morton, 1988) y más recientemente *The distance beteween us* (Grande, 2012). En el caso de la generación de Grande, nacida en los años setenta, se aprecia una mayor atención hacia los niños recién llegados, que por lo menos pueden contar con un maestro hispanohablante de apoyo. Sin embargo, el planteamiento sigue sin cambiar puesto que, aunque hay un mayor cuidado del bienestar psicológico de los niños, solo se admite un bilingüismo de transición hacia el monolingüismo en inglés, sin ninguna iniciativa que apunte a la revalorización de la lengua y de la cultura de herencia en coexistencia con la lengua y cultura mayoritarias.

cultural que supondría empezar la escuela para los niños no anglohablantes, también alude a la condición de aislamiento y segregación que sufrían los chicanos en aquel entonces, en especial las mujeres.[7] La cuestión de la discriminación debida al género, que se suma a otras discriminaciones (étnica y de clase) está por cierto muy presente en la escritura de Cantú que, creo no por casualidad, en el título del libro escoge una palabra marcada en este sentido, *girlhood*, en lugar de otras posibles, como *childhood* o *teenager*.

El propio título «Declamación» es también un ejemplo de uso del cambio de código que, junto con los localismos, constituye una de las manifestaciones más patentes de la lengua y de la cultura fronterizas. El texto original de *Canícula* está redactado mayoritariamente en inglés, aunque está salpicado de palabras, expresiones, cancioncillas, refranes y citaciones en español. En el primer cuento, titulado «Las pizcas» (TF, p. 3), comenta la autora describiendo el duro trabajo en el campo, en el que participaban también las niñas y los niños: «A long row of cotton to be picked, capullos de algodón, nothing moves; (…) El olor a sudor, mi sudor, heavy odor of sweat I wear with the blue-plaid flannel shirt» (TF, p. 3). Y más adelante: «Don Guillermo writing it all down in his book when I go with Papi to empty la saca en la troca» (TF, p. 3). «Troca» es una palabra que surge del contacto con el inglés, al ser una adaptación morfonética del inglés *truck*, de amplio empleo en la franja fronteriza y ahora considerado un mexicanismo (Gómez de Silva, 2001, sub voce). Otro ejemplo se encuentra en «Mamagrande» (TF, p. 16–17), cuando Nena cuenta cómo la abuela pasó «al otro lado»: «Mamagrande tells me stories of crossing the river 'en wayin' – and I imagine a covered wagon like in the movies (…).» El wayin (sic por guayín), una carreta cubierta y ahora un coche familiar, procede también del inglés (de *way in*, Gómez de Silva, 2001, sub voce) y se usa tanto en el lado estadounidense como en el mexicano. Otra palabra presente como cambio de código es «chípil», referido en el texto a Dahlia, una de las hermanas de Nena («Pepa», TF, p.11). «Chípil» es un mexicanismo que remite al legado léxico anterior a la conquista, porque procede del náhuatl *tzipitl*, y se refiere a un niño enfermo y desganado por estar embarazada su madre (Gómez de Silva, 2001, sub voce).

En «Treeky-treat» (TF, p. 73–74) Cantú utiliza otro recurso relacionado con el contacto de lenguas, la transcripción hispanizada de «Trick or treat», la cancioncilla típica de Halloween, lo que subraya la distancia, la extrañeza y el asombro

7 UCSD Guestbook: Norma Elia Cantú, https://www.youtube.com/watch?v=4DGQks2Uwvc [20 de enero de 2020].

que despierta en los niños chicanos esta práctica cultural que desconocen, pero que está invadiendo sus tiendas y que se convierte en símbolo de la penetración de la cultura mayoritaria, destinada a fusionarse con la heredada. Al final del cuento concluye Cantú: «Día de los Muertos had taken on a new meaning» (TF, p. 74).

Un uso interesante del cambio de código, no relacionado directamente con elementos culturales, es el que se encuentra en «Políticos» (TF, p. 30), donde comenta la autora:

> The políticos. Our money lines their pockets, paves private roads on their ranches while our streets remain unpaved run like rivers after every rain; (...) while judges, mayors, sheriffs and others in power abuse, rape, embarrass, harass, taunt, demean women (TF, p. 42).

Aquí la presencia heteroglósica en una palabra clave del texto subraya su connotación negativa de crítica a la que se considera una casta de corruptos. En otro cuento, «Cowboy Boots» (TF, p. 118–119), en el que la metonimia de las botas representa al violador gringo de una amiga de la autora, Cantú utiliza una estrategia parecida, destacando una palabra que señala un concepto clave en el texto, «a escondidas»:

> I don't know how I knew since I didn't even know about such things. Mami never talked to me about sex. (...) I read [a book that explained things] a escondidas fearing that she'd find out (TF, p. 119).

En el cuento la víctima, chicana, después de padecer la violación y quedarse embarazada, es mandada a México, mientras que el autor sigue impune en Laredo, a pesar de que todo el mundo sabe. Además de la violencia, el cuento habla también de la que Anzaldúa (2007) califica de «tradición del silencio,» impuesta a las mujeres, por la que «hocicona, repelona, chismosa» (Anzaldúa, 2007, p. 76) son todas palabras peyorativas si se refieren a la mujer, a la que se le impone callar ciertos temas. De ahí que Nena también revele muy poco de sí misma al lector. Como apunta Sibaja García (2017, p. 159), «Azucena understands that her culture is one where silence reigns in order to avoid the truth. (…) Azucena's fragmented narration can be attributed in part to her ability to keep secrets».

La de Nena es una forma de decir sin decir, una «callous non disclosure» (Gutiérrez y Muhs, 2017, p. 10), que se hace más patente cuando la autora hace referencia a hechos de la comunidad relacionados con la sexualidad, como la violación (v. supra) o incluso cuando su hermana Tina se echa novio y Nena anota: «I must learn to keep secrets otherwise Papagrande will be angry. I listen and obey, learn the lessons of growing up» (TF, p. 23). «A escondidas» condensa uno de los elementos clave de la vida en la comunidad laredina, la imposición del silencio y del conformismo a salvaguardia de la rígida jerarquía social y familiar en que se rige la comunidad y que por ello sumerge a los individuos, sobre todo a los más débiles (mujeres y «desviados») (Anzaldúa, 2007).

Sin embargo, en su etnografía Cantú no deja de subrayar los momentos positivos: en «Comadres» (TF, p. 35–36) la autora brinda una instantánea de la solidaridad femenina como estrategia de resistencia y de supervivencia, por supuesto solo experimentada y aludida antes que dicha:

> Above all women sharing life, tending each other, supporting each other. Teaching each other to mother, to survive, to understand, to live. (...) The three look straight at the camera, with laughing eyes, hair blowing in the wind, their solidarity palpable as their love for each other (....). In their day, saying "I love you" not allowed, not needed, when their deeds show love every day in many ways for many years (TF, p. 36)

Y no por casualidad el título del cuento está en español, la lengua de la comunidad, lo que además de visibilizar la especificidad cultural mexicana, se convierte en índice de uno de los rasgos vertebradores de este colectivo.

3. La autotraducción de *Canícula*

Llegada a estas alturas del capítulo voy a reflexionar sobre las razones que animaron a Cantú a emprender la autotraducción. La autotraducción es una labor de la que a menudo huyen los autores, porque algunos la ven como una repetición de algo ya hecho, otros como una obligación a enfrentarse a su propio trabajo y posiblemente a tomar conciencia de sus límites. Otros, de lo contrario, la experimentan como rito de pasaje, alivio psicológico, o forma de negociar las contradicciones de su identidad (Cordingley, 2013, p. 87). Según comenta Cantú, para ella se trató de un regreso al texto original, pues *Canícula* trata de experiencias vividas en un contexto de cultura hispana, las escribió en spanglish y por último preparó el texto en inglés (comunicación personal, 2020). Con respecto al proyecto de autotraducción, comenta Cantú en la introducción: «esta versión de la novela Canícula: *snapshots of a Girlhood* en la Frontera, parte de la versión original y la reimagina como un texto nuevo que mantiene la estructura y la temática de la misma» (TM: p. xvi). Sin embargo, ella misma problematiza el vínculo entre los dos textos, al aportar cambios al texto español, con la agregación de una foto (la de la madre vestida de organza, TM, p. 74) y con la ligera variación en el número de cuentos incluidos. A pesar de ello, afirma que no quiso «caer en la tentación» (comunicación personal, 2020) de escribir usando otras palabras etc., para no romper la integridad del original.[8] Como es previsible, en este caso también la autotraducción manifiesta una dinámica típica de su carácter liminal, la dialéctica constante entre creación ex novo y vínculo con un texto preexistente, que Cantú aborda y soluciona fluidamente, compaginando la fidelidad textual con pequeñas infidelidades semióticas y estructurales.

Vale la pena comentar también la direccionalidad de la autotraducción de *Canícula*, del inglés al español. En muchos casos, la autotraducción se produce desde la lengua minoritaria o minorizada hacia una lengua de mayor difusión por razones pragmáticas, para ganar una mayor aceptación y alcanzar una franja más amplia de lectores. *Canícula* va en el sentido opuesto, la autotraducción se produce desde la lengua mayoritaria (en sentido numérico y sobre todo simbólico), aunque con una presencia masiva de elementos heteroglósicos, hacia la lengua minorizada y se dirige declaradamente a un público de hispanohablantes de herencia. Es decir, no se trata de una operación meramente comercial, sino de una muestra más de compromiso hacia la comunidad de procedencia de la autora, la cual siempre ha pretendido que su trabajo de activista y académica chicana no fuera «an intellectual exercise, but [the product of] a community-based movimiento with an impact on the community.»[9]

Como lo anota Luis Leal en la Introducción a la edición en español (TM, p. xiii-xvi), la serie de libros «Nuestra Visión», dentro de la que encuentra cabida *Canícula*, es un intento concreto para revitalizar la literatura de los latinos en su lengua, para contrarrestar los efectos del modelo asimilacionista centrado en el empuje del inglés en detrimento de las lenguas de herencia. Debido a esta presión constante, que Cantú también testimonia en sus textos, los no anglohablantes terminan sintiéndose incómodos, inseguros e incluso avergonzados de hablar su propia lengua.

En una intervención pública[10] Cantú recuerda haber tomado la decisión de emprender la autotraducción porque la prueba que había encomendado a una traductora no la satisfacía. El botón de muestra para Cantú fue la no identificación de la equivalencia «surcos» por *rows* (las hendiduras del terreno para la

8 Al comparar TF y el TM pude apreciar que efectivamente los casos de recreación son escasos. La nueva edición actualizada en inglés (2015), en cambio, contiene más cuentos y más fotos con respecto a la anterior.

9 UCSD Guestbook: Norma Elia Cantú, https://www.youtube.com/watch?v=4DGQk-s2Uwvc [20 de enero de 2020].

10 Mesa redonda «Word Images: A Norma Elia Cantú Critical Reader» 1 de junio de 2016, *X Congreso de Literatura Chicana, Cultura y Herencia Hispana: Construyendo Puentes*, Universidad Complutense de Madrid.

siembra del algodón), que la autora considera una palabra cultural y cuyo desconocimiento deja entrever, según ella, una competencia bicultural insuficiente. Efectivamente, se trata de un caso donde hay una equivalencia uno a uno, pero no por ser un concepto culturalmente connotado, sino porque *row*/surco es un término de agricultura de empleo general en el cultivo del algodón. De tener que clasificar este problema, podríamos identificarlo como falta de competencia temática antes que como escaso conocimiento de la cultura fuente, aunque por supuesto coincido con la autora en identificar el cultivo del algodón como uno de los recursos principales y por ende un elemento, incluso cultural, vertebrador de la cultura laredina.

En la introducción (TM, p. xvi) la autora afirma haber utilizado palabras del habla tejana, aunque en un análisis léxico más detenido realmente se puede apreciar que la gran mayoría son localismos extendidos a todos los hablantes de la subcultura mexicana, incluso al sur de la frontera, o hasta son hispanoamericanismos o palabras consideradas español general. Para retomar ejemplos ya mencionados, a la primera categoría se pueden atribuir «troca», «chípil» o «guayín», a la segunda «lonchera» (TM, p. 19) por «lunchbox» (TF, p. 12)[11], a la cuarta «pizca» o «saca» (TF, p. 3; TM p. 1). Posiblemente también por el fin pedagógico de la publicación enunciado en la introducción, la autora añade notas a las palabras que percibe como muy peculiares o quizás no pertenecientes al conocimiento previo de los potenciales lectores. Una razón podría ser el desfase temporal entre la época de los cuentos y hoy: la situación de aislamiento en que se encontraban las comunidades rurales en el suroeste de los Estados Unidos sin duda alguna favorecería el desarrollo de localismos compartidos solo con el otro lado de la frontera, con el que tenían lazos más estrechos (incluso, como la propia Cantú, de parentesco) que con los EEUU y habría muchas palabras «fronterizas». Sin embargo, lo que surgiría como localismo fronterizo en la época de la abuela de Azucena (p.ej. guayín) o quizás todavía en los cincuenta, se difundió más allá de la franja fronteriza, tanto hacia el sur como hacia el norte (piénsese en troca, coyote, etc.), así que su carácter de especificidad se ha ido perdiendo algo. Lo que importa, sin embargo, es que el hecho de resaltar, incluso gráficamente con la presencia de notas al pie, algunas palabras en español, puede verse desde dos perspectivas complementarias: por una parte, cumple la función de

11 «Lonchera» es una palabra derivada de lonche, a su vez anglicismo procedente de *lunch*, que forma parte del léxico de varios países hispanoamericanos, incluso no tan sometidos a la presión cultural de los Estados Unidos como México, p.ej. Ecuador (DRAE, sub voce).

visibilizar la diferencia como parte de un discurso sobre el rescate de la identidad étnica también de cara al resto del mundo hispanohablante. Asimismo, manifiesta el deseo de compartirla y darla a conocer. En este sentido, pues, la labor autotraductora de Cantú es incluyente. Es interesante a este respecto la actitud diferente que toma la autora hacia el lector en el TF con respecto al TM, siendo decididamente extranjerizante hacia los anglos el primero y domesticador hacia los hispanohablantes el segundo. En el TF la presencia de la heteroglosia apenas está mediada con estrategias expresivas como la repetición del concepto en inglés, el uso de pistas contextuales, pero nunca recurriendo a un apoyo patente, la traducción al inglés en notas. El texto español, en cambio, sí brinda explicaciones sobre algunos elementos culturales como costumbres, plantas típicas de la zona fronteriza, etc., con lo que señala el elemento como peculiar a la vez que acerca el texto al lector guiándolo de la mano. La heteroglosia del texto inglés, en cambio, le pide al lector un esfuerzo adicional, que hace eco a la invitación de Anzaldúa de no mendigar entrada a la sociedad mayoritaria, adoptando la lengua y la cultura estadounidenses sin más, sino de pedir un encuentro a medio camino (2007, p. 20). El cambio de código está escasamente presente en el TM, creo también por una razón mimética, ya que efectivamente el español era la única lengua de la comunidad. Dice Cantú al respecto: «[in Laredo] culture was mostly Mexican. The community itself was not bilingual»,[12] así que el contacto con la cultura mayoritaria era escaso y en efecto en *Canícula* la presencia de la cultura anglo queda siempre en el trasfondo.

4. A modo de conclusión

El proyecto de autotraducción de *Canícula* puede considerarse parte del compromiso de Cantú en favor de su comunidad, tanto concreta como simbólicamente. En concreto porque crea un material a partir del cual estructurar una didáctica dirigida a los hispanohablantes que refleje su propia experiencia en la lengua heredada, y simbólica porque fundamentalmente la autotraducción es también una exploración de la liminalidad, análogamente a la experiencia del mestizaje. *Canícula* se conforma como rescate identitario de los fronterizos no solamente de cara a la cultura anglo, sino también a las hispanas. La autotraducción al español, operación centrífuga y por ello lejos de cualquier consideración de marketing, es un llamado sutil pero eficaz a los hispanos de Estados Unidos a

12 UCSD Guestbook: Norma Elia Cantù, https://www.youtube.com/watch?v=4DGQks2Uwvc [20 de enero de 2020].

que no se avergüencen de sí mismos, salgan del silencio al que fueron relegados y reivindiquen un lugar en ambas culturas, tanto la anglo como la hispana. La autotraducción es una palestra excelente a la hora de cuestionar la rigidez de categorías binarias y esencialistas, no solo por ser un lugar textual e intelectual de contacto entre culturas, sino porque por su naturaleza invita a problematizar la validez de jerarquías y categorías rígidas.

Referencias bibliográficas

Anaya, R. (1999). *Bless Me, Ultima*. New York: Warner Books (ed. orig. 1972).

Anzaldúa G. (2007). *Borderlands/La Frontera: The New Mestiza*. San Francisco: Aunt Lute Books (ed. orig. 1987).

Bruce-Novoa, J. (1990). *Collected Essays on Chicano Literature*. Houston: Arte Publico Press.

Cantú, N. E (1995). Canícula, *snapshots of a girlhood* en la Frontera. Albuquerque, NM: University of New Mexico Press (nueva ed. 2015).

Cantú, N. E. (2001). *Canícula, imágenes de una niñez fronteriza*. Boston, MA: Houghton Mifflin Company.

Cantú, N. E. (2007). Norma E. Cantú. Interview by Gabriella Gutiérrez y Muhs. En G. Gutiérrez y Muhs (Ed.), *Communal feminisms: Chicanas, chilenas, and cultural exile: theorizing the space of exile, class, and identity* (pp. 19–38). Lanham, MD: Lexington Books.

Cantú, N. E. (2019). *Cabañuelas: a novel*. Albuquerque. NM: University of New Mexico Press.

Cordingley, A. (2013). Introduction: self-translation, going global. En A. Cordingley (Ed.), *Self-translation: Brokering Originality in Hybrid Culture* (pp. 1–10). London: Bloomsbury Academic.

Cordingley, A. (2013). The passion of self-translation: a maso-critical perspective. En A. Cordingley (Ed.), *Self-translation: Brokering Originality in Hybrid Culture* (pp. 81–94). London: Bloomsbury Academic.

[DRAE] Real Academia Española. 2019. *Diccionario de la lengua española*. www.rae.es [20 de enero de 2020]

Gómez de Silva, G. (2001). *El diccionario breve de mexicanismos*. México D.F.: Academia Mexicana de la Lengua y Fondo de Cultura Económica. https://www.academia.org.mx/obras/obras-de-consulta-en-linea/diccionario-breve-de-mexicanismos-de-guido-gomez-de-silva [20 de enero de 2020]

Grande, R. (2012). *The Distance between us*. New York: Washington Square Press.

Gutiérrez y Muhs, G. (2017) Introduction. Norma Cantú's *Frontera*: Exile, the Law, Space, Hybridity, and a Little Poetry. En G. Gutiérrez y Muhs (Ed.), *Word*

Images: New Perspectives on Canícula *and other Works by Norma Elia Cantú* (pp. 3–26). Tucson, AZ: the University of Arizona Press.

Hokenson, J. (2013). History and the self-translator. En A. Cordingley (Ed.), *Self-translation: Brokering Originality in Hybrid Culture* (pp. 39–60). London: Bloomsbury Academic.

Morton, C. (1988). *Johnny Tenorio*. Houston: Players Press.

Rodríguez-Rabin, R. (2017). A Discourse of Norma E. Cantú's Canícula: *Snapshots of a Girlhood* en la Frontera and the World of Nepantla y Nepantlera. En G. Gutiérrez y Muhs (Ed.), *Word Images: New Perspectives on* Canícula *and other Works by Norma Elia Cantú* (pp. 168–185). Tucson, AZ: the University of Arizona Press.

Sibaja García, C. (2017). The alternative lives of Azucena in Norma E. Cantú's *Canícula*. En G. Gutiérrez y Muhs (Ed.), *Word Images: New Perspectives on* Canícula *and other Works by Norma Elia Cantú* (pp. 158–167). Tucson, AZ: the University of Arizona Press.

Laura Sanfelici
Universidad de Génova

Entre culturemas y «madrilemas» en *La ciudad sentida* de Manuel Longares

1. Introducción

El presente artículo pretende ofrecer una mirada de conjunto sobre la traducción de los *culturemas* a través de algunas propuestas de traducción al italiano de unos ejemplos que aparecen en la obra *La ciudad sentida* de Manuel Longares (2007).

Como afirma Mayoral-Asensio:

> El tema de la traducción de las diferencias culturales ha recibido ya suficiente atención en la literatura de nuestro campo para merecer cierta reflexión de conjunto. (...). Los problemas específicos de lo conceptual y la denominación en cuanto a las diferencias culturales en relación con su traducción se suman a las discrepancias que se suscitan inevitablemente cuando a este tipo de consideraciones se añaden otras respecto a las soluciones de traducción: procedimientos expresivos y estrategias de traducción (1999, p. 67)

Traducir culturemas puede ser un desafío para los traductores, ya que, como afirma Hurtado Albir (2001):

> No existen soluciones unívocas ni técnicas características para la traducción de los culturemas, sino una multiplicidad de soluciones y de técnicas en función del contacto entre las dos culturas, del género textual en que se inserta, de la finalidad de la traducción, etc. Las técnicas utilizadas son variopintas, y su uso es siempre funcional: adaptación, amplificación (paráfrasis, nota), generalización, elisión, préstamo naturalizado, etc. La perspectiva traductora es, una vez más, funcional y dinámica. (p. 615)

Después de trazar el marco teórico de la traducción como comunicación intercultural, nuestro trabajo introducirá algunos rasgos del autor y de su obra literaria, para luego pasar al análisis de las propuestas de traducción de algunos fragmentos de los cuentos *Soñadores*, *De vacaciones*, *Aniversario* y *Canto del cisne* a través de la técnica de la *amplificación* (Molina, 2006).

2. Hacia una definición de *culturema*

Si queremos empezar dando una definición del término teniendo en cuenta su primer uso su primer uso, según Mayoral Asensio (1999), Nord cita la siguiente definición de *culturema:* «Un fenómeno social de una cultura A que es considerado relevante por los miembros de esta cultura y que, cuando se compara con un fenómeno social correspondiente en la cultura B, se encuentra que es específico de la Cultura A», atribuida a Vermeer (1983, p. 8), aunque en una conferencia pronunciada en Granada en 1996, la atribuyera a Oksaar (1988).

Según Molina (2006), los elementos culturales no deben plantearse como elementos propios de una única cultura, habitualmente la cultura origen, sino como la consecuencia de un trasvase cultural. Si concebimos el procedimiento general de la traducción como un proceso de comprensión (semasiológico), de búsqueda del contexto lingüístico de la LO en el que se localizan los problemas de traducción y su naturaleza, y otro de expresión (onomasiológico), en el que el traductor resuelve los problemas concretos y busca las expresiones para reproducir el contenido en el texto de llegada, el conocimiento de las teorías sobre el lenguaje resulta una herramienta fundamental. La labor traductora supone no solo un dominio de los distintos niveles lingüístico (fónico, morfosintáctico, léxico) de las dos lenguas, sino conocimientos generales de índole extralingüística, cultural y del tema tratado en el texto. Nord (2009), propone una distinción entre *problemas* y *dificultades* de traducción:

> Un problema de traducción es un problema objetivo que describe en cuatro categorías: problemas específicos del texto, problemas relacionados con la tarea de traducción, problemas relacionados con la cultura de llegada, problemas causados por diferencias lingüísticas entre texto de partida y de llegada. (p. 233)

Las *dificultades* son subjetivas y están relacionadas con el traductor y las condiciones en que trabaja. Sobre los problemas, Nord (2009) afirma:

> En cualquier proceso de traducción o interpretación, se enfrentan dos situaciones comunicativas: una en la que se emplea el texto base como signo para la comunicación entre un emisor y un receptor de la cultura base, y otra en la que se empleará el texto meta para la comunicación entre el autor del texto base u otro emisor y los receptores de la cultura meta. Según los factores situacionales, el traductor encuentra problemas que resolver. (p. 234)

Nord emplea el término *cultura*, confirmando lo que decía Coseriu, que veía el lenguaje no solo como parte de la cultura, sino también como condición que hace posible la cultura misma. Para Coseriu (1981), esta relación se da fundamentalmente en tres sentidos diferentes:

> Por un lado, el lenguaje mismo es una forma primaria de la "cultura", de la objetivización de la creatividad humana (...) Por otro lado, el lenguaje refleja la cultura no lingüística; es la "actualidad de la cultura" (Hegel), es decir, que manifiesta los "saberes", las ideas y creencias acerca de la "realidad" conocida (también acerca de las realidades "sociales" y del lenguaje mismo en cuanto sección de la realidad). Además de esto, no se habla solo

> con el lenguaje como tal, con la "competencia lingüística", sino también con la "competencia extralingüística", con el "conocimiento del mundo", o sea, con los saberes, ideas y creencias acerca de las "cosas"; y el "conocimiento del mundo" influye sobre la expresión lingüística y la determina en alguna medida. (p. 17)

Son muchos los estudios que abordan el tema del *trasvase* de los elementos culturales presentes en un texto (Nida [1945], 1975 Vlakhov-Florin, 1970; House, 1973; Newmark, 1988; Nord, 1994) y todos coinciden en que es uno de los mayores desafíos que tienen que afrontar los traductores. Cronológicamente, Nida, en su conocido artículo *Linguistics and ethnology in translation problems* (1945), fue el primero en enfatizar la estrecha relación entre cultura y traducción:

> The linguistic and the ethnologist are more or less conscious of the relationship between their respective fields of research. Almost all would recognize that language is best described as a part of a culture, and it soon becomes evident to those doing field-work in descriptive linguistics that one who has had some training in social anthropology has a distinct advantage in dealing with many types of semantic problems, particularly those in which the culture under consideration is quite different from his own. Nevertheless, despite a well recognized relationship between linguistics and ethnology on the part of some, the practical value of the relationship is often overlooked and vaguely defined. (p. 194)

En realidad, para Nida el acto traslativo no solo se produce entre dos lenguas diferentes, sino también entre dos culturas diferentes y el traductor: «ought to be constantly aware of the contrast in the entire range of culture represented by the two languages. Nevertheless, the problems of translation have seldom been studied from this point». (p. 194). Nida va más allá, y afirma que:

> (...) the cultural situation in both languages must be known in translating, and the words which designate the closest equivalence must be employed. An examination of selected problems in various aspects of culture will make it possible for one to see more clearly the precise relationship of cultural information to the semantic problems encountered in descriptive linguistics. Translation problems, which are essentially problems of equivalence, may be conveniently treated under (ecology). (2) material culture, (3) social culture, (4) religious culture, and (5) linguistic culture. (p. 196)

La propuesta de Newmark (1988) es una adaptación de la de Nida y resulta interesante ya que en su catalogación de «palabras culturales extranjeras» añade hábitos y gestos, como elemento paraverbal. Vlakhov y Florin (1970) introducen el término «realia». Calvi (2006) utiliza el apelativo de «términos culturales» para referirse tanto a las palabras que no tienen referente en otras culturas como a las acepciones culturalmente marcadas de términos corrientes. Como ya hemos dicho, el término *culturema* se suele atribuir a los teóricos funcionalistas (Vermeer y Nord), que lo toman de la *Kulturemtheorie* de Oksaar (1988). Molina (2006) aboga por el término *culturema* por diferentes razones:

> En primer lugar, porque la definición que de él hace Nord es en la que basamos la nuestra; también porque encontramos acertado recurrir al sufijo 'ema', utilizado por la Lingüística, que hace que sea fácilmente inteligible; y, por último, porque resulta más cómodo y claro utilizar una sola palabra que un par como palabras / elementos / marcas culturales. (p. 77)

Consideramos que una de las explicaciones más significativas es la que propone Molina (2006):

> Con excepción de la corriente funcionalista, que recoge en su definición de culturema las nociones de contexto y función textual, el resto de las propuestas teóricas coinciden en abordar los culturemas como elementos estáticos, considerando que éstos funcionan siempre como culturemas con independencia del contexto en que se encuentran. Es decir, descuidando su dimensión dinámica. (...). Contemplar el componente dinámico de los culturemas a la hora de analizarlos supone, por un lado, ampliar los factores que se deben tener en cuenta en su tratamiento (el contexto situacional, las lenguas en juego, la función textual, el propósito de la solución adoptada en su traducción...); por otro lado, desligarlos de la concepción de elementos estáticos, así como incluir en su estudio la perspectiva dinámica que debe acompañar al análisis traductológico. (p. 78)

Hurtado Albir (2001, p. 29) afirma que: «La finalidad comunicativa de la traducción, nacida de la necesidad de comunicación para subsanar la barrera de la diferencia lingüística y cultural, es crucial en la reflexión sobre la traducción». De hecho, cualquier observación sobre la traducción debe tomar en consideración algunos principios básicos, como por ejemplo: «la traducción se dirige a un destinatario que necesita de la traducción al desconocer la lengua y la cultura en la que está formulado el texto original» (2001, p. 29). Molina (2006) propone en su clasificación de ámbitos culturales los siguientes: medio cultural, patrimonio cultural, cultura social y cultura lingüística. Además de incluir el ámbito de la «ecología» de Nida, es decir, flora, fauna, fenómenos atmosféricos, vientos, climas, etc., el medio natural incluye el «ambiente cultural» de la catalogación de Nord (1994), en el que aparecen tanto los paisajes naturales como los creados por el hombre. Se recoge también la cuestión de los topónimos, cuando estos tienen un significado y una función concreta en el texto.

3. El Madrid de Manuel Longares

Dentro del panorama literario español actual destaca la figura de Manuel Longares, autor madrileño que desde 2001, fecha de publicación de su sexta novela, *Romanticismo*, se ha convertido en uno de los nombres imprescindibles de la narrativa del siglo XXI. En *Romanticismo*, novela de corte realista que se aleja del gusto al enredo y a la distorsión típicos de su literatura, asistimos a la celebración de uno de los temas más recurrentes en su obra: Madrid. En la que es la capital de España, Longares vino al mundo un 2 de agosto de 1943. Se trataba entonces de una ciudad recién salida de la Guerra Civil y que había sido intérprete principal y protagonista del conflicto debido a los tres largos años de asedio que sufrió por parte de las tropas franquistas. Madrid, ese espacio urbano que nunca ha abandonado y del que se aleja raramente y con mucha desgana, es una de sus señas de identidad literarias. En *Romanticismo*, así como en las obras posteriores – los cuentos *La ciudad sentida* (2007), *Las cuatro esquinas* (2011) *Los ingenuos* (2013) – y, solo en parte, *Nuestra epopeya* (2006), asistimos a una personificación de Madrid que no se realiza a través de largas descripciones de ambientes y de los atributos humanos de la urbe, sino gracias a una rigurosa labor de acercamiento al ambiente social realizado en dosis homeopáticas, pero bien distribuidas a lo largo del texto, elementos típicos del casticismo madrileño. Esto permite una lenta pero constante aclimatación del lector al ambiente social y cultural de la capital.

En los últimos años, Longares le ha otorgado protagonismo a otra de sus pasiones, la música. *El oído absoluto* (2016) y *Sentimentales* (2018) son novelas que, aunque recorren caminos diferentes, llevan al lector al mundo de las zarzuelas, de los sainetes y de la música en su acepción más general. En la que es, hasta la fecha, su última novela, *Sentimentales*, Longares abandona el tema de la literatura para entregar totalmente el texto a la música. Al mismo tiempo, también abandona su habitual escenario madrileño para trasladarse a una pequeña ciudad imaginaria donde todo, desde el nombre de las calles hasta el nombre del periódico, se relaciona con la música. Volvemos a subrayar que *Sentimentales* representa la celebración del gusto por el enredo que Longares manifiesta en todas sus novelas. El éxito de *Romanticismo* en 2001 llamó la atención de críticos y lectores sobre las obras anteriores de Longares, cinco novelas publicadas entre 1964 (*El enfermo*) y 1995 (*No puedo vivir sin ti*). En el medio, la trilogía *La vida de la letra* compuesta por *La novela del corsé* (1979), *Soldaditos de Pavía* (1984) y *Operación Primavera* (1992). Se trata de obras en las que ya se entrevén temas y formas que irán conformando su mundo literario, Madrid, la música, el humor, y el gusto por construir complicadas estructuras literarias.

3.1 *La ciudad sentida*

Se trata de cincuenta y tres cuentos agrupados en tres apartados: *Leyendas*, *Personajes* e *Historias*, para descubrir una ciudad que el mismo autor, en el prólogo, define así:

> (...) una ciudad arraigada en el mapa y con muchos siglos de historia, una ciudad que pese a presentarse tal cual es, sin modificar el nombre de sus calles, ni el curso de su río

> ni la ubicación de sus monumentos, no parece la misma cuando se somete a la diserción del cronista igual que el cadáver del bisturí del forense y en algún punto de su geografía muestra la cara oculta de la evidencia, ese hallazgo del que recelamos en principio, achacándolo a infidelidad de nuestra vista, cansada de indagar en tinieblas, aunque poco a poco absorbe nuestra atención y, a la manera del faro de la locomotora en la noche, que parpadea a lo lejos y conforme se acerca avasalla y deslumbra, así nuestro descubrimiento se acredita a fuerza de ser observado, por más que esa fisura abierta en el catastro no provenga de intereses económicos, como suele suceder, sino de una especulación literaria expresada por la vía del cuento. (Longares, 2007, p. 13)

Con la mirada de un hombre discreto, en la que se mezclan comprensión y asombro, Longares afirma que en la ciudad que estás acostumbrado a ver:

> (...) un día observas algo que siempre estuvo en ella, pero que tú hasta ese día no lo habías advertido. A partir de entonces, la ciudad que habitas te resulta diferente. Ese día descubres una vida nueva en un ámbito que creías conocer y esa vida es lo que quiero contar en mi libro mediante unas formas narrativas estructuradas en piezas breves, que intencionadamente participan del cuento, del retrato, del artículo y de la estampa con la pretensión de que de esta mezcla de géneros nazca un híbrido original. (Encinar 2009, p. 336)

En este segundo libro de relatos (el primero es *Extravíos*, de 1999), Longares, con una narración perfectamente elaborada y entretejida, propone un continuo desplazamiento hacia adelante o hacia atrás en diferentes puntos del tiempo, también a través de la intersección de las diferentes clases sociales. Como un cronista o un retratista, y con mucho afecto castizo, elige la ciudad como tema y como protagonista de la narración, como eje de referencia que la articula y la vertebra, con relaciones sutiles que conectan unos textos con otros.

Contestar a una pregunta sobre las afinidades con otros escritores que han escrito sobre Madrid no es nada fácil:

> Pues me he parado demasiado a reflexionar sobre esto. Si me pongo a buscar afinidades podría citar a Cela, al Cela de "La colmena", una novela que me influyó muchísimo. Pero también está el Madrid de Pérez Galdós, el de García Hortelano y el de Juan Eduardo Zúñiga, por supuesto, que coge una circunstancia grave, como es la guerra, y se pone a elucubrar. Ahí está uno de sus grandes cuentos, "Rosa de Madrid", donde la protagonista no sabe si la persiguen o no, pero termina escondida, aullando de puro terror. Si a Zúñiga lo trasplantas a la actualidad y te preguntas cuál es su Madrid, te das cuenta de que está muy polarizado por el tiempo de la guerra. En mi caso, yo no puedo contar la guerra porque no la viví. Para mí Madrid es un espacio, un acompañante, es como si lo llevase incorporado. Pienso en Umbral[1] y me doy cuenta de que en su caso sí hay una

1 Umbral publicó en 1983 el *Diccionario Cheli*, en el que recogió expresiones que se podrían definir una jerga juvenil de los tiempos de la movida madrileña.

voluntad de retratar el alma de la ciudad, pero yo no llego a eso, no pretendo meterme a fondo en ella y sacarle las entrañas. Umbral tiene más intención de escritor, de ir a la psicología de la ciudad. (Rodríguez, 2013)

4. El uso de la técnica de la amplificación: algunos ejemplos

Los ejemplos sacados de los cuentos que presentamos tienen como hilo conductor el uso de la *amplificación* como técnica de traducción. Como afirma Hurtado Albir (2001), en primer lugar, es desambiguar las nociones de método, estrategia y técnica de traducción:

> Cada una de las soluciones por las que opta el traductor en el momento de traducir un texto responde a una opción global que recorre todo el texto (el método traductor) y que se rige por la finalidad de la traducción; pero existen también otras opciones que afectan a microunidades textuales. En este sentido hay que distinguir, por ejemplo, entre el método literal y el método de adaptación, que representan una opción del traductor que recorre todo el texto, y el uso de las técnicas de traducción literal y de adaptación que afectan a unidades pequeñas. (...). Existe una relación entre el método elegido y las técnicas utilizadas; así, por ejemplo, en una traducción cuyo método traductor tenga como objetivo realizar una versión exotizante, sin duda, una de las técnicas de traducción que empleará el traductor frecuentemente será el préstamo. (p. 267)

La propuesta de Hurtado Albir (2001) incluye dieciocho técnicas, entre las que encontramos la *amplificación* que, tal y como explica la autora, se usa cuando:

> Se introducen precisiones no formuladas en el texto original: informaciones, paráfrasis explicativas, notas del traductor, etc. Ej. En una traducción del árabe al castellano *el mes del ayuno para los musulmanes* junto a *Ramadán*. Abarca la explicitación de Vinay y Darbelnet, la adición de Delisle, la perífrasis legítima e ilegítima de Margot, la perífrasis explicativa de Newmark y las perífrasis y paráfrasis de Delisle. (p. 269)

Esta técnica, que se opone a la *elisión*, prevé también el uso de la nota a pie de página, que hemos preferido evitar para no entorpecer la lectura.

A propósito de las decisiones del traductor, como bien subrayan Liverani y Carmignani (2012), hay que tener en cuenta la influencia ejercida por quien encarga el trabajo, ya que:

> La mayor o menor visibilidad de la cultura del texto de partida en el texto de llegada es rara vez reservada a la decisión del traductor, que difícilmente trabaja en una edición dirigida a una única tipología de lectores y, por lo general, se ve obligado a complacer no tanto al experto sino al profano, numéricamente más fuerte, máxime dentro de la realidad editorial de Italia, país situado entre los últimos de Europa en consumo de libros. (2012, p. 114)

a. *Soñadores*[2]

La anécdota de *Soñadores* se ubica temporalmente a finales de los años cincuenta y tiene como referencia espacial el parque del Retiro:

> A fines de los años cincuenta, cuando los chavales se cansan de jugar a policías y ladrones en el parque del Retiro, escapan por la Montaña de los Gatos y la explanada de Menéndez Pelayo hasta la calle Antonio Acuña, donde en la escalinata correspondiente a la salida trasera del cine Tívoli contemplan imágenes más turbadoras que las que en él puedan proyectarse. (Longares, 2007, p. 166)

El cine se convierte en lugar simbólico ya que durante la dictadura franquista la protagonista, o sea la menos atractiva de las dos que paseaban al perro en el alumbrado de los faroles de gas, al terminar el colegio y matricularse en la Facultad de Filosofía y Letras: «se entregó a la disidencia política y organizó la histórica sesión de cine en la que no se ofreció la película anunciada, sino otra prohibida por la censura, cuyo título de acorazado soviético electrizaba a los universitarios de cabello largo y tinte existencialista». (Longares 2007, p. 166). La chica piensa haber conseguido también la admiración del acompañante de su amiga guapa interpretando un beso inocente como una toma de conciencia política. Pasan los años y cuenta Longares que:

> Por las calles que frecuentaron las chicas del perrito en el franquismo, se ha visto en la democracia a la hermosa y al cinéfilo. Ella va cargada de periódicos y discute con su pareja, que lleva de la mano a su hijo. Por el noticiario de la tele supieron que su camarada fea había sido nombrada directora general por los socialistas. (Longares 2007, p. 167)

Como afirma Encinar (2014, p. 11): «las convicciones políticas de la joven no agraciada le han conducido al éxito en la nueva etapa de gobierno socialista, mientras que el cinéfilo incongruente acepta su fracaso y se resigna a su malograda suerte». Cuenta Longares que:

> De aquella entrevista política él regresó con la memoria escarnecida de su libertad frustrada. En las escalinatas del cine Tívoli se sentaban los hijos de los que jugaron en el Retiro a policías y ladrones. (Longares, 2007, p. 167)

Para el traductor, el cuento presenta muchos elementos que, según Molina (2006), pertenecen a la categoría de patrimonio cultural, en la que se encuentran las referencias físicas o ideológicas que comparte una cultura. Por ejemplo, en el cuento, observamos que los chavales se escapan por la montaña de los Gatos y la

---

2 *Soñadores, De Vacaciones, Aniversario* y *Canto del cisne* son cuatro cuentos de *La ciudad sentida (2007).*

disidencia política organiza una sesión de cine prohibida por la censura. Es una categoría en la que encuentran cabida la función referencial de Nord (2009), la cultura material y la cultura religiosa de Nida ([1945], 1975) la cultura material de Newmark (1988) y la categoría de realia folklóricos y mitológicos de Vlakhov y Florin (1970). En *La ciudad sentida,* esta categoría está ampliamente representada: encontramos hechos históricos -la sublevación contra la Segunda República de 1936- (p. 169), festividades: desde la feria de San Isidro (p. 17) al Primero de mayo franquista (p. 72), el baile -como el chotis, (p. 27), lugares conocidos (sería imposible nombrar todas las calles, las plazas y los lugares de la ciudad, por ejemplo, el café Gijón). En este cuento aparece la Montaña de los Gatos, culturema que podríamos definir madrileño, atreviéndonos a acuñar el término «madrilema» porque es propio de la cultura de la capital. De su historia sabemos que, cuando Fernando VII promovió la recuperación de los Jardines del Buen Retiro, se construyeron también varios *caprichos* románticos, edificios de tipo recreativo reservados al disfrute de la familia real y de los que solo se conservan algunos, como la Montaña Artificial o Montaña Rusa, como aparece indicada en los planos del siglo XIX. Después, en una época de abandono, fue conocida como la Montaña de los Gatos. Del *capricho* que coronaba la montaña apenas queda un muro de piedra que rodea una construcción cilíndrica que tal vez servía de base al templete.

La traducción de: «A fines de los años cincuenta, cuando los chavales se cansan de jugar a policías y ladrones en el parque del Retiro, escapan por la Montaña de los Gatos (….)» podría llevarse a cabo a través de una *amplificación* (Molina 2006, p. 102).

Esta solución permite conseguir un buen equilibrio entre *domesticación* y *exotización* (Venuti, 1995), proporcionándole al lector la herramienta lingüística para entender el contexto y manteniendo, al mismo tiempo, la esencia típica de la cultura madrileña:

Alla fine degli anni cinquanta, quando i ragazzini si stancano di giocare a guardia e ladri nel parco del Retiro e scappano correndo su per la collinetta conosciuta come la Montaña de los Gatos(….).

b. *De vacaciones*

Con estas palabras empieza el cuento *De vacaciones*:

> No voy a contarles lo cómodo que está Madrid en agosto, aunque también es verdad que al cabo de los días se echa de menos a la gente. Quizá sea por la falta de costumbre

> o porque esta ciudad no se explica sin barullo, pero cuesta darle razón al marqués de la Valdavia. Dice el marqués que 'Madrid, en verano, sin familia y con dinero, Baden-Baden'. (Longares, 2007, p. 181)

Con estas palabras, Longares nos introduce en un Madrid abandonado por sus habitantes en los meses del verano y lo hace a través de un dicho del marqués de la Valdavia, que más tarde daría título a la obra de Ignacio Aldecoa *Los pájaros de Baden Baden* (1965), en la que dichos pájaros son las personas que pululan por Madrid en los meses estivales. Longares no ha elegido los lugares del cuento al azar, y, en su recorrido, el protagonista del cuento dice:

> Hoy he paseado de largo por la fachada y he bajado por la puerta de Alcalá, y al llegar al punto donde se enemistaron Valle Inclán y Baroja, he cambiado de acera para meterme por Marqués de casa Riera y Los Madrazo, como si deseara informarme del programa doble del cine Gong y, de carambola, tropezarme con Azorín junto a las fotos de la cartelera y verlo alejarse luego hacia su calle de Zorrilla con la mirada perdida y el atuendo británico, a pesar de la que cae. (Longares, 2007, p. 181)

Pasea luego al lado del hotel Palace, residencia de Julio Camba y tampoco se olvida de la última casa de Baroja en la calle Ruiz Alarcón. Siguiendo el paseo del protagonista, nos encontramos en la acera del Banco de España, donde espera encontrar «a la vivaracha dama de la boina ladeada y de la sonrisa permanente». (p. 183), o sea, a Carmen Martín Gaite. Como afirma Encinar (2014):

> Más que en ningún otro relato "se siente" a esta ciudad y a sus habitantes que son los que le dan vida y con su ausencia se impone un sentimiento de nostalgia y desolación. El narrador, a través de un proceso de convergencia con los espacios rememorados y con los individuos que los habitaban, ha logrado transmitir al lector la vivencia de un universo literario en principio ajeno, pero no exento de intimismo. (p. 12)

Desde el punto de vista traductológico, además del patrimonio cultural, encontramos también el ámbito de la cultura social que incluye no solo convenciones y hábitos sociales, sino también la organización social misma como tratamiento, cortesía, modo de vestir, costumbres, sistemas políticos. Como afirma Molina (2006):

> Esta categoría coincide con la cultura social de Nida, así como la de Newmark y con las palabras culturales que este autor engloba en organizaciones y costumbres. También coincide con los comportamientos culturales que responden a las funciones fática, expresiva y apelativa, y las condiciones del texto referentes al modo de vivir del modelo de Nord. (p. 81)

Este «Madrid que en agosto te guarda la ausencia de los amigos» (Longares, 2007, p. 181) explica una costumbre, como lo hace el refrán «Madrid, en verano, sin familia y con dinero, Baden-Baden»; constituye un ejemplo de cultura lingüística que incluye principalmente refranes, frases hechas, interjecciones, blasfemias, etc., cuyo grado de aceptación por parte de una cultura, como dice Molina (2006, p. 82): «puede provocar una disfunción entre un texto y su traducción».

Queda pendiente un ejemplo de traducción a través de una *amplificación*: «dama de la boina ladeada y de la sonrisa permanente»; se podría traducir al italiano introduciendo una aclaración no formulada, ya que innecesaria, en el texto original. La propuesta es la siguiente:

Dama dal baschetto su un lato e sempre sorridente, Carmen Martín Gaite.

Sin la *amplificación*, difícilmente, el lector de la lengua meta comprendería que se está hablando de la famosa escritora. Es la ventaja de esta estrategia, que evita la nota a pie de página y no influye en la fluidez de la narración.

c. *Aniversario*

Pepe y Pepa protagonizan *Aniversario*, título que remite a la celebración del día 20 de noviembre que ambos realizan desde hace años y para cuya cena él exige una perdiz cazada en los montes de El Pardo. Nos cuenta Longares (2007) que Pepe:

> (...) tampoco avisa en el mercado de San Miguel de que se acerca el momento de adquirir el artículo que encarga todos los años desde 1976. Entre otras razones, porque quien le despacha ha asumido el capricho de su parroquiano como una consecuencia de la fidelidad histórica y de la solidaridad obrera, hasta el punto de que no cursa este pedido a su mayorista, sino que el mismo se arriesga con la escopeta por los montes de El Pardo en el domingo previo al día de la conmemoración. Porque esa procedencia geográfica es la que Pepe exige para celebrar con garantía el aniversario de la muerte de quien durante tanto tiempo habitó en el palacio de aquella periferia, entre perdices como la que se cobra el tendero. (p. 92)

No faltan en el cuento, como acabamos de leer, referencias físicas o ideológicas que constituyen el patrimonio de una «cultura». Otro fragmento sumamente interesante para un estudio sobre los culturemas es la narración de lo que hacen los protagonistas después de la cena para celebrar el periodo «más puro de sus vidas», cuando escuchan: «la música del cantautor de voz rota que fue banderín de enganche de los disconformes como ellos. Pepe y Pepa recitan con la cabeza baja su himno al viento y luego chocan los vasos chatos de whisky» (2007, p. 93). Se hace referencia aquí a la célebre canción *Al vent* de Raimon, cantautor valenciano símbolo de la oposición antifranquista, que emocionaba a la gente cuando ejecutaba los primeros acordes de su canción más emblemática con su voz poderosa.

A través de la técnica de la *amplificación* (Molina, 2006), nuestra propuesta de traducción podría ser la siguiente:

Pepe y Pepa intonano con la testa bassa il loro inno Al Vent, *canzone simbolo dell'antifranchismo, brindando con i bicchieri da whisky.*

Como en el ejemplo precedente, se ha mantenido coherencia en la elección del método traductor, operando con la misma técnica en la microunidad textual.

d. *Canto del cisne*

La protagonista de este cuento es amiga de Pepe y Pepa, protagonistas del cuento *Aniversario*. La referencia intratextual nos lleva a los años de la oposición a la dictadura, precisamente a «un mes de abril en que su oposición a la dictadura del Generalísimo –alimentada por la soledad de una adolescencia en carne viva– la condujo hasta la avenida Séneca, con su abrigo corto y pelo cardado» (Longares 2007, p. 107). La manifestación estudiantil que finalizó con una carga de la policía en la que «para protegerse de un fustazo imaginario se tocó la garganta y con la dulzura de la sangre derramada sintió desprenderse el collar» (p. 107) es el tema del cuento que, como *Aniversario*, termina contando los últimos años de la protagonista. Este es el cuento en el que más se mezclan patrimonio cultural, cultura social y cultura lingüística. El mayor desafío de este cuento es, para el traductor, el segundo párrafo, cuando Longares ubica a la protagonista en la escena de la manifestación: «En ese páramo sin burladores se había situado, igual que don Tancredo ante el Toro en la inmensidad de la plaza (…)» (p. 107). En el mundo taurino, «hacer el don Tancredo» o «dontancredismo» significa quedarse quieto mientras el toro pasa muy cerca. Es resistir y vencer. Se trata de una figura taurina (suerte o lance, si utilizamos términos de la tauromaquia). El inventor de esta suerte fue el banderillero valenciano Tancredo López, que popularizó esta figura hacia la mitad del siglo XX. Newmark (1992) habla de «foco cultural» para referirse a aquellos campos del discurso que no tienen equivalencia en la cultura de llegada y en los que una comunidad centra su atención en un tema particular. Los términos sobre la tauromaquia son un ejemplo de su aportación teórica. Newmark subraya así la diferencia entre el lenguaje universal, el lenguaje cultural y el personal (1992, p. 133).

La propuesta a través de la *amplificación* podría ser la siguiente:

(...) fingendosi una statua, come Don Tancredo di fronte al toro nell'immensità dell'arena.

El lector entendería perfectamente el estado de ánimo de la protagonista, y el texto no se vería privado de un componente esencial de la cultura del TO. Eliminando el elemento cultural, el traductor le quitaría exotismo al texto, como se puede ver en el ejemplo que sigue:

Si era collocata, immobile, nell'immensità della piazza.

5. Conclusiones

Como hemos visto, existe una gran diversidad de definiciones para indicar aquellos elementos propios de la realidad cultural; referentes culturales, palabras culturales, marcas culturales, términos o elementos culturales, realia, culturemas, etc. Sin embargo, a modo de conclusión, podemos compartir la afirmación de Molina (2006, p. 789), según la cual, existe una serie de rasgos compartidos por los culturemas: los culturemas no existen fuera de contexto, sino que surgen en el seno de una transferencia cultural entre dos culturas concretas y la actuación de un culturema como tal depende del contexto en el que aparezca.

La suma de los culturemas de una lengua, junto con otros elementos ideológicos de la misma, forman una red de ideas, valores, principios de acción, consejos, anticipaciones, explicaciones de cómo es el mundo, etc. Todo ello contribuye a configurar una visión global de la existencia. Para acortar la distancia intercultural y transmitir la máxima totalidad de la carga semántica/ cultural/ pragmática de los culturemas, los traductores activan un amplio abanico de estrategias y técnicas de traducción, que vienen determinadas, principalmente, por el grado de traducibilidad del culturema en cuestión. Todo esto implica un gran desafío y el resultado final será el conjunto de las decisiones macro y microtextuales.

Referencias

Aldecoa, I. (1965). *Los pájaros de Baden Baden*. Madrid: Ediciones Cid.

Calvi M. V. (2006). *Lengua y comunicación en elespañol del turismo*. Madrid: Arco Libros

Coseriu, E. (1981). La socio- y la etnolingüística. Sus fundamentos y sus tareas. *Anuario de Letras: Lingüística y filología*, *19*, 5–30.

Encinar, Á. (2009). Entrevista con Manuel Longares: escribir es encontrar un estilo, *Anales de la literatura española contemporánea*, *34*(1), 327–336.

Encinar, Á. (2014). De la ciudad sentida a Las cuatro esquinas de Manuel Longares: un itinerario entre la historia y la ficción. *Ínsula: revista de letras y ciencias humanas*, *815*, 11–13.

House J. (1973). On the limits of translability. *Babel*, *19*(4), 166–167

Hurtado Albir, A. (2001). *Traducción y traductología. Introducción a la traductología*. Madrid: Cátedra.

Liverani, E., y Carmignani, I. (2012). Los culturemas en las traducciones literarias del español al italiano. En E. Liverani, (Ed)., *Contributi di lingua e traduzione spagnola* (pp. 111–128). Trento: Tangram Edizioni Scientifiche.

Longares, M. (1964). *El enfermo*. Madrid: Editora Nacional.

Longares, M. (1979). *La novela del corsé*. Barcelona: Seix Barral.

Longares, M. (1984). *Soldaditos de Pavía*. Barcelona: Seix Barral.

Longares, M. (1992). *Operación primavera*. Madrid: Mondadori.

Longares, M. (1995). *No puedo vivir sin ti*. Barcelona: Planeta.

Longares, M. (1999). *Extravíos*. Madrid: Alfaguara.

Longares, M. (2000). *Romanticismo*. Madrid: Alfaguara.

Longares, M. (2006). *Nuestra epopeya*. Madrid: Alfaguara.

Longares, M. (2007). *La ciudad sentida*. Madrid: Alfaguara.

Longares, M. (2011). *Las cuatro esquinas*. Barcelona: Galaxia Gutenberg.

Longares, M. (2013). *Los ingenuos*. Barcelona: Círculo de Lectores.

Longares, M. (2014). *La vida de la letra*. Barcelona: Galaxia Gutenberg.

Longares, M. (2016). *El oído absoluto*. Barcelona: Galaxia Gutenberg.

Longares, M. (2018). *Sentimentales*. Barcelona: Galaxia Gutenberg.

Mayoral Asensio, R. (1999). La traducción de las referencias culturales. *Sendebar*, *10*–11, 67–88.

Molina, L. (2006). *El otoño del pingüino. Análisis descriptivo de la traducción de los culturemas*. Castelló de la Plana: Publicaciones de la Universidad Jaume I.

Newmark, P. (1988). *A textbook of translation*. New York: Prentice Hall International.

Newmark, P. (1992). *Manual de traducción*. Madrid: Cátedra.

Nida E. A. ([1945]1975) Linguistics and ethnology in translation problems. En E. A. Nida (Ed.), *Exploring Semantic Structures* (pp. 194–208). Munich: Wilhelm Fink Verlag. https://doi.org/10.1080/00437956.1945.11659254 [Última consulta: febrero de 2020]

Nord, C. (1994). It's tea-time in wonderland. Culture markers in fictional texts. En H. Pürschel et al (Eds.), *Intercultural communication*, (17th International L.A.U.D. Symposium, Duisburg, 1992). (pp. 523–538). Frankfurt am Main: Peter Lang.

Nord, C. (1997). *Translating as a Purposeful Activity. Functionalist Approaches Explained*. Manchester: St. Jerome.

Nord, C. (2009). El funcionalismo en la enseñanza de la traducción. *Mutatis Mutandis: Revista Latinoamericana de Traducción*, *2*(2), 209–243

Oksaar, E. (1988). *Kulturemtheorie. Ein Beitrag zur Sprachverwendungsforschung*. Gottinga: Vandenhoeck & Ruprecht.

Rodríguez, E. (2013). Manuel Longares: Madrid es la ciudad que aguanta todo, la percha de los golpes. Recuperado de http://www.nuevatribuna.es. [Última consulta: febrero de 2020]

Vermeer, H.J. (1983). Translation Theory and Linguistics. En P. Roinila, R. Orfanos y S. Tirkonnen-Condit (Eds.). *Näkökphtina Känämisen tuckimuksesta Joensuun kokea Koulu* (pp. 1–10). Joensuu: University of Joensuu.

Umbral, F. (1983). *Diccionario Cheli*. Barcelona: Ed. Grijalbo.

Venuti, L. (1995). *The Translator's Invisibility. A History of Translation*. London: Routledge.

Vlakhov, S. y S. Florin, 1970, Neperevodimoe v perevode: realii. *Masterstvo perevoda*. Moscú: Sovetskii pisatel, 432–456.

Marta Navarro Coy[i] y Jorge Soto Almela[ii]
Universidad de Murcia[i]
Universidad Politécnica de Madrid[ii]

La traducción de títulos en las revistas de viajes: de la literalidad a la creación discursiva

1. Introducción

La importancia del título de un texto es innegable. Tanto es así que un título es el indicador principal del que disponen los lectores para seleccionar un texto o decidir sobre su lectura. El título es el primer dato que suelen tener los receptores para comprender el contenido de un texto, la trama de una película o el sentido de una canción. En palabras de Nord (1994), «todo título es un metatexto que identifica el texto al que acompaña, estableciendo un primer contacto con los destinatarios» (p. 95). La elección de un título no es, por lo general, aleatoria o casual, sino que existe un propósito, una función más o menos intencionada: la de captar la atención del lector o, según Bobadilla-Pérez (2007), «to lure unsuspecting readers, or viewers, into the story presented by the author» (p. 117). Tras este propósito, suelen subyacer, además, razones de tipo comercial y publicitario.

El papel apelativo y persuasivo que desempeñan los títulos debe tenerse en cuenta necesariamente durante el proceso de traducción, de forma que el título traducido pueda funcionar en la cultura meta. El trasvase de esta funcionalidad es, por tanto, fundamental en la traducción de títulos a fin de lograr la aceptabilidad de los destinatarios, que emprenderán la lectura de un texto muy probablemente condicionados por su título. De hecho, según Bobadilla-Pérez (2007, p. 119), «one mistranslation in 300 pages of a book is not fatal, but a bad translation of a title can ruin it». La importancia de la traducción de un título se hace aún más patente en el caso de textos donde el componente promocional es indiscutible, como sucede con las revistas de viajes. En ellas, descripción y persuasión se entremezclan y dan lugar a un todo indisoluble y a una variedad de géneros como artículos, reportajes, guías prácticas o anuncios, en cuyos títulos se observa cierta dosis de creatividad conseguida a través de determinados recursos, entre los que se encuentran juegos de palabras, neologismos, unidades fraseológicas o marcadores persuasivos.

El trasvase de estos recursos presentes en los títulos conlleva la aplicación de varias técnicas que oscilan entre traducción literal y traducción libre. En este capítulo, nuestros objetivos son precisamente (a) identificar qué técnicas se utilizan a la hora de traducir títulos incluidos en revistas de viajes, y (b) clasificar y analizar las traducciones de dichos títulos en función de la técnica aplicada. Para ello, se ha recopilado un corpus de 258 títulos procedentes de 12 números recientes de la revista española 'Ronda' de Iberia en su versión digital, y se han clasificado de acuerdo a la técnica de traducción aplicada en el texto en inglés. En el presente estudio, se describen y se ejemplifican dichas técnicas, prestando especial atención a la estrategia conocida como creación discursiva que da lugar a un título completamente nuevo en la lengua meta.

2. La revista de viajes: un género híbrido

La Red no solo se ha convertido en el espacio idóneo de géneros 2.0 puros, como blogs, foros de viajes o sitios web institucionales, sino también en el medio más propicio para consultar versiones digitales de textos turísticos tradicionalmente difundidos en papel, como folletos, guías o revistas de viajes. Estas últimas son el objeto de estudio de nuestro trabajo y a ellas dedicaremos la presente sección, donde se destacará su carácter híbrido e integrador, su multifuncionalidad y sus principales rasgos lingüísticos.

La revista de viajes se adscribe a la familia de los géneros editoriales según la propuesta clasificatoria de Calvi (2010). De hecho, en la redacción de estas revistas suele estar implicado un equipo editorial encargado de responder a la demanda de información del turista. Así, por ejemplo, los números de la revista 'Ronda' de Iberia que forman nuestro corpus cuentan con un director, subdirector, jefe de redacción, redactores y editores, además de un equipo artístico y de publicidad. La revista de viajes se caracteriza por la hibridación de géneros y, como tal, no puede considerarse un género, sino más bien una combinación de géneros o, en palabras de Calvi (2010, p. 23), un «macrogénero» en el que se integran otros géneros como artículos, reportajes, itinerarios, guías prácticas o anuncios. Junto a esta consideración, encontramos también el modelo propuesto por Dann (1996), que clasifica los géneros del turismo en tres etapas según el sistema secuencial *pre-trip*, *on-trip*, *post-trip*. Siguiendo este modelo, la revista de viajes se enmarca en la primera etapa, la del pre-viaje, donde se ubican los géneros que influyen en la toma de decisiones del viajero, como los anuncios, los folletos o los sitios web.

El hibridismo de géneros que se da en las revistas de viajes conlleva tipologías textuales diferentes que, a su vez, cumplen funciones diversas. Por un lado, se presenta y se describe información turística detallada, propia de las guías, y, por otro, se cuida el aspecto promocional, típico de los anuncios y de los folletos. Así, descripción y persuasión se conjugan en las revistas de viajes a partes iguales.

Mientras que en los artículos y reportajes prevalece una función informativa, en los itinerarios y anuncios existe una mayor implicación del interlocutor y un marcado carácter promocional que contribuye a la función persuasiva. No obstante, a pesar de su estilo descriptivo, los reportajes y artículos que conforman las revistas de viajes, lejos de parecer guías prácticas objetivas, ofrecen la mirada más bien subjetiva del redactor a través de recomendaciones y sugerencias que hacen partícipe al lector, como ocurre, por ejemplo, cuando se recomienda un determinado bar, hotel o restaurante (Calvi, 2006).

Esta combinación de estilos y funciones se manifiesta en el lenguaje de las revistas de viajes, que aspira a describir un destino a la vez que invita a los lectores a visitarlo. Es precisamente en su propósito promocional donde el lenguaje de estas revistas exhibe múltiples recursos persuasivos que no han pasado desapercibidos entre los estudiosos de la lengua del turismo (Mapelli, 2008; Edo Marzá, 2011; Suau Jiménez, 2011, 2015, 2016). Se trata de marcadores persuasivos que guían e implican al lector y contribuyen a la creación de un discurso interpersonal basado en la relación autor-lector que resulta «fundamental para la consecución del objetivo comunicativo de los géneros de promoción turística, la persuasión del lector» (Suau Jiménez, 2012, p. 144). Algunos de estos recursos ya estudiados son los marcadores de actitud, de compromiso y de automención (Labarta Postigo y Suau Jiménez, 2006; Suau Jiménez, 2015, 2016). Otros elementos ampliamente estudiados que caracterizan el discurso turístico de corte promocional son los realzadores en forma de adjetivos calificativos (Mapelli, 2008; Pierini, 2009; Edo Marzá, 2011) y los verbos de percepción, que contribuyen a la transmisión de sensaciones placenteras y a la recreación anticipada de la experiencia turística (Mocini, 2005; Pérez Vázquez, 2011; Soto Almela y Navarro Coy, 2018).

A estos elementos, se unen otros recursos como juegos de palabras, neologismos o unidades fraseológicas que confieren al discurso turístico una llamativa creatividad. La presencia de estos recursos no hace sino contribuir al propósito comunicativo específico de atraer la atención del receptor. En el caso de las unidades fraseológicas, por ejemplo, destaca la presencia de expresiones idiomáticas (locuciones adjetivas, verbales y adverbiales, refranes, expresiones desautomatizadas, entre otras) que «refuerzan el carácter persuasivo de este tipo de textos a la vez que suponen una dificultad añadida para la labor del traductor» (Navarro Coy y Soto Almela, 2014, p. 145).

3. La traducción de títulos

En el ámbito de la traducción, los títulos han llegado a considerarse un género de traducción propio (Nord, 1990), regido por los principios de la traducción funcional, donde la prioridad reside en lograr que el título traducido cumpla sus funciones en la cultura meta. La traducción de títulos ha sido el objeto de estudio de algunos académicos que se han interesado particularmente por la traducción de títulos de películas y de obras literarias (Pascua Febles, 1994; Bobadilla-Pérez, 2007; Negro Alousque, 2010; Viezzi, 2013). Todos ellos parecen coincidir con Nord (1995) y se muestran de acuerdo con su propuesta de funciones textuales, según la cual todo título cumple, al menos, tres funciones básicas: la distintiva, la metatextual y la descriptiva. A estas funciones básicas, Nord (1995) añade otras tres adicionales, que solo algunos títulos cumplen y que guardan relación con las intenciones especiales del emisor. Se trata de las funciones expresiva, fática y apelativa u operativa. Dado que el presente trabajo gira en torno a la traducción de títulos de revistas de viajes, con un componente promocional evidente, conviene destacar las funciones fática y apelativa de este tipo de títulos por el papel que desempeñan en la captación del interés del lector.

La función fática es la encargada de establecer el primer contacto entre autor y lector. Un título debe llamar la atención de sus destinatarios y permanecer en su memoria durante algún tiempo. De hecho, la conservación de la función fática durante el proceso de traducción resulta fundamental para que un título sea aceptado como tal en la lengua meta. La función apelativa u operativa, por su parte, está muy relacionada con la fática en tanto que busca atraer el interés de los lectores; sin embargo, la primera pretende, además, que los lectores consuman el contenido del texto, de manera que podría decirse que «gracias a la función fática, el público se convierte en el receptor y, gracias a la función operativa, el público convertido en receptor se hace consumidor» (Han, 2016, p. 48). Según Nord (1995), la función apelativa de los títulos incluye, a su vez, una subfunción persuasiva y publicitaria, que incita a los receptores a consumir el co-texto, y una subfunción directiva, encargada de orientar a los destinatarios para que lean el contenido en la manera deseada por el autor. De hecho, algunos autores, como Pascua Febles (1994), hablan de «función comercial o seductora» (p. 352) de los títulos. Independientemente de la terminología utilizada, todos los autores que han abordado este tema parecen estar de acuerdo en que los títulos desempeñan un papel crucial en la persuasión de los destinatarios y en la forma en que estos abordan la lectura de un texto. Dicha persuasión se materializa en los títulos a través de elementos fónicos, sintácticos y léxicos o elementos atractivos del contenido del texto.

El trasvase de estas funciones de una lengua a otra y la adecuación a las intenciones del emisor del texto origen son fundamentales en la traducción de títulos. Así, para lograr que un título traducido funcione en la cultura meta, los traductores suelen recurrir a varias técnicas de traducción que abarcan desde la no traducción hasta la creación discursiva de un título nuevo. Entre ambos extremos, se sitúa la traducción literal y la traducción cuasi-literal (Jiménez Serrano, 1997). Esta última opción de traducción implica pequeñas modificaciones en el título meta como ocurre cuando se introduce algún cambio léxico y/o gramatical o cuando se opta por simplificaciones, omisiones o amplificaciones. A pesar de estos cambios, la traducción cuasi-literal permite el reconocimiento del título origen, ya que se conservan elementos del mismo en el título traducido.

Otra técnica profusamente empleada en la traducción de títulos es la creación discursiva, que genera un título traducido que no se corresponde en ningún aspecto con el título original y atiende a criterios puramente publicitarios, más que de traducción (Negro Alousque, 2010). Por esta razón, algunos autores consideran que la creación discursiva no es una traducción, sino una adaptación (Jiménez Serrano, 1997) o una sustitución (Malingret, 1998). Lo cierto es que la creación discursiva, a pesar de ser cuestionada por infidelidad al texto origen, da prioridad a la funcionalidad del texto meta y establece una equivalencia no léxica, efímera, que sería imprevisible fuera de contexto (Delisle, 1993; Molina Martínez, 2001). Como se ha mencionado, el uso de la creación discursiva no es caprichoso ni arbitrario, sino que se debe a razones comerciales que priman sobre las consideraciones de cercanía al título origen. La creación discursiva se manifiesta en el texto de múltiples formas y es, de hecho, la técnica idónea que permite mostrar al traductor su faceta más creativa. Los nuevos títulos resultantes de la creación discursiva se centran a veces en aspectos diferentes del contenido del texto y otras veces adoptan un punto de vista distinto (Negro Alousque, 2010; Viezzi, 2013).

4. Metodología

4.1 Descripción del corpus

El corpus utilizado para el presente trabajo lo conforman doce números de la revista Ronda, publicación bilingüe español/inglés de la compañía aérea Iberia. La revista ofrece un número al mes, cada uno dedicado casi por completo a un país o a una ciudad, y se ha trabajado con los números que abarcan desde noviembre de 2018 hasta octubre de 2019. Los países y/o ciudades a los que se dedica cada uno de estos doce números se pueden ver en la Tab. 1. Además de distribuirse a nivel mundial a bordo de todos los aviones de la compañía, la revista Ronda está también disponible en línea.

Tab. 1. Países y/o ciudades a los que se dedican los números de la revista Ronda utilizados en el corpus.

Número	Ciudad/país
Noviembre 2018	Uruguay
Diciembre 2018	Madrid
Enero 2019	Ginebra
Febrero 2019	Vigo
Marzo 2019	Argentina
Abril 2019	Puerto Rico
Mayo 2019	La Habana
Junio 2019	San Sebastián
Julio 2019	Costa Rica
Agosto 2019	República Dominicana
Septiembre 2019	Madrid
Octubre 2019	Ecuador

Todos los números de la revista presentan la misma estructura y están divididos en diferentes secciones, aunque para este trabajo hemos seleccionado tres que reciben el nombre de «Disfruta», «Explora» y «Descubre», ya que los tres son verbos íntimamente relacionados con el propósito persuasivo de los géneros de promoción turística (Soto Almela, 2017; Soto Almela y Navarro Coy, 2018).

4.2 Procedimiento

El procedimiento seguido en este trabajo para reflejar y analizar la forma en que se ha llevado a cabo la traducción de los títulos de las secciones seleccionadas se articula en torno a tres puntos:

1. Extraer los títulos en español y en inglés de los diferentes artículos y reportajes de las secciones «Disfruta», «Explora» y «Descubre» de cada uno de los doce números arriba mencionados.
2. Comparar los títulos en ambas lenguas para establecer la técnica de traducción utilizada en cada caso, concretamente si se trata de una traducción literal, de una traducción cuasi-literal o de una estrategia de creación discursiva.
3. Analizar diferentes ejemplos pertenecientes a cada una de las tres técnicas de traducción utilizadas.

4.3 Clasificación y análisis de los títulos

En las secciones «Disfruta», «Explora» y «Descubre» de los doce números de la revista Ronda que conforman nuestro corpus, se encontraron un total de 258 títulos, de los cuales, 107 (41,5 %) se han traducido de forma literal, 71 (27,5 %) de forma cuasi-literal y 80 (31 %) han sido objeto de algún tipo de creación discursiva en su traducción al inglés. En los siguientes apartados entraremos en más detalle en cada uno de los tres tipos ofreciendo ejemplos y algunas valoraciones que consideramos de interés.

4.3.1 Traducción literal

Como ya ha quedado reflejado en el párrafo anterior, la traducción literal ha sido la técnica mayoritaria utilizada en la traducción de los títulos objeto de análisis. Como su propio nombre indica, nos encontramos ante casos en los que los títulos en español y en inglés coinciden plenamente tanto en forma como en significado, es decir, se trata de una equivalencia total. Entre ellos, podemos señalar ejemplos como la traducción de «Jardineros del mar» por «Gardeners of the sea» (número de septiembre de 2019) o la de «Amigos de la naturaleza» por «Friends of nature» (número de abril de 2019).

A diferencia de lo que haremos en el apartado 4.3.3, en este caso no ofreceremos todo el listado de títulos traducidos mediante traducción literal por considerar que, de manera general, no despiertan el mismo interés que aquellos que han sido elaborados mediante creación discursiva. No obstante, no queremos dejar de mencionar que se han encontrado determinados casos de títulos conformados por o que contenían unidades fraseológicas idiomáticas y reflejar qué uso se ha hecho de dichas unidades a la hora de traducirlas a la lengua meta. Tres de estos casos son los siguientes:

- En el número de julio de 2019, el título «Clásicos a la última» aparece traducido como «Classics to the last». Según el Diccionario de la Real Academia Española (DRAE, 2001), «a la última» es una locución adverbial que significa «a la moda». Aparentemente, la locución se ha traducido de forma literal pero, en realidad, se produce un cambio de sentido ya que «on trend» sería la expresión equivalente a la del texto origen en lo referente al sentido.
- En el número de agosto de 2019, la locución adverbial «A vista de pájaro» aparece traducida como «Bird's eye view». En ambas lenguas, esta locución tiene dos significados, que pueden resumirse en «ver algo desde arriba» y «tratar algo de un modo general». El título acompaña a un artículo sobre la práctica del parapente en Jarabacoa (República Dominicana), por lo que resulta obvio

que la primera de las acepciones (y, por tanto, la más literal) es la que se pretende transmitir.

- En el número de octubre de 2019, el título «Tirando del hilo» aparece traducido como «Pulling strings». En español, «tirar del hilo» es una expresión idiomática que significa «conseguir llegar a descubrir algo oculto». Por otra parte, en inglés, «pull strings» también se utiliza con sentido idiomático y significa «to secretly use the influence you have over important people in order to get something or to help someone» (Cambridge Dictionary, 2020) cuyo equivalente en español sería, por tanto, «mover los hilos». A diferencia del ejemplo anterior, en este caso, tanto el título en español como el título en inglés se utilizan con un doble sentido: por un lado, en sentido literal, puesto que en el artículo al que acompañan se habla del rescate del textil ancestral y de la moda sostenible en Ecuador pero, en cierto modo, también se utiliza en sentido figurado, pues se recalca la iniciativa de la diseñadora asturiana María Puente Silva, quien empezó a investigar sobre este asunto hasta conseguir crear una marca de moda de referencia.

4.3.2 Traducción cuasi-literal

Al igual que en el apartado anterior, en este caso solo ofreceremos algunos ejemplos que reflejen modificaciones que pueden sufrir los títulos cuando se traducen de forma cuasi-literal. En el caso de los títulos analizados, consideramos que merece la pena mencionar dos aspectos. Para ello, nos remitiremos en primer lugar al apartado 3 donde se indicaba que esta opción de traducción puede implicar, entre otros, algún cambio léxico y/o gramatical. En este sentido, en los ejemplos que forman nuestro corpus encontramos mayoritariamente casos como los siguientes en los que se produce únicamente un cambio léxico:

Título original	Título traducido
Experiencia inmersiva	Total immersion
Adrenalina natural	Natural high
De la huerta a la mesa	From the garden to the kitchen
Perdidos en el Atlántico	Jewel in the Atlantic

También en el apartado 3 y a este mismo respecto, señalábamos que la traducción cuasi-literal permite el reconocimiento del título original, ya que conserva elementos del mismo. Sin embargo, hemos podido constatar que, en algunas ocasiones, a pesar de conservar estos elementos, hay casos que merecen una consideración aparte. Así, un título como «Tierra, aire, fuego… y vino» se ha traducido como «Earth, wine and fire»; por otra parte, el título «Bajando la cuesta de enero» ha sido traducido como «Skiing in January» y «Un bar de jazz» por «All that jazz». Es evidente que en los tres casos, el original y la traducción comparten elementos, pero consideramos que la línea entre la traducción cuasi-literal y la creación discursiva resulta difusa por el significativo grado de creatividad que muestran. En el primer caso, una traducción literal de los cuatro elementos era lo más sencillo y, sin embargo, se ha optado por evocar al famoso grupo musical estadounidense Earth, Wind and Fire. En el segundo de los casos, el título en español contiene una expresión metafórica que no existe en inglés («la cuesta de enero») y que hace referencia a la subida de precios que tienen lugar en enero en España y en algunos países de América. Sin embargo, en la traducción se ha conseguido en cierto modo a través de un paralelismo basado en la idea de esquiar, que es precisamente la temática del reportaje y que implica bajar cuestas. Por último, tampoco hubiéramos considerado complicado trasvasar el título «Un bar de jazz» pero nuevamente, la creatividad se ha impuesto al utilizar para ello el título de una famosa película. Quizá, en estos tres casos y, probablemente, en alguno más, convendría preguntarse si estamos ante traducciones cuasi-literales o ante creaciones discursivas, ya que, entre otras cosas, tenemos ciertas dudas sobre la posibilidad de que se reconozca el título original a partir de la traducción.

4.3.3 Creación discursiva

Retomando de nuevo el apartado 3, recordemos que cuando hablamos de creación discursiva nos referimos a una técnica que, en el caso que nos ocupa, da lugar a títulos traducidos que nada tienen que ver con el original. Dichos títulos, como ya se ha señalado, en ocasiones se centran en aspectos diferentes y otras veces adoptan un punto de vista distinto (Negro Alousque, 2010; Viezzi, 2013).

La Tab. 2 recoge todos los títulos de nuestro corpus que han sido traducidos siguiendo esta estrategia. El objetivo de mostrarlos todos es el interés que, en nuestra opinión, puede tener para el lector ser testigo de las decisiones tomadas a la hora de traducir estos títulos ya que la revista está disponible en línea para su consulta. No obstante, comentaremos igualmente algunos de los ejemplos que consideramos más significativos.

Tab. 2. Títulos traducidos mediante creación discursiva.

Título original	Título traducido
Noviembre 2018	
Ribera de la plata	Walking by water
Carretera y pampa	The road ahead
Medirse contra el mediterráneo	One giant leap
Escuela de genios	The world's creative breeding ground
Elevar el espacio	High on life
Diciembre 2018	
Más duende	Feel the spirit
Compras y letras	Creative quarter
Un eje para hacer historia	Science, art and nature
Paredes con mensaje	More than words can say
Chinchín con solera	Drinking by half
Enero 2019	
Apasionados por descender	It's all downhill from now on
Deportistas de invierno	Snow biz enthusiasts
A falta de mar, buen lago es el Lemán	A stately regatta but not sea
Rumbo hacia el horizonte alpino	Freshwater sailing
Una especialidad en la que profundizar	A dish where the best comes last
Cómo construir un reloj contrarreloj	Time is money in this workshop
Criaturas neoyorquinas	The hidden life aquatic
Febrero 2019	
Primavera adelantada	Carnival of colour
Nobleza obliga	Historic Walls
Cantera de capitanes	Sails pitch
Una costa única en el mundo	A bounty of white sand beaches
Día de ría	An estuary paradise
De bar (de conciertos) en bar (de conciertos)	They built this city on rock and roll
Delicatessen marinas con licor de postre	From local oysters to local snifters
La ría a tus pies	The best bench in the bay
El trono del atlántico	Best seat in the bay
Vestida de gala	On the house
La belleza no es suficiente	Model citizens
Marzo 2019	
La travesía más corta	Lines in the sand
Maestros de viaje	Relocated classics
Porteños plásticos	Art city

Tab. 2. continuación

Título original	**Título traducido**
Saludos de los trogloditas	A show of hands for the caves
Huellas prehistóricas	A show of hands
La cocina de los inmigrantes	Good food travels
Vistas para frotarse los ojos	The hills are alive with colour
¿Quién da más?	The hills are alive…
La supervivencia de los arrayanes	Walking among giant trees
Canela en rama	Walk among giants
Porteños mezclados y agitados	The bars shaking things up
Hasta el amanecer	Shaking things up
Arquitectura del vino	Under construction
Vértigo real	A head for heights
Destino submarino	Life on water
Jardines de piedra	Rock music
Abril 2019	
La ciudad va por dentro	Underground culture
La playa de tu vida	Pretty flamenco
Tambores a la calle	And the beat goes on
Una mente prodigiosa	Channelling greatness
El mayor espectáculo del mundo	Under the sun
Mayo 2019	
Cuerpo de baile	On point
Moda de guerrilla	One-off design
Reencuentro con Sorolla	Sun strokes
Junio 2019	
Nuevos objetivos	In the frame
Primera noche	In with the new
Atlas de fechas	Victory lap
Joyería en la barra	Pintxo yourself
La forja del paisaje	Man of steel
Aloha pues	Catch the wave
El costurero invisible	Master of discretion
Un mensaje monumental	Women's work
Julio 2019	
Los archivos de la fuerza	From a galaxy far, far away
Habla con ellos	Space people
Fauna al rescate	Creature comforts

(*continuación*)

Tab. 2. continuación

Título original	**Título traducido**
Esto es simbiosis	Call of the wild
Bien avenidos	Splash out
Lago y montaña	Ways of thunder
Gracias al Gran Sibò	Mystical origin
De vuelta del todo	Local hero
Visitantes de otra era	Bodies of work
Agosto 2019	
Caribe con sol naciente	Tongue in cheek
Como un Robinson	Splendid isolation
Los himnos de la 'chorcha'	Bilingual blessings
Septiembre 2019	
La sierra a todo pulmón	Breathtaking trails
La vuelta cicloturista	Wheels in motion
Buenos mimbres	No basket case
Octubre 2019	
Florituras cordobesas	Late blooming
Plataforma de despegue	Innovation capital
Corazón y cabeza	Creativity, emotions, and the arts
Viajeros de todos los días	Urban nomads
Depósito con interés fijo	Read the room

Como se apuntó en el apartado 3 y se puede igualmente comprobar en los ejemplos de la Tab. 2, esta estrategia permite mostrar al traductor su faceta más creativa. A continuación, destacamos y comentamos algunas traducciones que, o bien se centran en aspectos diferentes del contenido de los textos, o adoptan un punto de vista diferente. Entre los primeros casos, destacamos los siguientes:

En el número de marzo de 2019, el título «Canela en rama» se ha traducido como «Walk among giants». El artículo al que acompañan trata sobre un parque nacional en Argentina que tiene árboles muy altos con troncos de color canela, por lo que se puede ver que el título en español aprovecha la expresión en español (se dice que algo es canela en rama cuando es de gran calidad) para hacer referencia al color de los troncos, mientras que el inglés se centra en el tamaño de los árboles.

También en el número de marzo de 2019 encontramos el título «Jardines de piedra» traducido como «Rock music». Ciertamente, se trata de un caso menos claro por la doble acepción del término inglés *rock*, aunque también es cierto que en el título español en ningún momento se hace referencia a la música y es que, estos títulos acompañan a un reportaje sobre una pradera en Cerdeña donde se pueden contemplar esculturas de piedra que aparentemente son «sonoras».

En tercer lugar, en el número de mayo de 2019 encontramos el título «Reencuentro con Sorolla» traducido como «Sun strokes». Desde el primer momento, resulta obvio que original y traducción nada tienen que ver, en español el título se centra en una exposición de Sorolla en Londres. La exposición lleva por título Spanish Master of Light y en el artículo al que acompaña señalan que un crítico escribió en una ocasión: «No conozco ninguna pincelada que contenga más sol», por lo que la traducción en inglés pone el foco en esta característica de la pintura de Sorolla que destaca dicho crítico.

En lo que respecta a los casos donde los títulos adoptan diferentes puntos de vista, extraemos igualmente tres, aunque son muchos más los que se pueden encontrar, tal y como se aprecia en la Tab. 2.

En el número de abril de 2019 encontramos el título «La playa de tu vida» y su traducción «Pretty flamenco», que aparentemente no guardan ninguna relación entre sí, pero se trata de un pequeño artículo sobre Playa Flamenco, por lo que resulta evidente que se produce un cambio de perspectiva a la hora de elegir el título en las dos lenguas.

Lo mismo ocurre en el caso de «El mayor espectáculo del mundo» y su traducción «Under the sun» (número de abril de 2019). En ambos casos, se hace referencia al mismo aspecto del contenido del artículo, concretamente a la espectacular puesta de sol que se puede contemplar en Zadar (Zagreb). Sin embargo, el título en español opta por compararla con el circo, al que durante muchos años se calificaba como el mayor espectáculo del mundo, mientras que el inglés sí incluye el término sol en su título, acercándose más al contenido del artículo.

El último ejemplo que hemos extraído se encuentra en el número de julio de 2019. Aquí, un título como «De vuelta del todo» aparece traducido como «Local hero» y, de nuevo, nada en ellos ayuda al lector a imaginar el contenido del reportaje al que acompañan. En ambos casos, los títulos se refieren a una especie singular de ciervo que habita en Córcega y que desapareció desde 1960 hasta 1985, aunque actualmente hay más de 1500. El título en español remarca su vuelta mientras que el título en inglés adopta un punto de vista diferente y los trata como héroes locales.

Antes de finalizar con los ejemplos de títulos en los que se ha utilizado la creación discursiva para su traducción, nos gustaría hacer referencia a un aspecto que se observa en algunos de los ejemplos. Hablamos, concretamente, de casos en los que, quizá consciente de que el título traducido debería conservar alguna parte del original, se ha optado por utilizar una estrategia de compensación e incluir esa parte en el contenido del artículo o reportaje. Un ejemplo donde esto sucede lo encontramos en el número de agosto de 2019 donde el original «Como un Robinson» se convierte en inglés en «Splendid isolation». En este breve artículo se habla sobre playas prácticamente salvajes en la República de Samaná (República Dominicana). Al final del artículo en inglés se puede leer lo siguiente: «just one day here will make you feel like a true Robinson Crusoe», información que, en ningún momento, se encuentra en el artículo original en español.

5. Conclusiones

Enfrentarse a la traducción de títulos en revistas de viajes no es una tarea tan sencilla como, en principio, puede aparentar, en tanto en cuanto el traductor, además de realizar un trasvase meramente lingüístico, no debe perder de vista el propósito comercial y/o publicitario que cumplen estos títulos. De hecho, en la mayoría de los casos, dicho propósito es el que condiciona la traducción por encima de la cercanía al texto origen, dando prioridad a la funcionalidad del título en la cultura meta y a la aceptabilidad de los destinatarios.

Así, aunque en este estudio la traducción literal ha resultado ser la técnica predominante de entre las tres observadas, en realidad, hay un mayor número de traducciones que, de una u otra forma, han sufrido una modificación, ya sea parcial (traducción cuasi-literal) o total (creación discursiva).

En definitiva, del estudio se desprende que existe un importante componente creativo a la hora de traducir títulos en revistas de viajes. La creatividad está casi siempre presente, independientemente de la técnica de traducción que se utilice, ya que no solo se manifiesta en la estrategia de creación discursiva, sino también en algunos casos de traducción literal, donde se producen cambios de sentido o se mantiene el doble sentido del original, y en la traducción cuasi-literal, en la que, aunque se produzca una modificación poco significativa, se consigue dicho efecto creativo.

Referencias bibliográficas

Bobadilla-Pérez, M. (2007). Relevance and complexities of translating titles of literary and filmic works. *Huarte de San Juan. Filología y Didáctica de la Lengua*, *9*, 117–124.

Calvi, M. V. (2006). *Lengua y comunicación en el español del turismo*. Madrid: Arco Libros.

Calvi, M. V. (2010). Los géneros discursivos en la lengua del turismo: una propuesta de clasificación. *Ibérica*, *19*, 9–31.

Cambridge University Press (2020). *Cambridge online dictionary*. Disponible en https://dictionary.cambridge.org/es/

Dann, G. (1996). *The Language of Tourism. A Sociolinguistic Perspective*. Oxford: CAB International.

Delisle, J. (1993). *La traduction raisonnée: Manuel d'initiation à la traduction professionnelle de l'anglais vers le français*. Ottawa: Les Presses de l'Université d'Ottawa.

Edo Marzá, N. (2011). A Comprehensive Corpus-Based Study of the Use of Evaluative Adjectives in Promotional Hotel Websites. *Odisea*, *12*, 97–123.

Han, M. (2016). *Funciones y títulos cinematográficos: las películas de animación traducidas del inglés al chino entre 1995 y 2012*. (Tesis Doctoral). Universitat Autònoma de Barcelona, Bellaterra.

Jiménez Serrano, Ó. (1997). El peso de la ausencia: el papel del traductor en la adaptación al español de los títulos de largometrajes en inglés. En E. Morillas y J. P. Arias (Eds.), *El papel del traductor* (pp. 293–317). Salamanca: Ediciones Colegio de España.

Labarta Postigo, M. y Suau Jiménez, F. (2006). Análisis del metadiscurso en textos especializados turísticos: los matizadores discursivos y la pronominalización en alemán y español. Congreso de la Asociación Latinoamericana de Analistas del Discurso (pp. 1-15). Valparaíso: Pontificia Universidad Católica de Valparaíso.

Malingret, L. (1998). Les titres en traduction. En T. García-Sabell, D. Olivares, A. Boiléve-Guerlet y M. García (Eds.), *Les chemins du texte* (pp. 396–407). Santiago de Compostela: Universidade de Santiago de Compostela.

Mapelli, G. (2008). Las marcas de metadiscurso interpersonal de la sección 'turismo' de los sitios web de los ayuntamientos. En M. V. Calvi, G. Mapelli y J. Santos López (Eds.), *Lingue, Culture, Economia: Comunicazione e Pratiche Discorsive* (pp. 173–190). Milán: Franco Angeli.

Mocini, R. (2005). The Verbal Discourse of Tourism Brochures. *Annals of Tourism Research*, *5*, 153–164.

Molina Martínez, L. (2001). *Análisis descriptivo de la traducción de los culturemas árabe-español*. (Tesis Doctoral). Universitat Autònoma de Barcelona, Bellaterra.

Navarro Coy, M. y Soto Almela, J. (2014). La traducción de la idiomaticidad en el contexto turístico español-inglés. *Paremia*, *23*, 135–146.

Negro Alousque, I. (2010). La traducción de títulos cinematográficos: ¿adaptación o creación? En J. L. Bueno, D. González, U. Kirsten, A. E. Martínez, J. Pérez, E. Rama, R. Rodríguez (Eds.), *Analizar datos > Describir variación / Analysing data > Describing variation* (pp. 1091–1104). Vigo: Universidade de Vigo.

Nord, C. (1990). Funcionalismo y lealtad: algunas consideraciones en torno a la traducción de títulos. En M. Raders y J. Conesa (Eds.), *II Encuentros Complutenses en torno a la traducción* (pp. 153–162). Madrid: Editorial Complutense.

Nord, C. (1994). Translation as a process of linguistic and cultural adaptation. En C. Dollerup y A. Lindegaard (Eds.), *Teaching Translation and Interpreting 2. Insights, Aims, Visions* (pp. 59–67). Amsterdam-Philadelphia: John Benjamins.

Nord, C. (1995). Text-Functions in Translation: Titles and Headings as a Case in Point. *Target*, *7*(2), 261–284.

Pascua Febles, I. (1994). Estudio sobre la traducción de los títulos de películas. En M. Raders y R. Martín-Gaitero (Eds.), *IV Encuentros Complutenses en torno a la traducción* (pp. 349–354). Madrid: Instituto Universitario de Lenguas Modernas y Traductores.

Pérez Vázquez, M. E. (2011). Verbos de percepción sensible e intelectual en las guías y en la publicidad turística. En M. V. Calvi y G. Mapelli (Eds.), *La lengua del turismo. Géneros discursivos y terminología* (pp. 295–313). Bern: Peter Lang.

Pierini, P. (2009). Adjectives in tourism English on the web. A corpus-based study. *Círculo de Lingüística Aplicada a la Comunicación (CLAC)*, *40*, 93–116.

Real Academia Española (2001). *Diccionario de la lengua española*, 22ª ed. Madrid: Espasa.

Soto Almela, J. (2017). Sensorialidad, cognición y afectividad en el lenguaje de promoción turística: análisis de corpus de los verbos de percepción. *Círculo de Lingüística Aplicada a la Comunicación (CLAC), 72,* 63-78.

Soto Almela, J. y Navarro Coy, M. (2018). Los verbos de percepción en el discurso turístico promocional: estudio contrastivo inglés/español. *Babel*, *64*(5/6), 649–670.

Suau Jiménez, F. (2011). La persuasión a través del metadiscurso interpersonal en el género página web institucional de promoción turística en inglés y español. En M. V. Calvi y G. Mapelli (Eds.), *La lengua del turismo. Géneros discursivos y terminología* (pp. 177–200). Bern: Peter Lang.

Suau Jiménez, F. (2012). El turista 2.0 como receptor de la promoción turística: estrategias lingüísticas e importancia de su estudio. *Pasos. Revista de turismo y patrimonio cultural*, *10*, 143–154.

Suau Jiménez, F. (2015). Traducción de calidad de webs hoteleras: discurso interpersonal e implicación del cliente. *Onomázein, 32*, 152–170.

Suau Jiménez, F. (2016). What Can the Discursive Construction of Stance and Engagement Voices in Traveler Forums and Tourism Promotional Websites Bring to a Cultural, Cross-Generic and Disciplinary View of Interpersonality? *Ibérica, 31*, 199–220.

Viezzi, M. (2013). Titles and translation. En M. Eronen y M. Rodi-Risberg (Eds.), *Haasteena näkökulma, Perspektivet som utmaning, Point of view as challenge, Perspektivität als Herausforderung* (pp. 374–384). Vaasa: VAKKI Publications.

Raquel Martínez Motos
Universidad de Alicante

Traducción y facilidad de uso de los prospectos: análisis de elementos lingüísticos determinantes

1. Introducción

Este trabajo tiene como objetivo determinar si el proceso de traducción inglés-español influye en la facilidad de uso y, consecuentemente, en la capacidad divulgativa de los prospectos. Emplearemos el término *facilidad de uso* en el sentido expresado por el término *lay-friendliness* en inglés, es decir, *facilidad de uso por parte del receptor lego.* Tomamos como referencia la siguiente afirmación:

> User-friendliness is a term which has been used within linguistic and translational approaches to PILs (Askehave & Zethsen, 2000, 2002, 2003, 2008); however, this term can be seen as vague because the notion of users is vague. This could potentially be all kinds of receivers, i.e. also including health professionals (e.g. for vaccines that are injected). Lay-friendliness, on the other hand, clearly shows that the text must be friendly or easy to understand for lay people, i.e. non-experts who do not have specialised knowledge (Jensen, 2013, p. 26)

Partimos de la hipótesis general de que los prospectos presentan problemas de facilidad de uso y de que el lenguaje empleado en su redacción es la principal causa de ello. Al añadir el proceso de elaboración de los prospectos como factor adicional llegamos a la subhipótesis según la cual los prospectos sometidos al doble procedimiento de redacción y traducción presentan más problemas de facilidad de uso que los que no lo son. Es decir, traducciones frente a originales.

Con el fin de verificar o refutar la hipótesis y subhipótesis hemos elaborado un estudio que comprende la segunda fase analítica de un estudio más amplio dividido en dos fases, la primera de las cuales se centraba en determinar si el proceso de traducción inglés-español influye en la legibilidad[1] de los prospectos.

1 Empleamos el término *legibilidad* para referirnos a lo que Barrio Cantalejo, Simón-Lorda, Melguizo, Escalona, Marijuán y Hernando (2008, p. 136) denominan como *legibilidad lingüística* y definen como el conjunto de características lingüísticas del texto que permiten leerlo y comprenderlo con facilidad. Incluye dos subtipos: la legibilidad gramatical y la legibilidad léxica.

Aunque ambos conceptos, legibilidad y facilidad de uso, van de la mano y están relacionados con la capacidad divulgativa del prospecto, no hay una metodología única que permita abordar su análisis de manera simultánea, de ahí que optáramos por hacerlo en dos fases independientes, pero correlativas. Los datos obtenidos en la primera fase, en la que aplicamos una fórmula matemática diseñada para analizar el grado de legibilidad de un corpus, nos llevaron a concluir que los prospectos sometidos al doble procedimiento de redacción y traducción no parecen presentar más problemas de legibilidad que los originales (Martínez Motos, 2018), sino al contrario.

Partiendo de esos datos, abordamos el estudio de la facilidad de uso de los prospectos mediante la aplicación de un marco analítico basado en las necesidades del receptor y con el contexto comunicativo como marco de referencia. Entre los trabajos previos de naturaleza similar predomina la aplicación de dos metodologías: estudios de recepción y estudios de análisis textual. Los primeros son estudios empíricos de validación por parte del usuario para la obtención de datos relativos a la percepción y/o satisfacción del mismo con los prospectos mediante la aplicación de distintas estrategias investigadoras como entrevistas (Connor, Goering, Matthias y Mac Neill, 2010; Barber, Staples, Osborne, Clerehan, Elder y Buchbinder, 2009), grupos focales (Dickinson, Hamrosi, Knapp, Aslani, Sowter y Krass, 2012), cuestionarios (Berry, Raynor, Knapp y Bersellini, 2004; Clerehan, Hirsh y Buchbinder, 2009; Pander Maat y Lentz, 2010); o incluso una combinación de los tres (Hirsh, Clerehan, Staples, Osborne y Buchbinder, 2009).

Los segundos, se basan en un análisis textual desde tres posibles enfoques: a) la Traductología (Askehave y Zethsen, 2000, 2002, 2003, 2006, 2008; Cacchiani, 2006); b) la Lingüística Funcional Sistémica, (Clerehan *et al.*, 2009; Clerehan y Buchbinder, 2006; Hirsh, Clerehan, Staples, Osborne y Buchbinder, 2009); y c) el análisis del Discurso (Askehave y Zethsen, 2010; Fage-Butler 2011a, 2011b).

En el presente trabajo el foco de interés no se sitúa en las necesidades del traductor ni en el proceso de traducción, sino en el producto de su trabajo y en las necesidades del receptor, y en función de ello diseñamos una metodología que nos ayudara a alcanzar nuestros objetivos.

2. Criterios de selección del corpus

En la selección y compilación de los prospectos que componen nuestro corpus aplicamos inicialmente dos criterios: la fuente y la lengua. Es decir, prospectos autorizados y publicados bien por la Agencia Europea del Medicamento, EMA (subcorpus de traducciones al español), bien por la Agencia Española de

Medicamentos y Productos Sanitarios, AEMPs (subcorpus de originales en español).

En la elección de estos dos organismos como fuentes de nuestro corpus han sido determinantes tanto la fiabilidad de las mismas como la disponibilidad de un número relevante de textos en formato electrónico. Frente a estas ventajas, se observa una desventaja, la falta de control sobre el proceso y los responsables de la elaboración de los documentos. Además, aplicamos criterios adicionales para dar mayor coherencia al corpus como seleccionar únicamente prospectos autorizados, salvo los sujetos a seguimiento adicional; excluir los medicamentos de uso hospitalario, ya que en esos casos el paciente no suele tener acceso al prospecto antes de su administración (sujeta al criterio casi exclusivo de los profesionales sanitarios); excluir las vacunas; incluir solo uno de los prospectos referidos a un mismo principio activo cuando hay varios distintos para las diferentes dosis de una misma forma farmacéutica; escoger solo uno de los prospectos disponibles para compuestos del mismo principio activo (aunque sean de diferentes fabricantes utilizan la misma plantilla); incluir únicamente los prospectos de medicamentos cuya forma farmacéutica fueran los comprimidos, cuya administración es sencilla y no necesita explicaciones o aclaraciones en apartados adicionales.

Tras la aplicación de los criterios anteriores aún contábamos con un número elevado de documentos; de ahí que decidiéramos fijar un límite y establecer una cantidad de textos suficientemente representativa, a la par que abarcable. Tomando en consideración, las características y tamaño de los corpus estudiados en otros trabajos de similares características (Ballesteros Peña y Fernández Aedo, 2013; Jensen, 2013; López Rodríguez, 2007; Vázquez y del Árbol, 2013, 2014) estimamos que la inclusión aleatoria (tras la preselección) de 150 textos (75 originales y 75 traducciones) era razonable y pertinente para alcanzar los objetivos fijados al principio del proceso.

3. Metodología de análisis

La metodología de análisis empleada en el presente trabajo tiene como objetivo principal detectar y cuantificar la presencia de una serie de variables y elementos lingüísticos que contribuyen a la facilidad de uso de los prospectos en un corpus compilado para tal fin. Un análisis de esta naturaleza requiere diseñar previamente un marco analítico compuesto por unos elementos y variables que se adapten al objetivo específico del estudio y, a continuación, diseñar una metodología que permita cuantificar la presencia o ausencia de dichos elementos y variables. En otras palabras, detectar y seleccionar primero los elementos y variables que serán objeto de análisis y, a continuación, extraerlos y cuantificarlos.

Una vez hecho esto, sería posible proceder a la conversión de datos cuantitativos en una descripción cualitativa de los mismos. A continuación, describiremos estos pasos más detalladamente.

3.1 Selección de datos potencialmente cuantificables

Para la selección de las variables y elementos de análisis decidimos combinar y adaptar determinados elementos incluidos en trabajos de distinta procedencia y de especial relevancia en torno a la complejidad de la comunicación experto-lego en general (Askehave y Zethsen, 2006) y la capacidad divulgativa de los prospectos en particular (ASEDEF, 2007; Comisión Europea, 2009; Jensen, 2013).

Tanto Askehave y Zethsen (2006) como la ASEDEF (2007) y la Comisión Europea (2009) incluyen recomendaciones relacionadas con el formato, diseño, tipografía, lenguaje empleado en los prospectos, si bien este último aspecto es el que nos interesa, por su relación con la traducción. Somos conscientes de que todos los aspectos son importantes e influyen en la capacidad divulgativa del prospecto; sin embargo, muchos escapan al proceso traductor.

Entre las recomendaciones de la Comisión Europea (2009) destacamos: a) evitar oraciones y párrafos largos; b) evitar el empleo de oraciones pasivas; c) emplear términos como «su medicina o esta medicina» para no repetir el nombre del medicamento demasiado a lo largo del texto (cohesión léxica); d) no usar abreviaturas o acrónimos a menos que sea necesario y, de hacerlo, incluir la expresión completa a continuación; e) traducir los términos médicos a un lenguaje comprensible para el paciente (término lego, explicación, término médico). En cuanto a los principios enumerados por ASEDEF (2007, p. 63) destacamos: a) utilizar términos sencillos en sustitución de los científicos; b) no utilizar abreviaturas.

Por su parte, Askehave y Zethsen (2006, p. 647) señalan que «if there is a true desire to make a text understandable to all laypeople and not just half of them the safe way is to use the lowest common denominator as a yardstick». De ahí sus recomendaciones (op. cit, 2006, p. 647–648) en torno a las características propias del lenguaje médico en la comunicación experto-lego, a saber: a) jerga médica incomprensible; b) uso inconsistente de sinónimos; c) palabras o expresiones largas o complicadas; d) oraciones largas y complicadas; y e) estilo pasivo e impersonal.

Finalmente, el marco de análisis de la facilidad de uso de los prospectos para el lector lego de Jensen (2013) partía de la idea de que determinados elementos habituales en los textos especializados (médicos) deben evitarse por la dificultad que entrañan para el receptor lego, como: a) registro médico: términos latinos y polisémicos; b) nominalización; c) voz pasiva; d) palabras compuestas; e) uso inadecuado de los pronombres; f) falta de cohesión léxica, entre los elementos textuales.

De entre las variables y recomendaciones incluidas en las fuentes anteriores, pre-seleccionamos las compartidas al menos por dos de ellas y optamos por centrarnos en las que se adaptan mejor a nuestro objetivo y metodología de análisis, a saber: el uso de oraciones pasivas e impersonales y el uso de léxico específico de influencia grecolatina. Finalmente, con el fin de dilucidar de manera más precisa los elementos potencialmente analizables y cuantificables, usamos como referencia la plantilla en español desarrollada por el *QRD working group* y las recomendaciones específicas para el desarrollo de los apartados del prospecto incluidas en el documento de la ASEDEF (2007, p. 21–41).

La autorización de comercialización de los medicamentos mediante el procedimiento centralizado en la UE lleva aparejada la obligación de someter a aprobación, junto con la solicitud, el prospecto correspondiente en inglés redactado de acuerdo con la plantilla diseñada por el *QRD working group* para tal fin. Una vez aprobado, se traduce a cada una de las lenguas oficiales, para lo cual se emplea como base la versión de la plantilla elaborada para cada lengua. Por tanto, determinados fragmentos no se traducen, sino que se transponen directamente de la plantilla y se emplean como macroestructura de referencia, ya que básicamente se trata del texto de los epígrafes de cada uno de los apartados en los que se organiza la información y determinada información y advertencias que deben incluirse obligatoriamente en cada uno de ellos. El resto de información del prospecto debe traducirse e integrarse en el texto de la plantilla. Por lo tanto, todos los prospectos autorizados por la EMA y publicados en su página *web* (incluidos los seleccionados para nuestro subcorpus) tienen los mismos apartados y emplean las mismas frases preestablecidas en la plantilla correspondiente en el original en inglés y en su traducción posterior al español.

Entre los prospectos aprobados por la AEMPS se observa una tendencia claramente mayoritaria a adoptar y aplicar una macroestructura preestablecida similar en su redacción (prospectos de nueva generación), si bien todavía algunos, dos en el caso de nuestro corpus, mantienen la macroestructura de los prospectos tradicionales. Con respecto a dicha macroestructura y su potencial contenido, el documento publicado por la ASEDEF (2007) bajo el título *La redacción del prospecto: recomendaciones para mejorar su comprensión* incluye un apartado con recomendaciones específicas «para cumplimentar correctamente cada uno de los apartados del prospecto y para mejorar su legibilidad y comprensión» (ASEDEF, 2007, p. 21). Concretamente incluye información adicional aclaratoria en cada uno de los apartados y sugiere frases estándar en un intento por orientar al redactor sobre cómo transmitir la información «en un lenguaje comprensible para el consumidor» (ASEDEF, 2007, p. 24).

El análisis textual del contenido de dichas recomendaciones y frases estándar propuestas para cada apartado nos permitió identificar algunos elementos recurrentes en el lenguaje empleado por profesionales en la materia (principalmente profesionales del ámbito médico y farmacéutico, más dos abogados) que, paradójicamente, tratan de establecer directrices que doten a la industria farmacéutica de herramientas útiles en la elaboración de documentos fáciles de usar por el lector lego. Ese es el principal motivo que nos llevó a adoptarlos como elementos potencialmente analizables en nuestro corpus. A continuación, describimos cada uno de ellos y cuantificamos su presencia en nuestro corpus.

4. Resultados del análisis cuantitativo de los datos

Para extraer datos cuantificables en torno a la frecuencia de uso de las categorías analíticas seleccionadas, nos servimos del programa *Wordsmith tools*, que permite, entre otras muchas funciones, detectar y cuantificar la frecuencia de uso de determinados elementos previamente establecidos, en nuestro caso: oraciones impersonales y pasivas y términos específicos de influencia grecolatina.

4.1 Oraciones pasivas e impersonales

Las tres características básicas del lenguaje de la ciencia y la tecnología son la precisión expresiva, la objetividad y la exposición aproximativa. En el caso de la *objetividad* o *neutralidad*, el peso recae en la morfosintaxis. Entre otros factores, la *pasivización* y el uso de *formas impersonales* colaboran en la consecución de dicha objetividad/neutralidad, una característica necesaria en la comunicación experto-experto, pero no tanto así en la comunicación experto-lego. Sin embargo, los especialistas tienden a mantener ese tipo de estructuras para transmitir información de naturaleza especializada al lector lego, a pesar de dificultar la comprensión de sus destinatarios y de las recomendaciones en contra de su uso (Comisión Europea 2009; Askehave y Zethsen; 2006, Jensen, 2013).

En la plantilla de redacción del prospecto en su versión en español y en las recomendaciones de la ASEDEF, encontramos varios ejemplos de uso frecuente:

- ✓ Este medicamento se le ha recetado a usted personalmente y no debe dárselo a otras personas [...]; PASIVA (plantilla).
- ✓ Se informa a los deportistas que este medicamento contiene un componente que puede producir un resultado positivo en las pruebas de control de dopaje; IMPERSONAL (frase estándar ASEDEF).
- ✓ No se conocen o no existen datos de cómo afecta X a la hora de conducir o manejar maquinaria [...]; IMPERSONAL (frase estándar ASEDEF).
- ✓ Los medicamentos no se deben tirar a la basura [...]; PASIVA REFLEJA (plantilla)
- ✓ La fecha de caducidad es el último día del mes que se indica; IMPERSONAL (plantilla).
- ✓ Se presenta en forma de comprimidos/envases [...]; IMPERSONAL (plantilla).
- ✓ Si experimenta cualquier tipo de efecto adverso, consulte a su médico o farmacéutico, incluso si se trata de efectos adversos que no aparecen en este prospecto; IMPERSONAL (plantilla).

Así pues, resulta paradójico el uso de este tipo de estructura incluso en frases estándar cuyo uso se recomienda para facilitar la comprensión del lector lego. Con el fin de determinar si se aprecia algún tipo de convención entre los redactores de originales y de patrón entre traductores procedimos a cuantificar su presencia en ambos subcorpus. Para ello recurrimos a la herramienta de análisis *Wordsmith tools* mencionada anteriormente. De todos los ejemplos de uso extraídos mediante la misma para el pronombre *se,* descartamos los que corresponden a verbos pronominales; tampoco contabilizamos los que corresponden a oraciones pasivas o impersonales pertenecientes a la plantilla, ya que no se deben a la decisión puntual del redactor o traductor en cada caso. Asimismo, recogimos únicamente la frecuencia de aparición de los casos en que la misma pasiva o impersonal se utiliza en al menos 5 ocasiones en uno de los subcorpus, ya que consideramos que en el caso contrario se trata de decisiones puntuales que no deben considerarse un patrón traductológico ni una convención lingüística.

Tab. 1. Frecuencia de uso de oraciones impersonales y pasivas

EJEMPLO	USO	EMA	AEMPS
Se aconseja	Impersonal	1	8
Se administra/n	Pasiva refleja	27	31
Se aplica/n	Pasiva refleja	5	0
Se aumenta	Impersonal	7	1
Se comunicó/aron	Pasiva refleja	8	1/1
Se conoce	Impersonal	6	8
Se considera	Impersonal	1	12
Se debe + inf	impersonal	48	138
Se desconoce	Impersonal	15	9
Se emplea/n	Pasiva refleja	2	13
Se excreta/n	Pasiva refleja	1	8
Se ha + participio	Pasiva	55	66
Se han + participio	Pasiva	77	94
Se manifiesta/n	Pasiva refleja	1	9
Se observa/aron	Impersonal	1	9
Se presentan + (síntomas)	Pasiva refleja	4	6
Se presenta/n en (forma farmacéutica)	Impersonal	28/11(estándar)	51
Se puede/n + infinitivo	Pasiva refleja	60	84
Se recomienda	Impersonal	85	123
Se sabe que	Impersonal	4	6
Se toma/n	Pasiva refleja	38	26
Se usa/n para	Pasiva refleja	25	12
Se utilizan	Pasiva refleja	9	21

Los resultados con respecto a la cuantificación de la frecuencia de aparición de oraciones impersonales y pasivas en nuestro corpus demuestran que no hay diferencias destacables en las cifras relativas a estructuras similares con las empleadas a modo de plantilla o frase estándar. Es decir, dichas estructuras se emplean a modo de convenciones lingüísticas y patrones traductológicos, a pesar de que varias fuentes desaconsejan su uso en este tipo de documentos (Askehave y Zethsen, 2006; Comisión Europea, 2009; Jensen, 2013). Por tanto, a la vista de que las propias instituciones establecen una plantilla y recomiendan frases estándar que contienen estructuras pasivas e impersonales, concluimos que el mensaje no parece haber calado lo suficiente como para modificar esta dinámica de uso.

Sin embargo, sí detectamos cierta diferencia en los datos obtenidos con respecto a la frecuencia de determinadas estructuras pasivas e impersonales de carácter general (también cuantificadas en nuestro corpus), a saber: *se debe + infinitivo, se ha(n)* + participio, *se recomienda*, en cuyo caso la frecuencia de uso se incrementa en el caso de los originales del corpus AEMPS. Este dato nos lleva a pensar que la tendencia al uso de este tipo de estructuras es, por naturaleza, mayor en español, con independencia de las limitaciones impuestas por cualquier tipo de normativa o recomendación. Por tanto, su uso en las traducciones parece justificado precisamente por esto último y no tanto por los patrones traductológicos empleados por los profesionales de esta disciplina que, a nivel general, sí parecen demostrar cierta concienciación que les lleva a evitar en mayor medida el empleo de estructuras pasivas e impersonales.

4.2 Léxico específico de influencia grecolatina (verbos y adjetivos)

Los prospectos, como cualquier otro texto de temática especializada, están compuestos por tres tipos de términos: a) el vocabulario técnico, claramente específico de un texto especializado, que difícilmente aparecería en textos de temática general; b) el vocabulario semitécnico, fronterizo entre la lengua común y la especializada; y c) el vocabulario general, de uso frecuente. El vocabulario semitécnico es el que más problemas plantea desde el punto de vista de la traducción por la presencia de unidades polisémicas y la consecuente relación de sinonimia parcial de dichas unidades con otras de la misma especialidad. Sin embargo, también son frecuentes los casos de sinonimia casi absoluta, principalmente derivada de la presencia de una gran cantidad de palabras de origen grecolatino que le otorga un rasgo «aristocrático» al lenguaje, y que podrían sustituirse por un sinónimo o expresión más «popular». Además de los sustantivos, dicha presencia se observa en los verbos y adjetivos empleados, como veremos a continuación.

Al analizar detenidamente tanto las recomendaciones como las frases estándar sugeridas en el documento de la ASEDEF (2007) nos llamó poderosamente la atención el uso de determinados verbos en las expresiones y frases estándar recomendadas, tales como: *padecer, adquirir, ingerir, presentar, persistir, apreciar, conservar, iniciar, cesar, etc.* Se trata de verbos de origen latino empleados en un registro elevado y que pueden ser sustituidos por otros considerados más «llanos», tal y como mostramos con algunos ejemplos extraídos de frases estándar recomendadas (para los que sugerimos un posible equivalente de registro llano) y que presentamos en la siguiente figura:

Tab. 2. Verbos de origen latino empleados en frases recomendadas por la ASEDEF (2007)

Registro elevado (verbo de origen latino)	Registro llano
Conserve este prospecto, ya que puede tener que volver a leerlo	Guarde
Si considera que alguno de los efectos adversos que sufre es grave o si aprecia cualquier efecto adverso no mencionado en este prospecto, informe a su médico o farmacéutico	Cree nota
Este medicamento puede adquirirse sin receta	comprarse
Si los síntomas empeoran o persisten [...], debe consultar al médico	continúan
Si se administra	da
X no afecta a su capacidad para conducir	influye
Consulte/Informe a su médico	Hable
No se conocen o no existen datos de cómo afecta X a la hora de conducir o manejar maquinaria, por tanto procure no realizar tareas que puedan requerir una atención especial ...	Trate de/intente necesitar
No ingerir hasta que haya cesado completamente el burbujeo	Beber, tragar parar
Su médico le indicará la duración del tratamiento con X	dirá
No suspenda el tratamiento antes, ya que...	Interrumpa,

Las anteriores recomendaciones fueron realizadas por un comité de expertos que persigue garantizar el uso de un lenguaje comprensible en los prospectos; sin embargo, dichas recomendaciones no tienen en cuenta el registro de los elementos lingüísticos empleados. En todas ellas emplean verbos de uso habitual en los prospectos y que incluiríamos en lo que hemos denominado léxico semitécnico del lenguaje de las Ciencias Farmacéuticas.

Dicho esto, hemos querido cuantificar la presencia y uso de estos mismos verbos en nuestro corpus, con el fin de establecer posibles tendencias en su uso y comparar su empleo en originales (redactados por expertos en la materia que siguen las convenciones propias del género) y traducciones (en las que intervienen otro tipo de profesionales no obligatoriamente expertos) y otros factores relacionados con la traducción (como la influencia del texto original y el empleo de determinados patrones traductológicos).

A continuación, detallamos el número de veces que aparecen los verbos antes seleccionados, en plural y singular, infinitivo, imperativo o tercera persona del presente de indicativo (según el verbo):

Tab. 3. Frecuencia de uso de verbos de origen grecolatino

VERBO	EMA	AEMPS
ADMINISTRAR (un medicamento)	21 (estándar)	21
Administra	21 (estándar y otros)	23
Administran	7	4
Administre	9 (estándar)	1
ADQUIRIR (un medicamento)	0	0
Adquiera (enfermedad)	1	3
Adquiere	0	4
AFECTAR (incumbir)	338 (plantilla)	127 (plantilla)
Afecta (Influir/incumbir)	45 (plantilla)	51 (estándar)
Afecte	10	10 (estándar)
APRECIAR	1	1
Aprecia	8 (plantilla)	68
CESAR	3	0
COMUNICAR	7 (estándar)	4
Comunique	15 (estándar)	32 (estándar)
CONSERVAR (mantener)	65 (estándar)	44
Conserve (guardar)	78 (estándar)	73 (plantilla)
CONSIDERAR	13	2
Considera	4	72 (plantilla)
Considere	4 (estándar)	11
CONSULTAR	22	73 (estándar y otros)
Consulte	654 (plantilla)	554 (estándar)
INDICAR	21	18
Indica	71 (plantilla)	65 (plantilla)
Indicará	4	29 (estándar)
Indique	39 (estándar)	17
INFORMAR	40 (estándar)	1
Informe	256 (plantilla)	269
INGERIR	5	8
Ingiera	4	5
Ingiere	1	5
INICIAR	28 (plantilla y otras)	13
inicia	2	2
inicie	2	1
PERSISTIR	0	4
Persisten	0	8

(continúa en la página siguiente)

Tab. 3. continúa de la página anterior

VERBO	EMA	AEMPS
PRESENTAR presenta (tiene: síntoma)	0 38	11 73 (plantilla)
REQUERIR Requiere	5 (estándar) 28 (estándar)	6 (estándar) 25 (estándar)
SUSPENDER Suspenda Suspende	11 0 1	14 35 (estándar) 2

El análisis cuantitativo de la frecuencia de aparición de los verbos seleccionados de origen latino y registro elevado parece demostrar que, en los casos cuya cuantificación es elevada, su empleo se debe principalmente al texto de la plantilla, que sirve de base para la traducción de los prospectos de la EMA y, en el caso de la AEMPS, también a las frases estándar recomendadas. Las diferencias de cuantificación entre los dos subcorpus carecen de especial relevancia, ya que la mayoría de las cifras son similares y no se observan diferencias especialmente llamativas, salvo en algún caso puntual que no puede constituir un patrón de comportamiento.

El uso de adjetivos compuestos por formantes cultos de origen grecolatino relacionados con los órganos y las partes del cuerpo es otro ejemplo de términos semiespecializados prototípicamente empleados en los prospectos y en el ámbito de las Ciencias de la Salud en general. Una de las recomendaciones de la ASEDEF, relativa a la terminología, está directamente relacionada con su sustitución por el sustantivo del órgano o parte del cuerpo al que estos hacen referencia. Suelen emplearse en combinación con otros sustantivos relacionados con enfermedades o síntomas como: insuficiencia, trastorno, dolor, daño, etc., que pueden resultar difíciles de comprender para el lector lego. A continuación, cuantificamos la presencia de los más habituales en nuestro corpus:

Tab. 4. Frecuencia de uso de adjetivos de origen grecolatino

ADJETIVO	EMA	AEMPS
ABDOMINAL	79	55
RENAL	111	107
HEPÁTICA/S HEPÁTICO HEPÁTICOS	24 11 8	32/19 3 12
CARDÍACO/S cardíaca	40/10 45	31/21 5
INTESTINAL	11	21
FECAL	0	1
TORÁCICO/S torácica	7 1	13/7 7
GÁSTRICO/S gástrica	0	3 8
ESTOMACAL	3	2

El análisis cuantitativo de la presencia de adjetivos de origen grecolatino relacionados con el cuerpo muestra un uso similar en ambos subcorpus. La diferencia en la frecuencia de aparición de cada adjetivo entre uno y otro subcorpus no va más allá de la aleatoriedad del contenido de los textos seleccionados, ya que no se aprecian discrepancias significativas. Así pues, parece que tanto los redactores de originales como traductores continúan usándolos, a pesar de las recomendaciones en contra. No obstante, lo hacen de manera limitada, ya que a menudo van acompañados (como recomienda la ASEDEF, 2007) por el sustantivo al que se refieren entre paréntesis: de ahí su frecuencia de uso de dichos sustantivos en el mismo corpus, como muestra la siguiente tabla:

Tab. 5. Frecuencia de uso de sustantivos relacionados con el cuerpo

ADJETIVO	EMA	AEMPS
abdomen	23	16
corazón	71	118
estómago	66	102
hígado	70	93
intestino	23	39
riñón	48	55
tórax	0	0

En resumen, no se aprecian diferencias notables en el uso de los adjetivos de origen grecolatino referidos al cuerpo entre ambos subcorpus. Si acaso destaca el hecho de que los sustantivos a los que se refieren los adjetivos cuantificados tienen una mayor frecuencia de aparición que en algunos de los casos y este hecho demuestra que, a pesar de seguir utilizándolos, redactores y traductores, muestran una tendencia racionalizadora de su uso. Igualmente, posee cierta relevancia el hecho de que la frecuencia de uso de dichos sustantivos sea superior en todos los ejemplos, salvo uno, en los prospectos del corpus AEMPS. Este dato parece indicar que los redactores-expertos son más conscientes, gracias a las recomendaciones recibidas al respecto, de la necesidad de usar el sustantivo, ya sea en sustitución del adjetivo o a modo de aclaración entre paréntesis.

5. Conclusiones

Los resultados parecen demostrar que la traducción tiene un impacto limitado en la facilidad de uso de los prospectos. La comparación de datos cuantitativos entre originales y traducciones muestra que, en los casos que dependen de la decisión exclusiva del redactor o traductor, el uso de los elementos que dificultan el uso de los prospectos por parte del lector lego es más frecuente en los originales que en las traducciones. Así pues, a la pregunta de si el proceso de traducción inglés-español es, en general, un factor determinante en la elaboración de prospectos hemos de responder que sí, pero en mayor medida lo es el marco legislativo al que está sujeta su elaboración y, precisamente, también su traducción. En otras palabras, la facilidad de uso parece estar más determinada no tanto por los usuarios de la lengua (expertos-redactores o traductores) sino por las directrices, normas y recomendaciones a las que está sujeto su trabajo. Los redactores expertos en la materia cuentan con unos conocimientos metalingüísticos que les permiten garantizar la precisión y corrección de la información que transmiten, no obstante, sus competencias lingüísticas están limitadas. Los traductores, por su parte, sí cuentan con esas competencias, pero no tienen total libertad para aplicarlas debido a las limitaciones del proceso traductor.

Se observa que tanto en los originales como en las traducciones tiene especial influencia el uso de la plantilla básica de redacción y frases estándar recomendadas, ya que las oraciones pasivas e impersonales y los verbos de origen latino pertenecientes a un registro elevado forman parte de las convenciones lingüísticas de los expertos en la materia encargados de su elaboración. De ahí que, inevitablemente, hayan trasladado a la plantilla y recomendaciones de uso esos mismos elementos lingüísticos que, paradójicamente, por otro lado, se recomienda evitar. Así pues, las decisiones de los traductores no determinan tanto el resultado como los patrones traductológicos a los que están sometidos dichos traductores, fruto de la regulación del proceso. Además, se observa que en los casos en los que el traductor parece tener más libertad disminuye la frecuencia de uso de determinados elementos que afectan negativamente a la facilidad de uso por parte del lector lego. De hecho, los elementos que intervienen en las decisiones adoptadas por el traductor en esos casos podrían ser objeto de estudio y análisis en una futura investigación.

Referencias bibliográficas

Asociación Española de Derecho Farmacéutico. 2007. La redacción del prospecto: recomendaciones para mejorar su comprensión. Madrid: ASEDEF.

Askehave, I. y Zethsen, K. K. (2000). Inter-generic and Inter-linguistic translation of patient package inserts. En *Language for Special Purposes: Perspectives for the New Millennium* (pp. 882–887). Tübingen: Gunter Narr.

Askehave, I. y Zethsen, K.K. (2002). Translating for laymen. *Perspectives: Studies in Translatology*, 10(1), pp. 15–29.

Askehave, I. y Zethsen, K.K. (2003). Communication barriers in public discourse: The patient package insert. *Document Design*, 4 (1), pp. 22–41.

Askehave, I. y Zethsen, K.K. (2006). Medical communication: Professional-Lay. En *Encyclopedia of Language & Linguistics* (pp. 644-649). Oxford: Pergamon Press.

Askehave, I. y Zethsen, K.K. (2008). Mandatory Genres: The case of European Public Assessment Report (EPAR) summaries. *Text & Talk*, 28 (2), pp. 167–191.

Askehave, I. y Zethsen, K.K. (2010). `Check it out´- the construction of patient empowerment in health promotion leaflets. En *English for Academic and Professional* (pp. 105–119). *Purposes*. Utrecht: Rodopi.

Ballesteros Peña, S. y Fernández Aedo, I. (2013). Análisis de la legibilidad lingüística de los prospectos de los medicamentos mediante el índice de Flesch-Szigriszt y la escala Inflesz. *Anales del Sistema Sanitario de Navarra*, 36 (3), pp. 397–406.

Barber, M., Staples, M., Osborne, R.H., Clerehan, R., Elder, C., Buchbinder, R. (2009). Up to a quarter of the population may have suboptimal health literacy depending upon the measurement tool: results from a population-based survey. *Health Promotion International*, *24*(3), pp. 252–261.

Barrio Cantalejo, I., Simón-Lorda, P., Melguizo, M., Escalona, I., Marijuán, M. I. y Hernando, P. (2008). Validación de la Escala Inflesz para evaluar la legibilidad de los textos dirigidos a pacientes. *Revista Española de Salud Pública*,

82 (5), pp. 135–152. Recuperado de http://scielo.isciii.es/pdf/asisna/v31n2/original2.pdf. [Última consulta: diciembre 2019]

Berry, D., Raynor, T., Knapp, P. y Bersellini, E. (2004). Over the counter medicines and the need for immediate action: a further evaluation of European Commission recommended wordings for communicating risk. *Patient Education and Counselling*, 53(2), pp. 129–134.

Cacchiani, S. (2006). Dis/Similarities between PILs in Britain and Italy: Implications for the Translator. *New Voices in Translation Studies*, 2. pp. 28–43.

Clerehan, R. y Buchbinder, R. (2006). Toward a more valid account of functional text quality: The case of the patient information leaflet. *Text & Talk*, 26 (10), pp. 39–68.

Clerehan, R., Hirsh, D. y Buchbinder, R. (2009). Medication information leaflets for patients: The further validation of an analytic linguistic framework. *Communication & Medicine*, 6 (2), pp. 117–127.

Comisión Europea (2009). *Guideline on the readability of the labelling and package leaflet of medicinal products for human use*. Recuperado de http://ec.europa.eu/health/files/eudralex/vol-2/c/2009_01_12_readability_guideline_final_en.pdf> [Última consulta: abril de 2015].

Connor, U., Goering, E., Matthias, M. y Mac Neill, R. (2010). Information Use and Treatment Adherence among Patients with Diabetes. *English for Professional and Academic Purposes*, pp. 89–104. Amsterdam/New York: Rodopi,

Dickinson R., Hamrosi, K., Knapp, P. Aslani, P., Sowter, J. y Krass, I. (2012). Suits you? A qualitative study exploring preferences regarding the tailoring of consumer medicines information. *International Journal of Pharmacy Practice*, 21(4), pp. 207–215.

Fage-Butler, A. M. (2011a). The discursive construction of risk and trust in patient information leaflets. *Hermes*, 46, pp. 61-74.

Fage-Butler, A. M. (2011b). Towards a new kind of patient information leaflet?: Risk, trust and the value of patient centered communication. (Tesis doctoral. Aarhus University).

Hirsh, D, Clerehan, R., Staples, M., Osborne, RH. y Buchbinder, R. (2009). Patient assessment of medication information leaflets: A reader-focused strategy to validate an analytic linguistic framework. *Patient Education and Counselling*, 77, pp. 248–254.

Jensen, M. N. (2013). Translators of Patient Information Leaflets: Translation experts or expert translators?: A mixed methods study of lay-friendliness. (Tesis Doctoral, Aarhus University). Recuperado de http://pure.au.dk/portal/files/55635800/Matilde_Nisbeth_Jensen_PhD_AU_final.pdf [Última consulta: enero 2020]

López Rodríguez, C. I. (2007). Understanding scientific communication through the extraction of the conceptual and rhetorical information codified by verbs. *Terminology*, 13 (1), pp. 63–84.

Martínez Motos, Raquel. (2018). Análisis del efecto de la traducción (inglés-español) en la legibilidad del prospecto de medicamento. *Retos actuales y tendencias emergentes en traducción médica / Current challenges and emerging trends en medical translation. MonTI*, 10, pp. 43–73.

Pander Maat H.L.W. y Lentz L. (2010). Improving the usability of patient information leaflets. *Patient Education and Counseling*, 80, pp. 113-119.

Vázquez y del Árbol, E. (2013). *Traditional patient information leaflet* frente al prospecto medicamentoso tradicional: el orden de los factores ¿no altera? el valor del producto. *Panace@*, 14 (37), pp. 89–97. Recuperado de http://www.medtrad.org/panacea/IndiceGeneral/n37-tribuna-EVazquezydelArbol.pdf. [Última consulta: enero 2020]

Vázquez y del Árbol, E. (2014). Modern user information leaflet frente al prospecto medicamentoso: el orden de los factores ¿no altera? el valor del producto (segunda parte). *Panace@*, 15 (39), pp. 118–127. Recuperado de http://www.medtrad.org/panacea/IndiceGeneral/n39-tribuna_VazquezydAE.pdf [Última consulta: enero 2020]

Jorge Torre Santos
Universidad de Parma

Traducción, lenguaje económico y contexto: el caso de la Gran Recesión en España.

1. Introducción

El estudio de las características de la traducción del lenguaje económico implica relacionar un binomio, la traducción y el lenguaje económico, cuyos elementos no son fáciles de definir ni de delimitar, dada la existencia de múltiples variables y posibilidades de interrelación. La traducción es un «saber hacer» (Hurtado Albir, 2001, p. 25), que se lleva a cabo desde hace muchos siglos, lo que contrasta con la relativa juventud de la disciplina científica que se ocupa de su estudio, la traductología. En este sentido, los numerosos estudios teóricos sobre la traducción que se han sucedido hasta la actualidad no parecen, según Gallego Hernández (2012): «haber sentado unas bases teórico-metodológicas definitivas y consensuadas que permitan cumplir con su cometido ni tampoco abarcar con profundidad la totalidad de aspectos que la traducción puede cubrir» (p. 21). Por lo que se refiere a las propuestas de clasificación y descripción de la traducción, se seguirán los planteamientos de Hurtado Albir (2001, p. 43–95), que configuran un cuadro detallado con elementos de flexibilidad que permiten afrontar con eficacia su complejidad y la presencia de solapamiento entre las diferentes categorías.

El lenguaje económico se configura en el marco de las formas de comunicación especializada, cuya creciente importancia ha ido paralela al desarrollo de los estudios sobre su lenguaje, a partir de los cuales se han propuesto múltiples denominaciones. En los últimos años, se ha preferido utilizar los términos de discurso o lengua (o lenguaje) especializado o de especialidad. En el marco de este trabajo se utilizará el sintagma lenguas de especialidad, que serán consideradas variedades funcionales de la lengua basadas en estructuras de una lengua natural, con una terminología propia y preferencia por ciertas formas discursivas y gramaticales, que se desarrollan como instrumentos de comunicación de las diversas esferas de la actividad humana (Calvi, 2011, p. 15).

Considerar las lenguas de especialidad como variedades funcionales de la lengua refleja una concepción amplia y flexible en sus relaciones con el lenguaje general, respecto a interpretaciones más restrictivas, como aquellas en las que se limita su uso a la comunicación entre especialistas (Sager y Dumgworth, 1980).

Se trata de planteamientos en los que intervienen aspectos discursivos y ligados a la comunicación, a través de los cuales se configuran lingüísticamente grados de especialización que incluyen diversos niveles, con zonas de transición poco nítidas entre los mismos (Ciapuscio y Kuguel, 2002, p. 41–42). Se ha hablado, en este sentido, de una «dimensión vertical», configurada por niveles sociolingüísticos (Cortelazzo, 1990, p. 20–22), que acompaña al llamado nivel horizontal, ligado a los conocimientos que transmiten y manifestado fundamentalmente a través del léxico, sobre la base de una terminología específica. El concepto de término de especialidad y la disciplina que lo estudia, la terminología, ha variado sensiblemente en las últimas décadas, en las que en contraste con los planteamientos «normalizadores» de la teoría General de la Terminología (TGT) de Wüster, han surgido otros planteamientos teóricos, como el comunicativo de Cabré, según el cual: «los términos no son unidades aisladas que constituyen un sistema propio, sino unidades que se incorporan en el léxico de un hablante en cuanto adquiere el rol de especialista por el aprendizaje de conocimientos especializados» (Cabré, 2005, p. 149). De este modo, los términos especializados activan su valor en función del uso en un contexto comunicativo (Cabré, 2008, p. 18), lo que conlleva que no tengan un valor absoluto sino relativo, en función de su ámbito y situación de uso (Cabré, 2005, p. 132). Sobre estas bases, entre la traducción y la terminología se establece una relación asimétrica, ya que la primera necesita la segunda, pero no al contrario (Cabré, 2004, p. 101), mientras que, para el traductor, la solución de los problemas traductivos derivará de su capacidad de gestión de los recursos terminológicos adecuados para la situación contingente (Faini, 2018, p. 25).

Si se considera la traducción como un «proceso comunicativo que tiene lugar en un contexto social» (Hatim y Mason, 1990/1995, p. 13), la definición de este último adquiere una particular importancia. Numerosas disciplinas y estudios se han ocupado y se ocupan de la noción de contexto. En particular, la teoría del contexto de Van Dijk, lo considera, desde una perspectiva cognitiva, como un constructo subjetivo, un modelo mental (Van Dijk, 2012, p. 95), considerando la influencia de las situaciones materiales en el discurso ligada a que los usuarios del lenguaje las interpreten, representen y «vivan» como tales (Van Dijk, 2012, p. 183).

Sobre estas bases, el capítulo se desarrolla fundamentalmente en dos partes. La primera dedicada a la delimitación de las características del lenguaje económico y la influencia en las mismas en su traducción, prestando particular atención a las metáforas de la economía y su traducción en dos lenguas afines como el español y el italiano. La segunda parte se basa en las investigaciones que desarrolla el autor sobre la crisis y su discurso en España, planteando sobre la base de la teoría del contexto de Van Dijk, un modelo de análisis basado en la aplicación lingüística del modelo de Kubler-Ross.

2. El lenguaje económico y su traducción

Entre las lenguas de especialidad, el lenguaje económico presenta particulares problemas de definición y delimitación, dado el carácter poliédrico del propio concepto de economía y de sus manifestaciones. En los numerosos estudios sobre el argumento se tiende a hacer una distinción entre el lenguaje del estudio de la economía como disciplina y el de las actividades económicas y profesionales, considerando el primero un lenguaje académico que comprende el referido a sus articulaciones internas, temas y modelos, tanto del ámbito y el enfoque macro como micro, mientras que el lenguaje referido a las actividades económicas tiende a ser considerado un lenguaje profesional que recibe diversas denominaciones, como lengua de los negocios, lengua del comercio o lenguaje financiero. En este sentido, Mateo Martínez (2007, p. 193–194), plantea la existencia de dos macrogéneros en el lenguaje de la economía: el de la economía teórica y el de los negocios. Este último, a su vez, lo divide en dos géneros subsidiarios, el lenguaje del comercio y de las finanzas, que presentan características propias: el primero, ligado al intercambio de bienes, está más unido a las actividades cotidianas, lo que implica un fuerte enraizamiento en la cultura popular, mientras que el segundo, referido al empleo de dinero en todas sus formas, responde a un ámbito de actividad de gran dinamismo. En ambos casos, sostiene Mateo Martínez, se manifiesta la fuerte influencia del inglés: a través de su condición de lengua dominante del comercio internacional, el inglés se configura como la proveedora de neologismos comerciales al resto de las lenguas para las nuevas prácticas comerciales y la nueva economía, mientras que el componente más «coloquial» del lenguaje financiero inglés no aparece en el lenguaje financiero español, mucho más técnico y por ello al alcance de un público más especializado.

Las particulares características del lenguaje económico como lengua de especialidad se transmiten a las características de su traducción. No es fácil, en efecto, delimitar el concepto de «traducción económica», dada la gran cantidad de géneros y subgéneros textuales que contiene, sus posibles variaciones discursivas y de registro, así como la existencia de elementos de solapamiento. Los autores tienden a distinguir entre la traducción referida a la disciplina y la que se ocupa de las actividades económicas (traducción comercial y financiera). En este sentido, Gallego Hernández (2012), define la traducción económica como: «la traducción de géneros especializados enmarcados tanto en la dimensión disciplinar de las manifestaciones verbales de la economía como en su dimensión profesional» (p. 75).

Al constituir un lenguaje de especialidad, el lenguaje económico contiene una dimensión vertical y horizontal. La primera se refiere al contexto comunicativo y el papel social de los hablantes, que en este caso también puede ser configurada sobre la base de su articulación como disciplina o como actividad. Por lo que se refiere a la dimensión horizontal, su peso en el lenguaje económico es relevante, con una terminología que refleja las dificultades de definición del lenguaje económico, y se presenta como una entidad dinámica y fluida (Santos López, 2011, p. 125). Por todo ello, cobra particular importancia el conocimiento del traductor de las técnicas y procedimientos referidos a la Documentación, así como los sistemas de información y documentación (SID) desarrollados por esta disciplina (Recoder y Cid, 2004, p. 74–75).

El léxico de la economía ha sido objeto de numerosos estudios, que reflejan su notable capacidad de generación de neologismos, sobre todo a través de procesos de prefijación y sufijación, pero también a través de formas de composición, de préstamos, sobre todo adaptados del inglés, y del uso de siglas (Santos López, 2011, p. 124–127). En este ámbito, el empleo de las metáforas adquiere particular importancia, a partir de imágenes que representan diversas áreas semánticas (salud, guerra, naturaleza, deportes, etc.). A menudo, los ámbitos semánticos metafóricos reflejan imágenes próximas al sujeto (individual o colectivo), es decir, a lo que Lakoff y Johnson (1980/2017) consideran como su vida cotidiana, configurándose en el marco de la lingüística cognitiva como metáforas conceptuales, en las que un esquema abstracto de pensamiento indica una serie de asociaciones sistemáticas o proyecciones entre el dominio fuente y el dominio meta (Soriano, 2012, p. 97–98). Fraile Vicente (2007, p. 73–95), en su estudio sobre la metáfora en el lenguaje económico inglés-español, sistematiza precedentes clasificaciones en dos grandes grupos de metáforas conceptuales, basados en los campos semánticos de los términos metafóricos: LA ECONOMÍA ES UN OBJETO INANIMADO Y LA ECONOMÍA ES UN ORGANISMO VIVO. En el primer grupo existen otras tres metáforas conceptuales básicas: 1) ECONOMÍA = MÁQUINA; 2: ECONOMÍA = MICROELECTRÓNICA; 3 ECONOMÍA = LÍQUIDO/GAS. En el segundo grupo (ECONOMÍA = ORGANISMO VIVO) las metáforas se refieren a la medicina y los conflictos humanos, agrupándose en las siguientes metáforas conceptuales: 1) ECONOMÍA = CUERPO HUMANO; 2) ECONOMÍA = VIDA COTIDIANA; 3) ECONOMÍA = NATURALEZA; 4) ECONOMÍA = ENFERMEDAD/MEDICINA;5) ECONOMÍA = CONFLICTO/GUERRA; 6) ECONOMÍA = COMPETICIÓN/DEPORTE; 7) ECONOMÍA = JUEGO. Se trata de una clasificación que puede tener cabida en otras lenguas dada la difusión de paralelismos o similitudes entre los conceptos metafóricos en el ámbito económico, circunstancia que implica la tendencia al empleo de la misma metáfora en la traducción, a pesar de que no siempre corresponda el concepto o pensamiento a la misma metáfora conceptual o lingüística (Gallego Hernández, 2012, p. 100–101). En el caso de la traducción de dos lenguas afines, como el español y el italiano, la correspondencia se encuentra especialmente presente en las metáforas lexicalizadas, mientras que en las metáforas «vivas» a menudo la correspondencia puede mantenerse añadiendo elementos culturales y ligados al contexto, que en este caso tienen que ser tenidos particularmente en cuenta por el traductor (Gilarranz Lapeña, 2010, p. 421).

3. Análisis del discurso económico y contexto: el caso de la Gran Recesión en España

El análisis del discurso es objeto de estudio por parte de diversas disciplinas, que se ocupan del mismo con gran variedad de teorías y métodos, coincidentes en el objeto de estudio: el discurso y su significado en su sentido más amplio, así como en la consideración del discurso como el uso del lenguaje, es decir, la lengua en funcionamiento (Otaola, 1989, p. 81–83). También numerosas disciplinas y estudios se han ocupado y ocupan de la noción de contexto. En particular, la teoría del contexto de Van Dijk se basa en la consideración de este como una realidad subjetiva. Se trata de modelaciones mentales, es decir de «modelaciones subjetivas episódicas (experiencias) de los intervinientes, construidas dinámicamente (y actualizadas) durante la interacción» (Van Dijk, 2009, p. 386–388). En este sentido, las dimensiones del contexto no se limitan al más inmediato cara-a- cara, el microcontexto, ya que «hay razones para suponer que los usuarios de una lengua también construyen una clase de 'macro' contexto» (Van Dijk, 2009, p. 390). El enfoque sociocognitivo del contexto de Van Dijk se integra en el campo de investigación del Análisis Crítico del Discurso (ACD), que examina «las estructuras sociales del poder a través del análisis de las relaciones entre discurso y cognición» (Van Dijk, 2016, p. 210). La consideración subjetiva del contexto se basa en que las situaciones sociales son constructos sociales, lo cual no excluye que «las situaciones y las estructuras sociales y políticas no puedan tener dimensiones objetivas (por ejemplo, de tiempo y espacio) o que los miembros de la sociedad no las vivan como 'reales'» (Van Dijk, 2012, p. 39). Las situaciones sociales influyen en el discurso mediante interpretaciones subjetivas que hacen los participantes; se trata de modelos de contexto, basados en conocimientos social y culturalmente compartidos (Van Dijk, 2011, p. 373–374). En este sentido, los discursos «son interpretados como elementos que guardan una relación coherente con los modelos mentales que los usuarios tienen sobre los acontecimientos o los hechos a que se hace referencia» (Van Dijk, 2001/2003, p. 165). Sobre estas bases, se puede configurar el contexto de crisis económica vivida a principios de este siglo y conocida como la Gran Recesión.

El sustantivo «crisis» es de uso muy común en la actualidad, a partir de un significado muy versátil relacionado normalmente con el cambio, intensificación o situación, en referencia a la política, la economía o la medicina, o a la manera en la que los propios procesos o situaciones son apreciados. La imagen de la crisis se representa a menudo a través de una serie de procesos metafóricos más o menos específicos, en los que se configura como una nave, un proceso, una calamidad natural, un escenario (de guerra, de juego deportivo), un objeto material o una enfermedad (Mariottini, 2017, p. 91). Se trata de elementos tendencialmente presentes en el concepto del griego antiguo, κρίνω (*krino*), entre cuyos significados se encontraban los de separar, elegir, decidir, juzgar, medirse, luchar y combatir (Koselleck, 1982/2012, p. 132). Entre ellos, la imagen de la crisis como una enfermedad resulta de particular importancia, ya que enlaza con uno de los pilares fundamentales del contenido histórico del concepto, cuyo acepción ligada a la medicina, derivada de los tratados hipocráticos y fijada por Galeno, prevaleció en la palabra crisis hasta el siglo XVII, extendiéndose después a la política, la economía, la psicología y la historia, primero en Francia y en Inglaterra, más tarde en Alemania, sobre la base de la extensión metafórica del concepto médico al «cuerpo político» (Koselleck, 2006/2009, p. 37).

La extensión semántica de la palabra crisis llega a España en los siglos XVII y XVIII y sobre todo en el siglo XIX, vinculada a las influencias de Francia y su cultura en los intelectuales y políticos de tendencia liberal y se plasma en la lexicografía a través de los numerosos diccionarios no académicos de tendencia enciclopédica de la época (Torre Santos, en prensa). En este sentido, la imagen de la crisis se configura como la metáfora conceptual, LA CRISIS ES UNA ENFERMEDAD, que, en referencia al lenguaje económico, sobre la base de la clasificación de Fraile Vicente (2007, p. 73–95) podría encuadrarse en el segundo grupo (ECONOMÍA = ORGANISMO VIVO) y, sobre la base de sus características generales, en el subgrupo 4 (ECONOMÍA = ENFERMEDAD/MEDICINA), en el que por economía podría entenderse la situación económica concreta, es decir, la crisis.

Si el proceso/periodo de crisis se percibe por los usuarios del lenguaje como la manifestación de una enfermedad, las formas de abordarla pueden corresponder a los planteamientos ante la misma por parte de quienes la experimentan, también desde el punto de vista lingüístico. En el ámbito de la psiquiatría, Elisabeth

Kübler-Ross ha descrito en su conocido modelo las cinco etapas (1ª negación; 2ª cólera; 3ª negociación; 4ª depresión; 5ª aceptación) mediante las cuales los enfermos incurables afrontan la muerte, señalando que se trata de una forma de reacción humana ante una situación de intenso estrés, que no es solo típica de la enfermedad mortal (Kübler-Ross: 1969/1976, p. 294).

La aplicación lingüística del modelo de Kübler-Ross al discurso de la crisis en España, actualmente objeto de investigación[1], se basa en la búsqueda de paralelismos a todas ellas desde el punto de vista del lenguaje y el discurso, teniendo en cuenta que las fases no se sustituyen entre ellas y pueden coexistir y a veces sobreponerse (Kübler-Ross, 1969/1976, p. 295).

España ha sido uno de los países más golpeados por la crisis económica mundial iniciada en 2008, tras la caída del banco Lehman Brothers. La conocida como Gran Recesión llega al país tras un periodo de impetuoso crecimiento del PIB. En este marco, la extensión de la crisis a España configura la primera fase del modelo de Kübler-Ross (negación), en la que la realidad tiende a ser negada o atenuada, para cuya actuación discursiva el uso de los eufemismos adquiere una importancia fundamental. A la negación sucede la ira (segunda fase), que en España se manifiesta en el discurso ligado a la intensa oleada de protesta que en España cristaliza en el movimiento del 15M. En este sentido, los eslóganes de los indignados presentan particulares características de forma y contenido (brevedad, abundante presencia de figuras retórica, ausencia de eufemismos), y configura una forma alternativa de comunicación en el que darle la vuelta al lenguaje se convierte en una acción revolucionaria (Pérez Vicente, 2013, p. 592).

En la tercera fase (negociación) se pueden incluir los elementos lingüísticos correspondientes a las políticas del gobierno español tendentes a aplazar y/o mitigar de alguna manera los efectos de la crisis y las negociaciones con las autoridades europeas sobre la deuda y los bancos. La cuarta fase (depresión) corresponde en general a los contenidos más pesimistas sobre las características de la crisis y sus consecuencias, si bien la percepción de negatividad puede estar presente en el resto de las fases de manera más o menos acentuada. En España coincide con los recortes del gobierno de Zapatero en la primavera de 2011 y las duras medidas de austeridad del gobierno de Mariano Rajoy tras la victoria electoral del Partido Popular en el otoño de ese mismo año. Desde el punto de

1 La aplicación lingüística del modelo de Kübler-Ross al discurso sobre la Gran Recesión en España constituye un objeto de mis investigaciones en la actualidad. Su estudio llevará a la publicación de una monografía sobre el argumento, basada en el análisis de corpus.

vista lingüístico, se manifiesta particularmente a través de la difusión de sufijos como -azo, referidos a neologismos que enfatizan las medidas de austeridad económica sufridas por la población (decretazo, medicamentazo, pensionazo, tarifazo, ajustazo, etc.) y las metáforas de la enfermedad que subrayan la gravedad de la misma.

La quinta fase se refiere en el modelo de Kübler-Ross a la aceptación por parte del paciente de su «destino» y la consiguiente paz interior. Se trata de la fase final, que como tal conduce, de alguna manera, a la superación del problema a través del fin del estrés ligado al mismo. En este sentido, el modelo podría aplicarse, desde el punto de vista discursivo, al final de la crisis y en él serían particularmente productivas las metáforas referidas a la naturaleza y a su regeneración. En realidad, tales metáforas aparecen a menudo en el resto de las fases, pudiendo ponerse en relación con lo que la psiquiatra suizo-estadounidense señala como única cosa que se encuentra en todas ellas: la esperanza (Kübler-Ross, 1969/1976, p. 162), que en el discurso de la crisis en España a menudo aparece ligado a formas de atenuación de la realidad. Por ello, la identificación de las metáforas de la naturaleza y su regeneración referidas a la última fase del modelo debería ligarse a la efectiva presencia de elementos concretos de mejoría de la situación económica.

El discurso de la crisis también presenta particularidades en el ámbito de la traducción, ligadas a las diferencias presentes en el ámbito macro del contexto y al proprio carácter subjetivo del mismo. Por lo que se refiere al español y al italiano, hay que tener en cuenta que la crisis golpea de manera muy diferente en los dos países. Sobre la base de la metáfora conceptual LA CRISIS ES UNA ENFERMEDAD, se podría considerar que en España se trata de una enfermedad de exordio brusco, procedente en buena medida de un contagio (la crisis financiera internacional) aunque el enfermo (el país y por extensión la economía de sus habitantes) tenía una debilidad de base (la burbuja inmobiliaria en España) que constituía una predisposición a la misma. La crisis amenazaba gravemente al enfermo y podía llevar al desenlace fatal (*default*/ruptura completa del sistema económico/caos social), a la curación (superación de la crisis, con más o menos secuelas) o a la cronificación de la enfermedad. En Italia, la crisis tenía un carácter fundamentalmente estructural, por lo que la superación de la crisis económica mundial no conllevaba la solución de la misma (Ciocca, 2010, p. 51). Tal diversidad ha sido definida como «crisis en la crisis» (D'Ippoliti y Roncaglia, 2011, p. 189). De esta forma, la crisis correspondía al contagio de una enfermedad (crisis financiera) en un enfermo crónico (la persistente crisis italiana) y por tanto débil. Por ello, su desenlace era también potencialmente fatal o podía conducir a un ulterior agravamiento del mal ya presente, y hacer más improbable la curación del enfermo.

Desde el punto de vista de los habitantes de los respectivos países, la brusca llegada de la enfermedad a España a partir de una situación aparentemente sana constituye una situación que contiene todas las fases de la aplicación lingüística del modelo Kübler-Ross, mientras que en Italia la crisis se consideraba un ulterior agravamiento de una situación de enfermedad ya existente, por lo que los habitantes se preocupaban por la situación pero no se sorprendían especialmente de la misma, como estaba sucediendo en España. En este sentido, el análisis de la traducción del español al italiano de un volumen referido a la crisis, *El Hombre que cambió su casa por un tulipán*, de Fernando Trías de Bes (Torre Santos, 2019) muestra que para el lector italiano el propósito implícito del autor (hablar de las burbujas económicas de la historia para comprender la crisis del presente y los males ligados a la especulación) es mucho menos perceptible, ya que la situación de crisis italiana es solo aparentemente similar a la española, también desde el punto de vista de su percepción, por lo que este subtexto es mucho menos evidente. Así, la traducción, a menudo correcta y eficaz desde el punto de vista lingüístico, configura un texto meta más «frío», que refleja la dimensión más «comercial» del texto original, pero muestra limitaciones por lo que respecta a sus contenidos implícitos (Torre Santos, 2019, p. MON 143). En consecuencia, el texto pierde un poco de su «alma» por el camino de la traducción y lo hace en buena medida por cuestiones ligadas a la percepción de su contexto.

4. Conclusiones

El carácter poliédrico de la economía y de sus manifestaciones implica problemas en la definición y delimitación del lenguaje económico, tendiendo a hacerse una distinción entre el lenguaje del estudio de la economía como disciplina y el lenguaje de las actividades económicas y profesionales, situación que se transmite a las características de su traducción. El léxico de la economía se caracteriza por su notable capacidad de generar neologismos y por el uso de las metáforas, a partir de imágenes que representan diversas áreas semánticas. En el ámbito de la lingüística cognitiva, los estudios de Fraile Vicente (2007) sobre la metáfora en el lenguaje económico inglés-español constituyen una interesante sistematización, mientras que la presencia de paralelismos en otras lenguas entre los conceptos metafóricos en el ámbito económico permite la extensión de la clasificación a otras lenguas e implica la tendencia al empleo de las mismas metáforas en la traducción, a pesar de que no siempre la correspondencia sea plena (Gallego Hernández, 2012). En este sentido, la afinidad lingüística del español y el italiano conlleva una significativa correspondencia de las metáforas del lenguaje económico, particularmente presente en las metáforas lexicalizadas (Gilarranz Lapeña, 2010).

El contexto juega un papel de gran importancia en los ámbitos de la traducción y del análisis del discurso. Van Dijk, en su teoría sobre el contexto, considera este último un «constructo subjetivo», un modelo mental que puede articularse a nivel micro y también macro. En este sentido, la llamada Gran Recesión ha configurado un discurso que puede articularse sobre la base de la metáfora conceptual LA CRISIS ES UNA ENFERMEDAD, ligada a la extensión semántica del término crisis a partir de su acepción médica, realizada a partir del siglo XVII en varios países europeos, entre los cuales España. Sobre estas bases, puede realizarse una aplicación lingüística del conocido modelo de Kübler-Ross al discurso de la crisis, en las que las cinco fases (1ª negación; 2ª cólera; 3ª negociación; 4ª depresión; 5ª aceptación), se muestran a través de los eufemismos, el discurso de protesta, el discurso ligado a la negociación, las metáforas referidas a la gravedad de la enfermedad y las metáforas de la regeneración de la naturaleza. También en la traducción del discurso de la crisis el contexto evidencia su particular importancia, como muestra el caso de la traducción del volumen *El Hombre que cambió su casa por un tulipán*, de Fernando Trías de Bes, en la que la insuficiente atención a las diferencias entre la crisis en España e Italia lleva a una traducción en la que el subtexto del texto original es poco perceptible en el texto meta, con la consecuente limitación de sus características.

Referencias bibliográficas

Cabré M. T. (2004). La terminología en la traducción especializada. En C. Gonzalo García, y V. García Yebra (Eds.), *Manual de documentación y terminología para la traducción especializada* (pp. 89–125). Madrid: Arco Libros.

Cabré M. T. (2005). *La terminología. Representación y comunicación. Elementos para una teoría de base comunicativa y otros artículos*, Barcelona: Institut Universitari de Lingüística Aplicada, Universitat Pompeu Fabra.

Cabré M. T. (2008). El principio de poliedricidad: la articulación de los discursivo, lo cognitivo y lo lingüístico en Terminología (I). *Ibérica*, n. 16, pp. 9–36.

Calvi, M.V. (2011). Las lenguas de especialidad. En M.V. Calvi, C. Bordonaba Zabalza, G. Mapelli y J. Santos López, *Las lenguas de especialidad en español* (pp. 15–38). Roma: Carocci.

Ciapuscio, G. y Kuguel, I. (2002). Hacia una tipología del discurso especializado: aspectos teóricos y aplicados. En J. García Palacios y M. Teresa

Fuentes (Eds.), *Entre la terminología, el texto y la traducción* (pp. 37–73). Salamanca: Almar.

Ciocca, P (2010). *La specificità italiana nella crisi in atto. Moneta e Credito*, vol. 63, n. 249, pp. 51–58.

Cortelazzo, M. (1990). *Lingue speciali. La dimensione verticale*, Padova: Unipress.

D'ippoliti, C y Roncaglia, A. (2011). L'Italia: una crisi nella crisi., *Moneta e Credito*, vol. 64, n. 255, pp. 189–227.

Faini, P. (2018). La formazione terminologica del traduttore. En Id. (a cura di). *Terminologia, linguaggi specialistici, traduzione* (pp. 17–32). Trento: Tangram.

Fraile Vicente, E. (2007). *Las expresiones idiomáticas de la economía en inglés y español. Propuesta para un correcto tratamiento terminográfico*, Valladolid: Servicio de Publicaciones de la Universidad de Valladolid.

Gallego Hernández, D. (2012). *Traducción económica y corpus: del concepto a la concordancia. Aplicación al francés y al español*, Alicante: Publicaciones de la Universidad de Alicante.

Gilarranz Lapeña, M. (2010). La traducción de la metáfora en el lenguaje de la economía. Correspondencia en lenguas afines: italiano-español. En L. González y P. Hernúñez (Coords.) *El español, lengua de traducción para la cooperación y el diálogo. Actas del IV Congreso "El Español, lengua de traducción" 8 a 10 mayo de 2008*, Madrid: ESLEtRA, edición digital, Centro Virtual Cervantes. Recuperado de https://cvc.cervantes.es/lengua/esletra/esletra_04.htm [15/01/2020].

Hatim, B. y Mason, I. (1990). *Discourse and the translator*, Londres: Longman (*Teoría de la traducción. Una aproximación al discurso*. Madrid: Ariel, 1995).

Hurtado Albir, A. (2001). *Traducción y traductología. Introducción a la traductología*, Madrid: Cátedra.

Koselleck, R. (1982). Krise, en Brunner, O., Conze W. y Koselleck, R. (Eds.). *Geschichtliche Grundbegriffe. Historisches Lexicon zur politisch-sozialen Sprache in Deutchland*, Stuttgart, 1972–1997, vol. 3, pp. 617–650, (*Crisi, per un lessico della modernità*, Imbriano G. y Rodeschini, S. (Eds.). Verona: Ombre Corte, 2012).

Koselleck, R. (2006). *Begriffgeschichten*, Frankfurt a.M: Suhrkamp (cap. 1, 3, 9, 10, 11, 12, 14), (*Il vocabolario della modernità. Progresso, crisi, utopia e altre storie di concetti*, Bologna: Il Mulino, 2009; *Historias de conceptos. Estudios sobre semántica y pragmática del lenguaje político y social*, Madrid: Editorial Trotta, 2012).

Kübler-Ross, E. (1969). *On death and dying* (*La morte e il morire*, Assisi: Cittadella editrice, 1976).

Lakoff, G. y Johnson M. (1980). *Metaphors We Live By*. University of Chicago, (*Metáforas de la vida cotidiana*, Madrid: Cátedra, 2017).

Mariottini, L. (2017). La crisis española a golpes de retórica. Una aproximación cualitativa a los procesos metafóricos empleados en la prensa nacional. En J. Meckle, R. Junkerjürgen y H. Pöppel (Eds.), *Discursos de la crisis. Respuestas de la cultura española ante nuevos desafíos* (pp. 87–101). Madrid: Iberoamericana-Vervuert.

Mateo Martínez, J. (2007). El lenguaje de las ciencias económicas. En E. Alcaraz, J. Mateo y F. Yuds (Eds.), *Las lenguas profesionales y académicas* (pp. 191–203). Barcelona: Ariel.

Otaola Olano, C. (1989). El análisis del discurso. Introducción teórica, *Epos*, n. 5, pp. 81–98.

Pérez Vicente, N. (2013). El lenguaje político del 15-M: hacia una nueva retórica de la indignación. *Signa*, n. 22, pp. 569–594.

Recoder M. J. y Cid P. (2004). La documentación en la traducción especializada. En C. Gonzalo García y V. García Yebra (Eds.), *Manual de documentación y terminología para la traducción especializada* (pp. 73–88). Madrid: Arco Libros.

Santos López, J. (2011). El lenguaje económico. En M.V. Calvi, C. Bordonaba Zabalza, G. Mapelli y J. Santos López. *Las lenguas de especialidad en español* (pp. 123–145). Roma: Carocci.

Soriano, C. (2012). *La metáfora conceptual*. En I. Ibarretxe-Antuñano y J. Valenzuela (Eds.). *Lingüística cognitiva* (pp. 97–121, 2ª ed, 2016). Barcelona: Anthropos.

Sager, J.C. y Dungworth, D. (1980). *English Special Languages: principles and practice in science and technology*. Wiesbaden: Oscar Brandstetter Verlag

Torre Santos, J. (2019). La traducción de la crisis en su contexto: El hombre que cambió su casa por un tulipán, de Fernando Trías de Bes. *Artifara* 18 (2018) *Monographica*, pp. MON 129–145.

Torre Santos, J (en prensa) La diacronía en la fraseología española sobre la crisis. En C. De Giovanni, S. Koester-Gensini y T.A. Messina Fajardo (Eds.), *Fraseologia e paremiologia: modelli, strumenti e prospettive*, Roma: Aracne.

Van Dijk, T.A. (2001/2003). Multidisciplinary CDA: A Plea for Diversity. en Wodak, R. y Meyer, M., *Methods of Critical Discourse Analysis*, Thousand Oaks: Sage Publications (La multidisciplinariedad del análisis crítico del discurso: un alegato en favor de la diversidad. En R. Wodak y M. Meyer, *Métodos de análisis crítico del discurso*, Barcelona: Gedisa, 2003, pp. 143–177).

Van Dijk, T.A. (2009). *Discurso y poder*, Barcelona: Gedisa.

Van Dijk, T.A. (2011). *Sociedad y discurso*, Barcelona: Gedisa

Van Dijk, T.A. (2012). *Discurso y contexto. Un enfoque sociocognitivo*, Barcelona: Gedisa.

Van Dijk, T.A. (2017). Análisis Crítico del Discurso. *Revista Austral de Ciencias Sociales*, (30), pp. 203–222.

Guadalupe Soriano Barabino
Universidad de Granada
Grupo de investigación AVANTI

«Mamá, quiero ser traductor de textos jurídicos». Pautas para la formación inicial en traducción jurídica

1. Introducción

Si bien la formación y la especialización de todo traductor no se puede reducir a cuatro o cinco años de estudios de grado y/o grado y posgrado y la traducción es una carrera de fondo que precisa de constante actualización, sí es cierto que es durante su formación reglada cuando los traductores comienzan a familiarizarse con las diferentes modalidades o especialidades de la traducción y cursan todo tipo de asignaturas orientadas, generalmente, a ofrecerles una formación básica. Por necesidades de la formación, nuestros planes de estudio[1] han venido ofertando tradicionalmente asignaturas orientadas a la formación en traducción «general», es decir, en la que se trabajan, principalmente, textos no especializados o con un nivel bajo de especialización (aunque muchas veces esas asignaturas acaban siendo un cajón de sastre en el que cabe todo tipo de textos) y otras asignaturas de traducción especializada, orientadas a comenzar a familiarizar al estudiantado con la traducción de textos de especialidad. En la mayoría de los casos, estas asignaturas contemplan la traducción de textos de la Ciencia, la Tecnología, las Humanidades, las Ciencias Sociales o el Derecho en un escaso número de créditos y de forma obligatoria para todos los estudiantes que cursan un determinado grado en Traducción. Tras este primer contacto con diferentes áreas de especialidad y más adelante en su formación, ya sea a través de asignaturas en las que se profundiza en aspectos de especialidad o de másteres especializados, los estudiantes tendrán la posibilidad de seguir formándose en aquella o aquellas áreas que les resulten más atractivas.

El bagaje cultural, el perfil y el interés particular de los estudiantes que afrontan este primer contacto con la traducción jurídica puede ser bastante diverso,

1 Por motivos de espacio, no entraremos a detallar planes de estudio ni la proporción de asignaturas de carácter más o menos especializado de los mismos sino que partiremos de generalidades.

si bien es cierto que la mayoría comparte una serie de rasgos y presuposiciones que nos permiten trazar un esbozo del estudiante prototípico. Generalmente, la traducción jurídica se considera difícil, ardua, los estudiantes la ven como un tipo de traducción que requiere mucho trabajo (más que la traducción de otros textos) y, de forma habitual, confiesan no haber tenido ningún contacto previo con el Derecho, en ninguna de sus formas[2], lo cual les produce inquietud y se suelen sentir abrumados ante algo que consideran totalmente desconocido. La labor del docente en esta fase inicial de la formación, y ante un perfil del estudiantado como el que presentamos, no consiste en formar traductores jurídicos competentes sino en vencer esa barrera psicológica y sentar las bases para un posterior desarrollo de la competencia traductora en traducción jurídica.

Antes de abordar las pautas que proponemos para la formación inicial en traducción jurídica comenzaremos por repasar una serie de aspectos que nos permitirán describir el marco en el que nos situamos. En primer lugar, observaremos si existen diferencias entre la traducción de textos jurídicos y la traducción de otro tipo de textos y si la traducción jurídica puede considerarse realmente más difícil que la traducción de otro tipo de textos. Posteriormente analizaremos qué habilidades o destrezas debe tener un traductor jurídico y señalaremos cuáles son los aspectos o ámbitos en los que, en nuestra opinión, debe incidir en mayor medida el formador en traducción jurídica. Finalmente, propondremos un marco metodológico destinado a la formación inicial en traducción jurídica, teniendo en cuenta la realidad formativa y el perfil del estudiantado indicados anteriormente.

2. La traducción de textos jurídicos frente a la traducción de textos de otras disciplinas

Como hemos indicado, parte del rechazo inicial a la traducción jurídica viene dado por la creencia generalizada de que es más difícil traducir textos jurídicos que traducir textos de otras disciplinas. En este epígrafe analizaremos las características de la traducción jurídica frente a la traducción de textos de otro tipo y nos plantearemos si realmente esa creencia está justificada o no.

Antes de proseguir y aunque no es el objetivo de esta contribución definir la traducción jurídica, sí conviene delimitar a qué nos referimos con esta

2 Información obtenida gracias a cuestionarios de evaluación diagnóstica respondidos por estudiantes matriculados en la asignatura Traducción Especializada B-A (francés) del Grado en Traducción e Interpretación de la Universidad de Granada desde el curso 2013–14 hasta la actualidad.

denominación, para así saber cuál es nuestro objetivo al formar los futuros traductores. Existen diversos autores que han contribuido a la definición de traducción jurídica (Borja Albi, 2000; Gémar, 1979; Mayoral Asensio, 2004, entre otros) y la mayoría de ellos lo hacen ofreciendo una serie de características de la misma, línea en la que nos situaremos nosotros. Así, definimos la traducción jurídica como aquella cuyo objeto es el texto jurídico en sentido amplio, el cual se encuentra redactado según unas determinadas convenciones lingüístico-jurídicas y se enmarca en la realidad histórica, social y cultural de un determinado país o región.

Este intento de caracterización de la traducción jurídica nos ofrece los tres principales signos de identidad o especificidades, en nuestra opinión, de este tipo de traducción (que coinciden en gran medida con los tres pilares sobre los que, en opinión de Borja Albi (2000, p. 136), se asienta la práctica de la traducción jurídica). En primer lugar, no es posible afirmar que exista un solo texto jurídico sino un sinfín de ellos, que se pueden agrupar en diferentes tipologías o géneros. Ya Mayoral Asensio llamaba la atención sobre esta enorme variedad de textos jurídicos (2002, 2004) y el carácter híbrido de los mismos, no solo porque, como señala el autor, «hasta en las crónicas políticas o económicas se habla de derecho» sino también porque «todos estos textos, hasta los más supuestamente jurídicos, como los procesales, incluyen o pueden incluir gran cantidad de elementos que corresponden a ámbitos no jurídicos» (Mayoral Asensio, 2004, p. 54). Y ello sin olvidar que el término «traducción jurídica» se utiliza con frecuencia como un hiperónimo en el que caben otros tipos de traducción, como puede ser la traducción comercial o la traducción económica, lo cual amplía significativamente el abanico de textos «jurídicos».

En segundo lugar, el derecho se expresa con un lenguaje propio compuesto por términos, fórmulas, construcciones fraseológicas, elementos de estilo o registro y que se ha ido formando de forma paralela a la evolución jurídica de cada sociedad, resultado de la historia y la cultura de cada país (Pommer, 2008, p. 17), lo que hace que difiera entre diferentes ordenamientos jurídicos, aunque estos compartan la misma lengua. Este lenguaje especializado, que suele ser opaco, se entremezcla con elementos de la lengua común que, en ocasiones, adquieren un significado especializado en el ámbito jurídico.

Por último, pero no por ello menos importante, debemos hacer referencia al que, generalmente, se considera el mayor escollo de la traducción jurídica: la incongruencia entre ordenamientos jurídicos (Šarčević, 1997). La traducción de textos jurídicos puede plantearse en el seno de un único sistema u ordenamiento jurídico o entre diferentes ordenamientos jurídicos. En el primer caso, puede tratarse de países en los que coexisten dos lenguas oficiales pero existe tan solo un ordenamiento jurídico, o de organizaciones supranacionales, como puede ser la Unión Europea, en la que, junto a los ordenamientos propios de cada país, existe un derecho europeo común a todos ellos. Hablaríamos en este caso de traducción jurídica intrasistémica. En los demás casos, podemos hablar de traducción jurídica intersistémica, es decir, aquella en la que entran en juego dos ordenamientos jurídicos, ya sean de dos países diferentes o de dos regiones del mismo país que no comparten el mismo ordenamiento jurídico. Cada ordenamiento jurídico responde a la evolución histórica, social y cultural de cada país o región, de ahí que, aunque compartan un mismo código lingüístico, la realidad jurídica sea diferente. Es, generalmente, este tipo de traducción intersistémica el que se aborda en el aula de traducción jurídica.

Estos signos de identidad de la traducción jurídica nos presentan una materia que, sin entrar en valoraciones acerca de su mayor o menor dificultad respecto a otros tipos de traducción especializada, sí nos permiten señalar su complejidad y nos pueden hacer comprender ese rechazo al abordarla por primera vez. Asimismo, estos elementos contribuyen a la delimitación de la competencia traductora en traducción jurídica, ya que serán estos aspectos, entre otros, los que nos indicarán las áreas competenciales en las que insistir al formar a los futuros traductores.

En el siguiente epígrafe ordenaremos estos rasgos definitorios de la traducción jurídica, así como aquellas herramientas (en sentido amplio) que nos permitirán superar las dificultades intrínsecas a este tipo de traducción de manera que se conviertan en destrezas y habilidades (competencias) con las que debe contar el traductor jurídico.

3. Destrezas y habilidades del traductor de textos jurídicos: competencia traductora en traducción jurídica

Antes de proponer cualquier metodología formativa es necesario saber qué queremos enseñar o qué queremos que aprendan nuestros estudiantes. Por ello, y siendo conscientes de que no pretendemos formar traductores profesionales en este momento inicial de la formación, aunque sí sentar las bases para ello, creemos necesario recordar cuáles son las habilidades y destrezas con las que debe contar un traductor de textos jurídicos. Consideramos, por otra parte, que las asignaturas de traducción jurídica, si bien contribuyen al desarrollo de los aspectos generales de la competencia traductora, deben centrarse en el desarrollo progresivo de aquellos aspectos que sí son específicos de este tipo de traducción dado que los primeros ya han sido adquiridos en este momento o están en proceso de serlo.

En el presente epígrafe, por tanto, partiremos de un modelo de competencia traductora en traducción jurídica e indicaremos esos aspectos específicos en los que se debe incidir en materias o asignaturas dedicadas a la traducción jurídica. Aunque existen otros modelos de competencia traductora en traducción jurídica (Šarčević, 1997; Cao, 2007; Prieto Ramos, 2011; Piecychna, 2013; Kościałkowska-Okońska, 2016; Scarpa y Orlando, 2017) y dado que no es el objeto de este capítulo hacer un repaso de los mismos, nos centraremos en los componentes que, en nuestra opinión, debe incluir la competencia traductora en traducción jurídica (Soriano Barabino 2016, p. 148–150; 2018, p. 225–226).

- (Sub)competencia comunicativa y textual. Los traductores de textos jurídicos deben contar con un amplio conocimiento de la lengua común y de la lengua de especialidad en, al menos, dos culturas jurídicas (o dos ordenamientos jurídicos). Deben conocer no solo el lenguaje jurídico (terminología, fraseología) sino también la lengua común (cómo escribir correctamente, comprensión de textos jurídicos), así como las convenciones textuales y las diferentes tipologías textuales. Asimismo, deben conocer el discurso jurídico y los diferentes registros de los textos jurídicos.
- (Sub)competencia (inter)cultural. Los ordenamientos jurídicos son el reflejo de la evolución de una determinada sociedad y, por tanto, deben entenderse como parte de la cultura de dicha sociedad. Incluye el conocimiento de la realidad social y política de un determinado país o región, tradiciones, origen y desarrollo histórico.
- (Sub)competencia temática. Hace referencia al conocimiento de las familias o tradiciones jurídicas, ordenamientos jurídicos, ramas del derecho en los diferentes ordenamientos, fuentes del derecho, conceptos, instituciones, figuras, procedimientos, derecho sustantivo y adjetivo, divergencias entre ordenamientos jurídicos. El conocimiento de estos aspectos será mayor o menor en función de la competencia (jurídica) del traductor y de su nivel formativo.
- (Sub)competencia profesional, interpersonal e instrumental. Incluye el uso de fuentes documentales especializadas, búsquedas terminológicas, gestión de la información, uso de herramientas informáticas, edición y posedición, uso de textos paralelos; capacidad para trabajar con otros profesionales que forman parte del proceso traductor; trabajo en equipo, destrezas comunicativas y negociadoras, capacidad de liderazgo; gestión de la actividad profesional.
- (Sub)competencia psicológica. Incluye la automotivación, autoconfianza e iniciativas necesarias para llevar a cabo de forma adecuada las diferentes fases del proceso traductor. Incluye también la capacidad para aceptar las propias limitaciones.

- (Sub)competencia estratégica. Competencia organizativa, controla la puesta en práctica de las demás áreas competenciales y su interrelación. Capacidad de organización y planificación, autoevaluación y autorrevisión, identificación y resolución de problemas (generalmente, aunque no exclusivamente, relacionados con las (sub)competencias temática e (inter)cultural).

Podríamos decir, por tanto, que un traductor que domine el conjunto de todas estas competencias o subcompetencias será un traductor competente para traducir textos jurídicos. En nuestra propuesta, sin embargo, nos centraremos en aquellas destrezas y habilidades que se deben potenciar y desarrollar en fases iniciales de la formación especializada con objeto de afianzar la confianza de los futuros traductores y que la traducción de textos jurídicos deje de ser algo ajeno que pueda llegar a producir rechazo.

4. La formación inicial en traducción jurídica: ¿cómo afrontarla?

Como hemos venido señalando, nuestro objetivo en esta fase inicial de la formación en traducción jurídica no puede ser formar traductores competentes para traducir textos jurídicos sino introducir a los estudiantes a la traducción jurídica. Este objetivo general lo desglosaremos en dos objetivos específicos:

1. Conseguir que los estudiantes pierdan el miedo a la traducción jurídica.
2. Comenzar la adquisición de la competencia traductora en traducción jurídica y sentar las bases para su desarrollo progresivo.

Para lograr ambos objetivos específicos y así conseguir alcanzar nuestro objetivo general, nos planteamos una serie de actividades y tareas en las que los estudiantes vayan adquiriendo gradualmente diferentes componentes de la competencia traductora en traducción jurídica, concretamente aquellos aspectos específicos de este tipo de traducción. Hemos dividido la formación en diferentes fases en las que se irán desarrollando tareas y actividades variadas a las que podrá dedicarse más o menos tiempo en función de aquel con el que cuente el docente, por una parte, y de las necesidades formativas concretas del estudiantado, por otra. Además, en algunas fases las tareas irán orientadas a la adquisición o el desarrollo de algún aspecto determinado (de la competencia traductora) mientras que en otras se trabajará con varios aspectos.

A continuación, pasamos a detallar dichas fases con indicación de los aspectos competenciales que se pretenden desarrollar en cada una de ellas, así como una ejemplificación de posibles actividades que se pueden realizar en cada fase.

4.1 Fases

Fase 1. El Derecho, ese gran (des)conocido.

En esta primera fase nos centraremos en que los estudiantes dejen de ver el Derecho como algo ajeno, desconocido o poco atractivo. En esta etapa comenzamos a fomentar el desarrollo de la (sub)competencia psicológica cuando los estudiantes de traducción comienzan a ser conscientes de que el derecho es una realidad cotidiana con la que convivimos aunque sea sin darnos cuenta, con lo cual deja de ser algo tan extraño. Las actividades que proponemos están destinadas, por tanto, a tomar conciencia de nuestra realidad como sujetos de derecho y pueden ser tan simples como realizar una tormenta de ideas en clase sobre las diferentes situaciones cotidianas a las que nos enfrentamos y que suponen una relación con algún aspecto jurídico. Por ejemplo, se puede animar a los estudiantes a que reflexionen acerca de los trámites administrativos que han llevado a cabo para matricularse en la universidad o a que analicen los contratos de los que han sido parte en el último mes, ya sean contratos de alquiler de vivienda o contratos de compraventa tan simples como el consistente en comprar una prenda de ropa o un producto de alimentación, entre otros.

Fase 2. En qué consiste la traducción jurídica.

Una vez que los estudiantes han aceptado que el derecho no es algo tan desconocido como pensaban, la siguiente etapa debe centrarse en introducir los estudiantes a la traducción jurídica. Para ello, es conveniente desglosar esta fase en otras tres etapas que corresponden a los tres signos de identidad de la traducción jurídica, es decir, tipologías textuales, lenguaje jurídico y diferencias entre ordenamientos jurídicos.

En las dos primeras de estas etapas comenzaremos a incidir en la (sub)competencia comunicativa y textual en traducción jurídica, concretamente en aspectos relacionados con las tipologías y convenciones textuales y con el lenguaje jurídico.

En relación con las tipologías y convenciones textuales, el primer objetivo consiste en que los estudiantes comiencen a familiarizarse con los diferentes textos susceptibles de ser traducidos bajo el amplio paraguas de la traducción jurídica. La estructuración y organización del conocimiento hace que se vaya perdiendo el rechazo inicial y, poco a poco, los estudiantes dejan de sentirse tan abrumados. Para ello, se pueden plantear algunas actividades, entre las que señalaremos un ejercicio de clasificación textual. Para realizarlo, se pide a los estudiantes que lleven al aula diferentes documentos jurídicos, de cualquier tipo o género y pertenecientes a cualquier cultura jurídica. Tras exponer el docente varias clasificaciones textuales (la elección de las mismas dependerá del enfoque traductológico adoptado), se pide a los estudiantes que ordenen los documentos en función de dichas clasificaciones. Este ejercicio permite que los estudiantes comiencen a conocer y analizar algunos de los textos con los que trabajarán en el futuro.

El lenguaje jurídico es otro de los signos de identidad a los que hacíamos referencia al plantear las características de la traducción jurídica. Generalmente, los textos jurídicos están redactados de forma opaca y farragosa y son difíciles de comprender para los legos en la materia, por mucho que el código lingüístico sea conocido. A esto debemos sumar la especificidad de la terminología y fraseología jurídicas y la coexistencia dentro del lenguaje especializado de términos procedentes de la lengua común que adquieren un significado específico en el ámbito del derecho o, en palabras de Alcaraz Varó, términos técnicos, semitécnicos y generales de uso frecuente en la especialidad (Alcaraz Varó, 2001).

Las actividades y tareas que planteamos en esta etapa están orientadas, por una parte, a que los estudiantes se conciencien acerca de las peculiaridades del lenguaje jurídico y, por otra, a que comiencen a trabajar con el mismo, en un primer momento en una fase de comprensión para, posteriormente, ser capaces de expresar ideas utilizando la lengua del derecho. Planteamos, a modo de ejemplo, una actividad de comprensión y otra de expresión, a partir de un mismo texto. Para ello, se facilita a los estudiantes un documento jurídico en el que se haya utilizado un lenguaje altamente especializado (por ejemplo, un fragmento de una sentencia del Tribunal Supremo español) y se les pide, en primer lugar, que identifiquen los términos jurídicos que aparecen en el mismo, tanto los técnicos como los semitécnicos y los generales de uso frecuente en la especialidad. Una vez identificados, se pide a los estudiantes que averigüen el significado concreto de cada término en su contexto. Finalmente en esta etapa de comprensión, se les pide que expliquen a un compañero el contenido del texto con el que han trabajado, con sus propias palabras. La actividad de expresión consistirá en traducir intralingüísticamente el mismo texto pero evitando vicios propios del lenguaje jurídico en el sentido que recomienda la Comisión de Modernización del Lenguaje Jurídico (2011).

Finalmente, en la tercera de estas etapas, nos centraremos en adquirir conocimientos orientados al desarrollo de las (sub)competencias temática e (inter) cultural. Si bien consideramos que el traductor no debe ser experto en Derecho (Soriano Barabino, 2018), sí es cierto que debe tener un conocimiento básico general acerca del derecho y de los ordenamientos jurídicos con los que trabaja (sin perder de vista, eso sí, que el conocimiento jurídico que los traductores necesitan es de carácter pasivo ya que no se trata de que creen derecho sino de que traduzcan textos con contenido jurídico). Por tanto, nos centraremos en esta fase en introducir a los estudiantes al conocimiento básico de los ordenamientos jurídicos con los que va a trabajar en su par de lenguas (al menos a un ordenamiento en cada lengua). En esta fase, el derecho comparado adquiere una importancia fundamental ya que no se trata solo de presentar los rasgos básicos de dichos ordenamientos sino también de que los estudiantes comprendan las principales semejanzas y diferencias entre ellos y puedan solucionar los problemas de traducción derivados de las incongruencias que puedan existir. Junto a clases magistrales en las que el docente puede presentar con mayor o menor profundidad aspectos teóricos de ambos ordenamientos, sugerimos la realización de ejercicios como los indicados en Ortiz Sánchez (2001) o en Soriano Barabino (2016, p. 172–183).

Fase 3. Cómo se hace la traducción jurídica.

Lo primero que debemos plantearnos llegados a este punto es si existe una forma determinada de hacer la traducción jurídica. Mayoral Asensio (2002, p. 13–14) ya alertó hace algunos años acerca de la dificultad de dar una respuesta satisfactoria a esta cuestión. Por nuestra parte, consideramos que no hay una forma específica de traducir textos jurídicos que difiera de la traducción de los demás textos, sino que cada texto y cada situación comunicativa requerirá del empleo de unas herramientas, estrategias o técnicas determinadas. Sin embargo, debemos matizar dicha afirmación porque creemos que existe un elemento fundamental en la traducción intersistémica de textos jurídicos que debe ser tenido en cuenta: la incongruencia entre ordenamientos jurídicos.

Como ya hemos indicado, cada ordenamiento jurídico es resultado de la evolución histórica, social y cultural del país o región en el que se enclava. Eso conlleva una asimetría que se traduce en la falta, o incluso ausencia, de equivalencia entre figuras, instituciones o conceptos, entre otros. Para hallar esa equivalencia debemos plantearnos, por tanto, varias cuestiones: de qué equivalencia estamos hablando y cuál es nuestro ordenamiento jurídico «foco» (Mayoral Asensio, 2002, p. 12). Esto nos conducirá a determinar estrategias y técnicas de traducción que nos permitan resolver problemas de traducción (derivados, principalmente, de los tres signos de identidad de la traducción jurídica a los que hacíamos referencia anteriormente), lo cual incidirá en el desarrollo de la (sub) competencia estratégica.

Existen diferentes estrategias y técnicas de traducción aplicables de forma general o específica a la traducción jurídica, en cuyo detalle no vamos a entrar

(Harvey, 2000; Borja Albi, 2000; Hurtado, 2007; Orozco Jutorán, 2014, entre otros) y diferentes enfoques, que pueden ir de los más literales a los más funcionales. Dependerá del docente la aplicación de uno u otro enfoque y, por tanto, de dónde se sitúe el foco referencial pero sí es importante que los estudiantes entiendan que al traducir un texto jurídico no están convirtiendo un texto origen de un determinado ordenamiento jurídico origen en un texto meta de un ordenamiento jurídico meta, algo que no siempre es obvio al abordar por primera vez la traducción de asimetrías. De hecho, y en aras de la comprensión por parte de los estudiantes, no resulta descabellado establecer paralelismos entre la traducción de conceptos jurídicos y la traducción de referencias culturales, algo en lo que coincidimos con Mayoral Asensio (2002, p. 10).

Algunas actividades que podemos plantear para que los estudiantes empiecen a aplicar diferentes técnicas de traducción podrían consistir en pedirles que ofrezcan traducciones a términos marcados culturalmente (por ejemplo, órganos jurisdiccionales) en función de diversos encargos de traducción que pongan el foco unas veces en la cultura origen y otras en la cultura meta.

Fase 4. Herramientas para la traducción jurídica

Otra de las preocupaciones de los estudiantes al enfrentarse por primera vez a la traducción de textos jurídicos suele ser las herramientas a su alcance para traducir este tipo de textos. Al margen de aquellas herramientas que, de forma general, se utilizan en la traducción de cualquier tipo de texto (fuentes documentales de todo tipo, memorias de traducción, textos paralelos, etc.), nos gustaría insistir en dos de especial interés en este ámbito: el derecho comparado y los glosarios terminológicos y fraseológicos.

En cuanto al derecho comparado, como ya hemos indicado *supra*, nos permite que los estudiantes comiencen a adquirir las (sub)competencias (inter)cultural y temática a la par que comienzan a identificar semejanzas y diferencias entre los ordenamientos jurídicos con los que trabajan, lo cual, combinado con las estrategias y técnicas adecuadas les permitirá resolver problemas de traducción (tanto a nivel macrotextual como microtextual).

Al aplicar diferentes técnicas para resolver problemas individuales de carácter microtextual (traducción de conceptos o fraseología), los estudiantes podrán ir elaborando glosarios que, teniendo en cuenta los diferentes encargos y situaciones comunicativas, irán conformando una herramienta inestimable para su futura formación e incluso ejercicio profesional. Proponemos, en este sentido, que el docente incentive la creación de glosarios para cada uno de los textos con los que se trabaje. Para la realización de dichos glosarios los estudiantes deben valerse de la herramienta que acabamos de indicar: el derecho comparado. No se trata de buscar «equivalentes» en diccionarios bilingües sino de asociar cada término origen con su definición en su contexto jurídico y cultural y, tras aplicar la técnica que se considere más adecuada en cada caso, proponer posibles soluciones de traducción teniendo en cuenta la situación comunicativa y el encargo de traducción concretos.

La utilización de estas (y otras) herramientas fomentará el desarrollo de la (sub)competencia profesional, interpersonal e instrumental.

Por último, y aunque el recurso a expertos no deja de ser una fuente documental, no queríamos dejar de mencionarlo ya que, además de su indudable utilidad, fomenta el desarrollo de la (sub)competencia psicológica.

Fase 5. Selección de materiales para la formación inicial en traducción jurídica.

En las cuatro fases indicadas hasta el momento hemos iniciado la adquisición y el desarrollo específicos de cada una de las (sub)competencias que forman la competencia traductora en traducción jurídica. Corresponde ahora trabajarlas todas de forma conjunta con actividades no ya orientadas a trabajar algún aspecto concreto sino a través de la práctica traductora propiamente dicha, es decir, por medio de la realización de traducciones.

En estas actividades, trataremos la traducción como proceso y como producto. Como proceso en tanto que iremos analizando todos y cada uno de los componentes de la competencia traductora y cómo se han ido desarrollando al traducir el texto, por ejemplo: qué grado de especialización o cómo utilizamos el lenguaje y el discurso jurídicos –(sub)competencia comunicativa y textual–; cómo se ha realizado la documentación y qué fuentes se han utilizado –(sub) competencia profesional, interpersonal e instrumental–; qué ramas y ámbitos del derecho aparecen en los textos y a qué familias jurídicas pertenecen los ordenamientos jurídicos implicados –(sub)competencias (inter)cultural y temática– o qué estrategia general y qué técnicas específicas de resolución de problemas se han aplicado –(sub)competencia estratégica. Además, analizaremos la traducción como producto ya que evaluaremos el resultado del proceso traductor. Esta evaluación es doble. Por una parte, realizamos una evaluación por pares en la que son los propios estudiantes quienes revisan y «corrigen» la traducción realizada por sus compañeros y, por otra, la traducción es también corregida y evaluada por el docente.

Por otra parte, en esta formación inicial en traducción jurídica es importante seleccionar adecuadamente los textos con los que trabajarán los estudiantes. Si bien existen diferentes autores que indican criterios de selección de materiales en traducción (Hurtado Albir, 1995; Kelly, 1999; Way, 2000; Nord, 2005, entre otros), nosotros proponemos realizar dicha selección en base al tema, las tipologías textuales y a la dificultad de los textos.

En cuanto a la elección de temas, la inclusión de más o menos dependerá en gran medida de la cantidad de horas o créditos de los que disponga el docente para impartir la asignatura. Proponemos, en cualquier caso, comenzar con temas generales (fuentes del derecho, organización de la justicia, órganos jurisdiccionales) que contribuirán al desarrollo de las (sub)competencias (inter)cultural y temática e ir introduciendo progresivamente otros pertenecientes a otras ramas del derecho. Estos serán seleccionados en función de dos criterios fundamentales: la motivación de los estudiantes (que sean temas conocidos por los estudiantes o que les resulten cercanos) y el realismo profesional (en la medida de lo posible, que no se trate de ramas o ámbitos del derecho acerca de los que raramente se traduce y que se trabaje con textos ya traducidos en contextos profesionales).

Respecto a las tipologías textuales, sería conveniente cubrir una amplia gama de tipos o géneros textuales para que los estudiantes comiencen a familiarizarse con el mayor número posible de tipos de textos jurídicos. No obstante, recomendamos comenzar a trabajar con textos divulgativos cuyo formato es más sencillo y así evitar el desánimo de los estudiantes al tener que enfrentarse a todo un elenco de novedades (ámbito, lenguaje, discurso, tipo textual, etc.), sin perder de vista que los documentos reales (no divulgativos) también pueden incluir elementos extratextuales tales como sellos, emblemas o firmas que dificulten la formación en esta fase inicial.

Finalmente, aunque parece obvio comenzar por textos más fáciles e ir aumentando progresivamente la dificultad de los textos, damos prioridad a la organización temática y no somos contrarios a introducir textos con mayor nivel de complejidad entre otros algo más fáciles. Esto también contribuye al desarrollo de la (sub)competencia psicológica ya que los estudiantes se ven capaces de afrontar la traducción de textos con diferentes niveles de dificultad y ven cómo van avanzando.

4.2 Metodología de trabajo en el aula

En las cinco fases que hemos planteado en este epígrafe hemos señalado algunas actividades y tareas que puede plantear el docente para iniciar la adquisición y desarrollo de los diferentes componentes de la competencia traductora en traducción jurídica. A continuación indicaremos una serie de principios metodológicos para llevar a cabo las actividades propuestas.

Partimos, en primer lugar, de la necesidad de que exista un equilibro entre la teoría y la práctica. En lo que respecta a la teoría, si bien somos de la opinión de que la clase debe centrarse en los estudiantes, como preconiza el Espacio Europeo de Educación Superior (EEES), también consideramos que es inevitable recurrir a la clase magistral en algunos momentos, principalmente cuando se trata de recurrir a la explicación de conceptos teóricos tales como la organización o las fuentes del derecho, por ejemplo, o las técnicas de resolución de problemas más útiles en traducción jurídica. No obstante, somos de la opinión de que la clase magistral –en el sentido tradicional de la palabra– debe quedar relegada a un segundo plano y, cuando se recurra a ella, el docente debe fomentar siempre la participación de los estudiantes.

Por otra parte, la práctica es, en nuestra opinión, la mejor forma de fomentar el aprendizaje, especialmente en disciplinas como la que nos ocupa. Este enfoque didáctico nos permite tanto el desarrollo de destrezas relacionadas con la práctica traductora en sí misma como la adquisición de conocimientos teóricos relacionados, por ejemplo, con las (sub)competencias (inter)cultural y temática.

Asimismo, apostamos por el trabajo en equipo tanto dentro como fuera del aula. Por una parte, esta premisa está en consonancia con lo establecido por el EEES en general ya que esta forma de trabajar constituye una destreza transversal esencial en la práctica profesional de cualquier egresado. Por otra, en el ámbito de la traducción, cada vez es más infrecuente la imagen del traductor autónomo trabajando en casa totalmente aislado del mundo ya que es inevitable (y necesaria) la colaboración con otros traductores o agentes del proceso de la traducción (como indican Gouadec, 2003; Kelly, 2007, Vienne, 2000; Way, 2002, entre otros). Este trabajo colaborativo también contribuye, por otra parte, al desarrollo de la (sub)competencia profesional, interpersonal e instrumental (Huertas Barros, 2013). Es interesante, en este sentido, que el trabajo en equipo fomente la asunción de diferentes roles por parte de los estudiantes, que podrán ser documentalistas, terminólogos, traductores, revisores o gestores de proyectos en las diferentes tareas que realicen.

Finalmente, cabe indicar que las fases identificadas para esta formación inicial no tienen por qué aplicarse de forma ordenada y es, no solo posible sino también recomendable, intercalar actividades pertenecientes a diferentes fases, aunque sí convendría comenzar por la primera fase propuesta.

5. Conclusiones

Si bien puede parecer difícil enfrentarse por primera vez a la traducción jurídica, por una parte, en tanto que estudiante y, por otra, en tanto que docente, es necesario partir de dos premisas básicas. En primer lugar, debemos ser conscientes de que el objetivo en esta fase inicial de la formación no debe ser formar traductores competentes para traducir textos jurídicos sino que nos situamos ante el doble reto de hacer que los estudiantes pierdan el miedo a este tipo de traducción que les acerca a algo que consideraban desconocido y conseguir sentar las bases para un futuro desarrollo progresivo de la competencia traductora en traducción jurídica.

En segundo lugar, es importante recordar que la adquisición y el desarrollo de la competencia traductora debe ser progresivo. Si partimos de la premisa de que esta ya se está desarrollando en otras materias y que en la que nos ocupa debemos centrarnos en los aspectos específicos de la traducción jurídica, la combinación de diferentes actividades y tareas permitirá que los distintos componentes se puedan ir afianzando poco a poco.

Referencias bibliográficas

Alcaraz Varó, E. (2001). La traducción del español jurídico y económico. Centro Virtual Cervantes, Instituto Cervantes. Recuperado de: http://congresosdelalengua.es/valladolid/ponencias/nuevas_fronteras_del_espanol/1_la_traduccion_en_espanol/alcaraz_e.htm. [Última consulta: enero 2020].

Borja Albi, A. (2000). *El texto jurídico inglés y su traducción al español.* Barcelona: Ariel.

Cao, D. (2007). *Translating Law.* Clevedon: Multilingual Matters.

Comisión de modernización del lenguaje jurídico. (2011). Informe de la Comisión de modernización del lenguaje jurídico. Ministerio de Justicia. Recuperado de: https://lenguajeadministrativo.com/wp-content/uploads/2013/05/cmlj-recomendaciones.pdf. [Última consulta: enero 2020].

Gémar, J.C. (1979). La traduction juridique et son enseignement: aspects théoriques et pratiques. *Meta*, 24, 35–53.

Gouadec, D. (2003). Notes on Translator Training (replies to a questionnaire). En Pym, A., C. Fallada, J.R. Biau y J. Orenstein (Eds.). *Innovation and E-learning in Translation Training. Reports on Online Symposia* (pp. 11–19). Tarragona: Intercultural Studies Group, Universitat Rovira i Virgili.

Harvey, M. (2000). A Beginner's Course in Legal Translation: the Case of Culture-bound Terms. Recuperado de http://www.tradulex.com/Actes2000/harvey.pdf. [Última consulta: enero 2020].

Huertas Barros, E. (2013). *La competencia interpersonal en la formación de traductores en España: un estudio empírico-descriptivo del trabajo colaborativo durante la primera etapa de la formación en Traducción e Interpretación*. Granada: Universidad de Granada.

Hurtado Albir, A. (1995). La didáctica de la traducción. Evolución y estado actual. En Fernandez Nistal, P. y Bravo González, J.M. (Coords.) *Perspectivas de la traducción inglés/español* (pp. 49–74). Valladolid: Universidad de Valladolid.

Hurtado Albir, A. (2007). *Traducción y Traductología*. Madrid: Cátedra.

Kelly, D. (1999). *Proyecto docente e investigador*. Universidad de Granada, sin publicar.

Kelly, D. (2007). Translator Competence Contextualized. Translator Training in the Framework of Higher Education Reform: in Search of Alignment in Curricular Design. En Kenny, D. y K. Ryou (Eds.). *Across Boundaries: International Perspectives on Translation Studies* (pp. 128–142). Cambridge: Cambridge Scholars Publishing.

Kościałkowska-Okońska, E. (2016). Implications of translation competence in the legal context: a didactic perspective. *Comparative Legilinguistics* 27, 33–48.

Mayoral Asensio, R. (2002). ¿Cómo se hace la traducción jurídica?. *Puentes*, 2, 9–14.

Mayoral Asensio, R. (2004). Lenguajes de especialidad y traducción especializada. La traducción jurídica. En: Gonzalo, C. (Ed.). *Documentación, terminología y traducción especializada* (pp. 49–71). Madrid: Arcos Libros.

Nord, C. (2005). *Text analysis in Translation*. Ámsterdam: Rodopi.

Orozco Jutorán, M. (2014). Propuesta de un catálogo de técnicas de traducción: la toma de decisiones informada ante la elección de equivalentes. *Hermeneus: Revista de Traducción e Interpretación*, 16, 233–264

Ortiz Sánchez, M. (2001). *Introducción al español jurídico. Principios del sistema jurídico español y su lenguaje para juristas extranjeros*. Granada: Comares.

Pommer, S. (2008). Translation as intercultural transfer: the case of law. *SKASE Journal of Translation and Interpretation* 3(1), 17–21.

Piecychna, B. (2013). Legal translation competence in the light of translational hermeneutics. *Studies in Logic, Grammar and Rhetoric* 34(47), 141–59.

Prieto Ramos, F. (2011). Developing legal translation competence: an integrative process-oriented approach. *Comparative legilinguistics. International Journal for Legal Communication* 5, 7–21.

Šarčević, S. (1997). *New Approach to Legal Translation*. Dordrecht: Kluwer Law International.

Scarpa, F. y D. Orlando (2017). What it takes to do it right. An integrative EMT-based model for legal translation competence. *The Journal of Specialised Translation*, 27, 21–42

Soriano Barabino, G. (2016). *Comparative Law for Legal Translators*. Oxford: Peter Lang.

Soriano Barabino, G. (2018). La formación del traductor jurídico: análisis de la competencia traductora en traducción jurídica y propuesta de programa formativo. *Quaderns. Revista de Traducció* 25, 217–229

Vienne, J. (2000). Which Competences Should We Teach to Future Translators, and How? En Schäffner, C. y B. Adab. (Eds.). *Developing Translation Competence* (pp. 91–100) Ámsterdam/Filadelfia: John Benjamins.

Way, C. (2000). Structuring Specialised Translation Courses: A Hit and Miss Affair? En Schäffner, C. y B. Adab (Eds.). *Developing Translating Competence* (pp. 131–142). Ámsterdam/Filadelfia: John Benjamins.

Way, C. (2002). Traducción y Derecho: iniciativas para desarrollar la colaboración interdisciplinar. *Puentes*, 2, 15–26.

María-Isabel Abril-Martí
Universidad de Granada

Panorámica de la interpretación como proceso, producto y profesión

1. Introducción

Un análisis diacrónico de la interpretación nos muestra cómo sus orígenes y evolución se encuentran intrínsecamente ligados a la historia de la humanidad. La presencia de intérpretes fue indispensable en los viajes de exploración, la expansión de imperios, los conflictos y procesos de paz entre naciones o la más reciente globalización, todos ellos fenómenos que han contribuido a conformar el mundo en distintas etapas de la historia hasta llegar a nuestros días (véase Baigorri-Jalón, 2004, 2005, 2015). Con este trasfondo, no deja de ser sorprendente que la interpretación no se consolidara como profesión prácticamente hasta el siglo XX; aún más chocante resulta el hecho de que aún hoy existan variedades de interpretación realizadas por no profesionales, a pesar de su relevancia para el normal funcionamiento de la sociedad.

Lo cierto es que estas contradicciones de la interpretación pueden resultar más comprensibles si partimos de un hecho irrefutable: la interpretación representa un proceso comunicativo complejo condicionado por variables cognitivas, lingüísticas y sociales —a las que añadiríamos culturales e históricas— que se solapan e interrelacionan de distinta forma, dependiendo de elementos situacionales y relacionados con los participantes en la comunicación (Setton, 2015, p. 263).

Ante esta complejidad, ofrecer un estudio exhaustivo de la interpretación parece prácticamente imposible. Por tanto, en este capítulo no aspiramos más que a presentar una perspectiva global que resalte algunos aspectos esenciales de la interpretación. Comenzaremos por cuestiones básicas —definición y clasificación—, para continuar luego con un intento de conceptualización de la interpretación más amplio, sobre la base de tres ejes: proceso, producto y profesión. Estos coinciden con tres de los cuatro temas que han centrado los Estudios de Interpretación desde su consolidación como disciplina académica e investigadora independiente de los Estudios de Traducción (Pöchhacker, 2010b, p. 167)[1].

1 El cuarto tema es la pedagogía, que no trataremos por limitaciones de espacio.

2. Aspectos básicos: definición y clasificación

Es habitual partir de la conceptualización general de la interpretación como una variedad o rama de la traducción, y definirla a partir de las similitudes y diferencias entre ambas. A un nivel elemental, entonces, la interpretación sería sencillamente una traducción oral, o bien, signada. Esta forma convencional de entender la interpretación está tan extendida que en algunas lenguas no existe un término específico para denominar la actividad del intérprete, que se designa simplemente «traducción oral» (Pöchhacker, 2010a, p. 153). Como punto inicial de nuestra visión global de la interpretación comenzaremos, pues, definiéndola en contraste con la traducción.

Partiendo de definiciones aceptadas para la traducción, Pöchhacker (2016, p. 12) señala que esta coincide con la interpretación en que ambas consisten en la producción de enunciados que pretenden transmitir el mismo significado y producir el mismo efecto que otros enunciados emitidos previamente en una lengua y cultura diferentes.

Si consideramos las diferencias entre traducción e interpretación, en cambio, aparte de la distinción básica entre lengua escrita y oral o signada, destaca la inmediatez de la interpretación. En efecto, la interpretación consiste en la transmisión en una lengua (sea oral o signada) *en tiempo real* de un mensaje pronunciado *una sola vez* en otra lengua, de forma que *la primera versión* del producto en la lengua de llegada *es también la última y definitiva* (Pöchhacker, 2016, p. 10). Esta definición presenta varias implicaciones: en primer lugar, el intérprete, a diferencia del traductor, no dispone previamente del mensaje completo que habrá de interpretar ni puede volver a él cuando lo necesite; tampoco puede revisar su producto final. Trabaja bajo presión temporal y cognitiva, por lo que analiza la información original y toma decisiones traductológicas prácticamente al mismo tiempo que recibe el mensaje de partida o con un desfase reducido. Por último, el mensaje original, presentado en un contexto determinado en tiempo real, llega al intérprete no solo como enunciado verbal, sino acompañado de información no verbal y contextual que ha de saber percibir y procesar para incorporarla a su proceso traductor (Pöchhacker, 2010a, p. 154).

Vistas estas definiciones básicas de interpretación, una clasificación de los diferentes encuentros comunicativos mediados por intérprete nos permitirá profundizar en el concepto. Como corresponde a la complejidad de la interpretación, no existe una sola tipología, sino diversas propuestas taxonómicas basadas en criterios diferentes. Aparte de la distinción entre interpretación de lenguas orales y de lenguas de signos, nos parecen relevantes cuatro tipologías, tanto por su representatividad de la profesión, como por su valor pedagógico y para la investigación.

El primer criterio de clasificación es la *modalidad* o *técnica de interpretación*, y alude a la manera de llevar a cabo la traslación del mensaje original. Se diferencian dos técnicas principales según la temporalidad, es decir, el momento en el que el intérprete formula el mensaje en lengua término en relación con el momento en que se ha pronunciado el mensaje original: la interpretación consecutiva y la simultánea, que a su vez incluyen sub-técnicas o variantes, así como formas híbridas (Abril Martí, Toledano Buendía, Ugarte Ballester y Fernández Pérez, 2015, pp. 57–61; Jiménez Ivars, 2002).

En la interpretación consecutiva el intérprete restituye el mensaje una vez que el orador original ha concluido su intervención, apoyándose en una técnica específica de toma de notas. Se subdivide en consecutiva monológica («consecutiva larga») y bilateral o de enlace (también «consecutiva corta»). En el primer caso, la comunicación es básicamente unidireccional y suele implicar la interpretación de enunciados extensos. Es habitual en el ámbito de conferencias, en determinadas situaciones en las que se prefiere a la simultánea: encuentros diplomáticos, comunicados oficiales, discursos de protocolo, etc. La interpretación bilateral se emplea en situaciones comunicativas en formato entrevista. Se caracteriza por ser bidireccional, es decir, el intérprete trabaja desde y hacia sus lenguas de trabajo, traduciendo alternativamente a continuación de cada uno de los turnos de palabra de sus interlocutores.

En interpretación simultánea la restitución del mensaje en lengua término se realiza al mismo tiempo que se enuncia el original, de forma que el orador no ha de interrumpir su discurso y el público puede recibirlo de forma sincrónica. Lo más frecuente es que se realice en cabinas específicas, como ocurre en la mayoría de los congresos del mercado privado y en organismos internacionales. Sin embargo, en ausencia de cabinas el intérprete puede realizar una interpretación «susurrada» o «*chuchotage*», en la que va susurrando el mensaje traducido al oído de dos o tres oyentes como máximo. Esta variante es habitual en el ámbito de los servicios públicos, que no suelen contar con cabinas ni contratar intérpretes de conferencias.

Por último, la traducción a vista es una forma híbrida de traducción e interpretación en la que el intérprete produce una versión oral de un texto escrito, leyendo y traduciendo de forma simultánea. Se emplea en todos los ámbitos de interpretación, si bien, cuando se realiza en cabina, se suele hablar de «simultánea con texto».

La segunda tipología parte del criterio de la *presencialidad* (Abril et al., 2015, p.64), que coincide con el uso o no de tecnologías (Pöchhacker, 2015a, p. 198). Se distinguen aquí las variedades de interpretación presencial y remota. En la primera, el intérprete se encuentra físicamente en el lugar del encuentro multilingüe, con sus interlocutores, mientras que en la segunda se encuentra en otro lugar e interpreta a distancia. Las dos principales sub-variedades de la remota son la telefónica y por videoconferencia. La primera se emplea de forma muy habitual en contextos de servicios públicos y resulta especialmente indicada para casos de urgencia, o bien en los que sea necesario recurrir a intérpretes de lenguas poco habituales que es difícil encontrar *in situ* (Abril et al, 2015, p. 64).

La tercera taxonomía se basa en el criterio de la *situacionalidad*, referida al espacio físico y, en sentido más amplio, al contexto situacional y socio-espacial en el que se produce la mediación del intérprete (Collados y Fernández, 2001, p. 47; Grbić, 2015b, p. 370). Desde esta perspectiva, se distinguen fundamentalmente dos variedades: de conferencias (IC) y en los servicios públicos (ISP). Para Pöchhacker (2015a, p. 199), el principal rasgo distintivo es que la primera se desarrolla en ámbitos de comunicación intersociales o internacionales, y la segunda en contextos intrasociales. La variedad de conferencias comunica a interlocutores que comparten un mismo estatus, como políticos, diplomáticos, expertos en distintos campos del saber o empresarios. Se incluirían en esta variedad, por tanto, la interpretación en el ámbito diplomático, en la empresa y en los medios de comunicación, si bien cada vez más se reconoce que estos ámbitos presentan características específicas.

La ISP, por su parte, se sitúa en contextos intrasociales (consultas médicas, juzgados, comisarías de policía, centros escolares, servicios sociales y administrativos locales, etc.), donde el intérprete comunica a interlocutores que no comparten un mismo estatus. El que no domina la lengua mayoritaria habla en nombre propio —con el objetivo de tratar algún aspecto que le afecta personalmente— con otros que representan a una institución pública. Ambos residen en el mismo país aunque pertenezcan a distintas comunidades, por ejemplo, indígenas, étnicas, personas sordas, etc. (Hale 2007, p. 30). Esta es la razón por la que esta variedad se denomina también en algunos países *community interpreting.*

La cuarta clasificación parte del formato con el que se produce la *interacción* comunicativa y del grado de interacción (Hale, 2007, p. 9; Pöchhacker, 2015a, p. 199). Se identifican, por una parte, las formas de interpretación en las que predomina la comunicación monológica unidireccional y, por tanto, con menor interacción entre los participantes, y, por otra, aquellas en las que lo habitual es la comunicación dialogada. Las primeras incluirían la mayor parte de las situaciones comunicativas asociadas a la IC en la modalidad simultánea o consecutiva larga. Las segundas englobarían prácticamente cualquier variedad de interpretación distinta de la de conferencias, en la que los participantes dialogan entre sí a través de un intérprete, habitualmente cara a cara (Mason, 1999), excepción hecha de la interpretación telefónica. Estas últimas formas de interpretación se han agrupado bajo la designación «interpretación dialógica» (ID) e incluyen ejemplos tan variados como la interpretación en cualquier servicio público, diplomática, de empresa y negocios o de entrevistas emitidas por los medios de comunicación. Lo que tienen en común situaciones tan diversas es el formato de diálogo que, más allá de ser un canal bidireccional de comunicación, genera una dinámica interpersonal en la que el mensaje se va definiendo intervención a intervención y la comunicación se va negociando con la participación de todos los interlocutores, incluido el intérprete (Gavioli, 2015, p. 429; Mason, 2001; Merlini, 2015, p. 102; Niemants y Cirillo, 2017; Roy, 1996; Wadensjö, 2015, entre otros). Esta tipología ha adquirido una gran relevancia en los Estudios de Interpretación, hasta el punto de haber inspirado el desarrollo de un nuevo paradigma de investigación, el denominado «paradigma de la interpretación dialógica basada en la interacción discursiva (*dialogic discourse-based interaction* o *DI paradigm*)» (Pöchhacker, 2016, p. 71), que, como veremos a continuación, adopta un concepto específico de la interpretación como proceso.

3. La interpretación como proceso

Las distintas perspectivas de la interpretación como proceso se desarrollan vinculadas a la evolución histórica de la actividad del intérprete como profesión y como objeto de investigación (véanse las completas exposiciones de esta evolución en Cerezo, 2015 o en Pöchhacker, 2010b, 2015b o 2016, Capítulo 2). De forma muy resumida: los primeros estudiosos de la interpretación se centran en la IC desde los años sesenta del siglo XX, una vez que, en las dos décadas previas, dicha variedad se había consolidado como profesión reconocida y de prestigio, especialmente a continuación de las dos Guerras Mundiales (Baigorri-Jalón, 2004; 2005; 2015; Gaiba, 1998). El foco de atención es el proceso mental o cognitivo asociado a la modalidad de simultánea, que se explora desde perspectivas investigadoras diversas, más intuitivas y exploratorias en principio (años sesenta), y más propias de las ciencias cognitivas en una segunda etapa (años setenta y ochenta). Al hacerse visible la ISP en relación con la globalización y el aumento extraordinario de la inmigración en los noventa, se reconocen y comienzan a explorar otras variedades de interpretación —en general, las dialógicas—, desde la interdisciplinariedad y con particular protagonismo de la sociolingüística y la pragmática.

Al hilo de esta evolución cobran cuerpo dos formas principales de conceptualizar la interpretación como proceso: por una parte, como proceso cognitivo, asociado esencialmente a la IC, y, por otra, como proceso discursivo interactivo, asociado a la variedad dialógica y especialmente a la ISP (Pöchhacker, 2010a, p. 157; Setton, 2015).

Desde que la interpretación simultánea comenzó a despertar el interés de los investigadores, surgieron propuestas descriptivas de lo que ocurre en el cerebro del intérprete (véase revisión de Jiménez Ivars y Pinazo Calatayud, 2013; Pöchhacker, 2016, pp. 92–99 o Setton, 2015). Se crean modelos, algunos muy complejos, que identifican las distintas operaciones mentales que intervienen en el proceso de interpretación y describen cómo se suceden, solapan e interactúan en el cerebro del intérprete. De entre los modelos cognitivos propuestos, singularizaremos dos especialmente claros y explicativos, a pesar de su simplicidad, y de gran valor pedagógico: el modelo de la Teoría del Sentido y el Modelo de Esfuerzos.

La Teoría del Sentido o Teoría Interpretativa de la Traducción se debe inicialmente a Danika Seleskovitch (1968, 1975), intérprete profesional y docente e investigadora de la *École Supérieure d'Interprètes et de Traducteurs* (ESIT) de París, que la desarrolló posteriormente con la colaboración de sus discípulos del mismo ESIT, especialmente Marianne Lederer, por lo que se conoce también como «Escuela de París». Esta teoría conceptualiza la interpretación como un proceso triangular compuesto por tres fases que se solapan parcialmente: comprensión, desverbalización y reformulación. El aspecto más característico de este modelo es esa fase intermedia que concibe la interpretación, más que como un proceso de conversión (transcodificación) de expresiones verbales de una lengua a otra, como un acto cognitivo en el que el intérprete busca el *sentido* y la intención del mensaje original, es decir lo desnuda de su vertiente puramente verbal, para luego «reverbalizarlo» (reformularlo) en la lengua meta (Lederer, 2015, p. 206).

La Escuela de París partía básicamente de la experiencia personal de sus autoras y se fundamentó en la introspección y el análisis cualitativo, lo que para muchos investigadores suponía falta de rigor científico. No obstante, en su momento supuso una alternativa a los modelos más extendidos en la década de los sesenta, que de forma rígida resaltaban la importancia de la equivalencia lingüística en la traducción, y, por extensión, la interpretación. Por ello, la Teoría del Sentido tuvo gran aceptación entre los intérpretes y formadores, que entendían la interpretación como un acto de comunicación en el que lo esencial era procesar y comunicar los mensajes entendidos como producciones lingüísticas orales *en contexto*. La Teoría del Sentido no solo dominó la pedagogía de la IC en el mundo occidental en sus primeras décadas, sino que aún hoy sigue siendo la base de prácticas didácticas habituales en los programas de formación de intérpretes; por ejemplo, la realización de ejercicios de pre-interpretación o la introducción de la modalidad consecutiva antes que la simultánea con el fin de desarrollar la capacidad para trabajar a nivel conceptual y para superar la interferencia de las palabras (Martin, 2015, p. 91).

Por otra parte, encontramos el denominado «Modelo de Esfuerzos» de Daniel Gile, aunque sería más preciso hablar de «modelos», puesto que el mismo autor ha ido ampliando su propuesta inicial para la interpretación simultánea, a fin de adaptarla a la consecutiva y la simultánea con texto. Gile (1985; 1997; 2009, Capítulo 7; 2015) distingue cuatro tareas o «esfuerzos» cognitivos en la interpretación simultánea (SI): escucha activa y análisis (L de *listening*); memoria (M) y producción (P). Además, identifica lo que podríamos considerar un supra-esfuerzo de coordinación (C) de los anteriores. Gile expresa el proceso así concebido en forma de ecuación: SI = L + P + M + C. El principio central de esta perspectiva es que el intérprete dispone de una capacidad cognitiva o de procesamiento limitada, que debe distribuir eficazmente entre todos esos esfuerzos, de tal forma que la suma de ellos no debería superar la capacidad total; de llegar al punto de saturación, se producirían errores u omisiones en la interpretación o al menos se vería mermada la calidad de alguno de los parámetros del producto.

El Modelo de Esfuerzos destaca por su utilidad pedagógica por varias razones: en primer lugar, descompone el proceso cognitivo en un reducido número de tareas fácilmente comprensibles para el estudiante de interpretación y ayuda a estructurar las primeras fases de la formación sobre la base de ejercicios orientados a desarrollar de forma independiente cada una de las áreas cognitivas (ejercicios de síntesis, de memoria, de reformulación, etc.). El fundamento de este enfoque didáctico es que, cuanta más competencia tenga el intérprete en cada una de esas áreas, menor será la capacidad cognitiva que estas le exijan, y, por tanto, mayor será la capacidad disponible para la resolución de dificultades e imprevistos. Asimismo, la noción de que esos esfuerzos compiten por una capacidad limitada permite explicar errores de interpretación observables en el producto, tanto si son fundamentalmente intrínsecos al intérprete (deficiencia en alguna competencia cognitiva) como si son factores extrínsecos, es decir, factores externos al intérprete (velocidad del original, cifras, densidad morfosintáctica) que generan dificultades para gestionar el proceso con eficacia (Gile 2015; Pöchhacker, 2016, p. 90; Setton, 2015, p. 265).

Frente a las aproximaciones cognitivas, encontramos la concepción de la interpretación como proceso interactivo discursivo, vinculada al *DI Paradigm* mencionado anteriormente.

Esta perspectiva conceptualiza la ID como un proceso comunicativo triádico, basado en una interacción discursiva dinámica, en la que el intérprete es un participante activo que construye los mensajes en colaboración con el resto de los interlocutores y que comunica esos mensajes *en situación*, es decir, condicionado por factores relacionados con el resto de los participantes y con un espacio socio-espacial determinado (Angelelli, 2008; Gavioli, 2015, p. 429; Gentile,

Ozolins y Vasilakakos, 1996; Mason, 1999, 2001; Merlini, 2015; Niemants y Cirillo, 2017; Pöchhacker, 2016, p. 144, entre otros).

El modelo interactivo subraya la dimensión interpersonal del «evento comunicativo interpretado» (en terminología de Angelelli, 2004) y la posición del intérprete como agente visible e interlocutor activo. A raíz de obras pioneras en ISP como las de Berk-Seligson (1988/2002), Wadensjo (1998), Roy (1996), Angelelli (2004) o Hale (2004), el papel del intérprete se convierte de hecho en un aspecto central, y su definición, en objeto de debate en el seno de los Estudios de Interpretación actuales. Wadensjö (1998) es la primera en demostrar, mediante el análisis conversacional de grabaciones de entrevistas reales, que el intérprete no solo traduce enunciados, sino que desempeña un papel fundamental como coordinador de turnos de habla, regulando y arbitrando la conversación. Por su parte, Roy (1996) estudia la dinámica de la interacción discursiva en una entrevista con interpretación de lengua de signos y demuestra cómo el intérprete en la práctica gestiona los turnos de palabra condicionado por las normas socioculturales, que le llevan a decidir, por ejemplo, a quién ceder el turno de intervención y, por tanto, a quién conceder mayor espacio comunicativo e, indirectamente, más poder (Gavioli, 2015, p. 429; Mason, 1999 y 2001; Merlini, 2015, p. 102; Niemants y Cirillo, 2017, p. 1; Pöchhacker, 2016, pp. 146–147; Wadensjö, 2015).

Aparte de estas primeras constataciones de la intervención activa del intérprete, el hecho de que la ID (especialmente en servicios públicos) se produzca frecuentemente entre interlocutores de distintas culturas, estatus sociales y posiciones de poder ha conducido a una revisión del papel del intérprete como mediador que asume distintos perfiles dependiendo de factores relacionales, situacionales, cognitivos, socioculturales y contractuales, entre otros (Cerezo, 2015, p. 327; Pöchhacker, 2010b, p. 163), como veremos en el apartado siguiente.

4. La interpretación como producto

Independientemente de cómo se conciba el proceso de la interpretación, el resultado del mismo es un producto ofrecido a unos «consumidores»: los clientes y usuarios del servicio de interpretación. Como con cualquier producto, la cuestión de la calidad es fundamental, y, de hecho, es uno de los temas que más interés ha generado entre los Estudios de Interpretación.

Como punto de partida, cabe plantear dos cuestiones fundamentales: ¿qué parámetros definen la calidad de una interpretación? y ¿a quién corresponde evaluar la calidad? (Behr, 2019, p. 202). Por otra parte, como cabe esperar en relación con el apartado anterior, las perspectivas difieren para las variedades de conferencia y dialógica.

Alonso-Bacigalupe (2011, pp. 10, 11) ofrece un breve recorrido por los indicadores de calidad identificados para la IC a medida que han ido evolucionando los Estudios de Traducción e Interpretación. Inicialmente, y en consonancia con los enfoques predominantemente textuales de la traducción, primó el concepto de *fidelidad*, que presuponía la transmisión correcta, completa y precisa del contenido del mensaje original, y la aspiración de reproducir el máximo número posible de unidades lingüísticas. Se resalta a continuación el parámetro de la equivalencia, que postula que los textos original y traducido no han de ser idénticos tanto como *equivalentes*. Siguen la aproximación pragmática, en la que prevalece la transmisión de la *información relevante*, incluso a expensas del resto del mensaje, y la funcionalista, que aboga por valorar si el producto interpretado cumple la misma *función* y tiene el mismo efecto que el orador original quiso lograr con su discurso.

Aunque los planteamientos prevalentemente lingüísticos se hayan ido matizando con aproximaciones más holísticas, pragmáticas y funcionales (Pöchhacker, 2016, p. 175), lo cierto es que en IC se ha tendido a identificar indicadores de calidad del producto con una perspectiva textual (rasgos de forma y presentación del texto oral) e inter-textual (relación de correspondencia semántica entre original e interpretación).

El primer estudio empírico sobre parámetros de calidad se debe a Bühler (1986), que recabó la opinión de intérpretes profesionales de AIIC sobre una propuesta de 16 indicadores de calidad, algunos lingüísticos y paralingüísticos (como fidelidad de contenido, uso adecuado de terminología, acento o voz) y otros extralingüísticos o pragmáticos (como preparación de documentación o capacidad de trabajo en equipo). Estudios posteriores han adaptado los parámetros de Bühler para explorar las opiniones y expectativas de calidad para la interpretación simultánea, manteniendo la distinción tradicional de indicadores relativos al contenido frente a otros centrados en la forma (Collados Aís y García Becerra, 2015, p. 337). Distintos trabajos muestran que la percepción de calidad puede variar en función de factores como el perfil profesional de los usuarios (Kurz, 1993/2002) o el ámbito de interpretación —en los medios de comunicación, por ejemplo, la calidad de la voz tiene prioridad sobre otros parámetros (Kurz y Pöchhacker, 1995)—. Sin embargo, en términos generales, parece haber consenso en que la correspondencia semántica entre discurso original y producto del intérprete es uno de los principales indicadores de calidad en IC (Pöchhacker, 2015c, p. 432).

En lo que respecta a la segunda cuestión —¿a quién corresponde evaluar la calidad?— si consideramos que el receptor de la interpretación no puede valorar la correspondencia semántica con el discurso original, podríamos concluir que son los intérpretes y formadores los más capacitados. No obstante, el objetivo de cualquier interpretación es atender las necesidades de unos usuarios (Behr, 2019, p. 203). Con esta perspectiva, la calidad puede analizarse en términos de adecuación de la interpretación al propósito de la situación comunicativa (Grbić, 2015a, p. 334) o de su aceptabilidad y grado de satisfacción con que la reciban los oyentes (Pöchhacker, 2016, p. 175). Desde esta óptica se registran no pocas investigaciones basadas en explorar la opinión de los usuarios y sus expectativas de calidad (véanse revisiones de Grbić, 2015a; Collados Aís y García Becerra, 2015 o Pöchhacker, 2015c y 2016, pp. 173–177). En interpretación simultánea destacan los estudios del grupo ECIS[2] de la Universidad de Granada, que a través de múltiples trabajos experimentales basados en encuestas a usuarios, han valorado la percepción de calidad en torno a indicadores lingüísticos y paralingüísticos (voz, entonación, acento) con un enfoque multidisciplinar. Uno de los resultados globales más interesantes del grupo es la constatación de que existe una contradicción entre la expectativa de calidad y la percepción de calidad en la práctica, de tal forma que aquello que los usuarios dicen valorar como principal parámetro de calidad en encuestas sobre expectativas (fidelidad al contenido original) no es necesariamente lo que más valoran en situación (parámetros no verbales como la entonación, fluidez o acento) (Cerezo, 2015, p. 320; Collados Aís, Pradas Macías, Stévaux y García Becerra, 2007; Collados Aís y García Becerra, 2015).

En la ID, y especialmente en la ISP, la cuestión de la calidad es aún más amplia, diversa y dinámica, si cabe. En la medida en que la interacción es una cuestión central en este ámbito, y dado que en dicha interacción interviene activa y visiblemente el intérprete, el papel de este pasa a ser el punto de referencia para la evaluación de la calidad.

La variedad de conceptualizaciones del papel del intérprete en ISP se explica por la propia configuración participativa de los encuentros prototípicos. En la ISP los interlocutores se encuentran en situación de asimetría: de lenguas, de cultura, de conocimiento experto, de autoridad, de capacidad de iniciativa y, en general, de poder. Son situaciones en las que el intérprete a menudo siente que con su intervención puede equilibrar esa asimetría o apoyar a la parte percibida como más débil. A estas percepciones del intérprete se suman las de los interlocutores primarios (o de la parte contratante), que negocian la comunicación condicionados por sus propias necesidades y objetivos. En este marco comunicativo, no es de extrañar que cada uno de los participantes albergue su propio

2 http://ecis.ugr.es/

concepto del papel del intérprete y su adecuación al objetivo del encuentro interpretado (Abril et al., 2015, p. 86).

Partiendo de esta realidad, es lógico que el concepto de lo que debería ser y hacer un «buen intérprete» se haya analizado mediante trabajos descriptivos y a través de encuestas y entrevistas que exploran la percepción y expectativas de todas las partes: intérpretes, clientes —representantes de los servicios públicos—y, en menor medida, usuarios que no hablan la lengua mayoritaria (véase la detallada revisión de este tipo de estudios en Hertog, 2015, p. 232 y Pöllabauer, 2015, p. 357). Estos trabajos han establecido que los intérpretes, en la práctica, no solo traducen y coordinan turnos, sino que intervienen activamente en todas las facetas de la comunicación: explicando términos o conceptos; adaptando el registro; filtrando información; aconsejando al usuario o acompañándole y velando por sus intereses; actuando como agente de integración mediante tareas de asesoramiento, etc. (Angelelli, 2004 y 2008, p. 151; Bischoff, Kurth y Henley, 2012; Hale, 2007, p. 127). En este sentido, adoptan (y valoran como indicativos de un buen servicio) papeles diversos y con un rango variable de intervención y visibilidad, desde el mínimo —traductor de mensajes— al máximo —defensor del usuario o *advocate*—, pasando por perfiles intermedios como facilitadores de la comunicación o mediadores interculturales (Pöllabauer, 2015, p. 356).

La percepción y expectativas de los participantes sobre la adecuación de cada uno de los posibles papeles varían dependiendo del participante y del servicio público. Los profesionales de los ámbitos más «colaborativos» (médico y servicios sociales) suelen admitir un mayor grado de intervención personal del intérprete y, por tanto, papeles de facilitador y mediador intercultural. Ámbitos más «adversativos» (policial y judicial), donde el resultado de la comunicación favorece o perjudica a una de las partes, mantienen un concepto más restrictivo del papel (Mikkelson, 2008, p. 92; Cerezo, 2015, p. 321). No obstante, estudios de percepción que exploran en detalle las impresiones de los profesionales de los servicios públicos (Hale, 2007, Capítulo 5; Mesa, 2000) demuestran cómo en la práctica prefieren intérpretes que actúen con precisión e imparcialidad, y desconfían de los que median filtrando o editando el mensaje. En el caso de los usuarios —aunque la investigación aquí es reducida—, suelen esperar papeles más activos por parte del intérprete, al que consideran asistente, mediador y defensor en distinto grado (Cerezo, 2015, p. 321), y parecen valorar aspectos subjetivos y relacionales, como la confianza o la personalidad del intérprete, por encima de otros indicadores de calidad (Edwards, Temple y Alexander, 2005).

Por último, cabe señalar que esta variabilidad en la conceptualización del papel es indicativa de la falta de profesionalización de la que adolece la ISP, como veremos en el siguiente apartado. Efectivamente, la ausencia de una identidad de colectivo profesional basada en la formación y acreditación, así como de un marco regulatorio similar al existente para la IC, permiten que cuestiones básicas para cualquier actividad reconocida como '¿cuál es la función?' o '¿cuáles son las tareas?' del profesional queden a merced de los intereses y expectativas de otros agentes, entre muchos otros factores.

5. La interpretación como profesión

Para terminar, dedicaremos un breve apartado a la interpretación como profesión. Por razones de espacio, nos limitaremos a los dos principales sectores del mercado en términos de volumen global, la IC y la ISP.

La IC y la ISP se sitúan en los dos extremos de la escala de profesionalización. La primera es una profesión reconocida e incluso prestigiosa, mientras que la ISP es una actividad definida incluso como «la que realizan los no profesionales» (González, Vásquez y Mikkelson, 1991, p. 29).

Ozolins (2000, p. 32) se remite a los orígenes y evolución de ambas variedades para explicar esta realidad: la IC nació *profession-driven*, es decir, impulsada por los profesionales que comenzaron a ejercerla y que desde el principio obtuvieron el reconocimiento de sus primeros empleadores, los organismos internacionales. No había transcurrido una década desde la primera vez que se empleara oficialmente la interpretación simultánea en Núremberg, cuando se constituyó AIIC (*Association Internationale des Interprètes de Conférence*), en 1953. Ya en 1957 AIIC adoptó un código deontológico determinante para que los profesionales de la IC identificaran y pudieran defender unas condiciones laborales adecuadas y conducentes a servicios de calidad. Esto, junto con el desarrollo de programas de formación formales que contribuyeron a acotar las competencias específicas de los intérpretes, facilitó el que surgiera un colectivo profesional con identidad como tal y con reconocimiento público. Aún hoy, independientemente de que se hayan creado otras asociaciones nacionales o locales, AIIC mantiene una gran influencia en la profesión, en la formación y en la investigación a nivel global (Pöchhacker, 2016, pp. 30, 161).

En la actualidad, la IC afronta un momento clave ante los retos que plantean las nuevas tecnologías: en los últimos años han surgido nuevas variantes de interpretación simultánea remota, que implican que los intérpretes se encuentran en una ubicación distinta a la de todos los participantes, trabajando con un software específico que también pueden descargar los receptores. Esta modalidad parece contar con la preferencia de clientes y agencias contratantes, ya que reduce costes de desplazamiento de los intérpretes; sin embargo, ha despertado la alarma entre los profesionales por la merma en la calidad de la interpretación y el deterioro en las condiciones de trabajo que puede llegar a suponer. Será interesante comprobar la capacidad de reacción de la profesión y de AIIC y otras asociaciones profesionales ante estos retos de futuro.

En lo que se refiere a la ISP, su evolución y desarrollo han sido diversos según países y momentos, y dependiendo de factores nacionales políticos, económicos, históricos, lingüísticos o administrativos, entre otros (véase el análisis comparativo de Ozolins, 2010). Sin embargo, cabe referirse a la falta de profesionalización en términos generales, puesto que en ningún caso la ISP ha alcanzado el reconocimiento y mucho menos el prestigio de la IC.

Con la posible excepción del ámbito judicial, más profesionalizado en la mayoría de los países por razones de estricta legalidad, nos encontramos con una actividad que nace marcada por los propios servicios públicos (*institution driven*), que se ven ante una necesidad, a menudo urgente, de solucionar un problema de comunicación interlingüística e intercultural con unos usuarios a los que han de atender. Ante esta situación, son esos servicios los que deciden qué necesitan, cómo solucionar el problema, a quién contratar y con qué condiciones laborales (Ozolins, 2000 y 2010, p. 195). Con este trasfondo, y sin un cuerpo cohesionado de profesionales o una asociación como AIIC, encontramos que la ISP la realizan muy a menudo no profesionales, que actúan por intuición y vocación, pero sin una formación o acreditación. En consecuencia, no cuentan con referencias claras para definir sus funciones o sentirse respaldados para exigir unas condiciones laborales dignas y conducentes a la calidad. Aunque se ha avanzado tímidamente en algunos países y ámbitos, a menudo gracias al impulso de la comunidad académica y al efecto profesionalizante de la formación, resulta llamativo que, en tres décadas, desde los noventa, se haya conseguido tan poco. Cabe considerar que los obstáculos para la profesionalización son difíciles de superar. Hale (2015, p. 65) destaca, por un lado, el hecho de que las lenguas para las que se necesitan servicios de ISP varían con frecuencia, lo que dificulta la formación de intérpretes específicos, incluso si existen programas formativos en una región determinada; por otro lado, el hecho de que la administración pública no exija sistemáticamente formación ni acreditación a los intérpretes, lo que a su vez favorece el intrusismo profesional y desincentiva tanto a los intérpretes profesionales como a los potenciales interesados en formarse y acreditarse para lenguas en demanda.

En este sentido, el principal reto de futuro para la ISP es ir superando progresivamente estos obstáculos para llegar a alcanzar un nivel de profesionalización equiparable al de la IC.

Para concluir, como observábamos al comenzar este capítulo, la interpretación constituye un proceso, un producto y una profesión muy complejos, por lo que somos conscientes de que no hemos podido aportar una visión exhaustiva. Esperamos, no obstante, haber conseguido acercar al lector a esta actividad fascinante que tiende puentes de comunicación entre lenguas y culturas.

Referencias bibliográficas

Abril-Martí, I., Toledano Buendía, C., Ugarte Ballester, X. y Fernández Pérez, M.M. (2015). Introducción a la interpretación en contextos de violencia de género: conceptos básicos de interpretación, contextos, competencias y deontología. En C. Toledano Buendía y M. Del Pozo Triviño (Eds.), *Interpretación en Contextos de Violencia de Género* (pp. 53–105). Valencia: Tirant Humanidades.

Alonso Bacigalupe, L. (2011). Interpretation quality: from cognitive constraints to market limitations. En R. Barranco-Droege, , E. M. Pradas Macías y O. García Becerra (Eds.), *Quality in interpreting: Widening the scope* Volumen 2 (pp. 9–33). Granada: Comares.

Angelelli, C. (2004). *Revisiting the Interpreter's Role.* Ámsterdam/Filadelfia: John Benjamins.

Angelelli, C. (2008). The role of the interpreter in the healthcare setting: A plea for a dialogue between research and practice. En C. Valero-Garcés y A. Martin (Eds.), *Crossing Borders in Community Interpreting. Definitions and Dilemmas* (pp. 147–163). Ámsterdam/Filadelfia: John Benjamins.

Baigorri-Jalón, J. (2004). *Interpreters at the United Nations: A History* (Trad. Anne Barr). Salamanca: Ediciones Universidad de Salamanca.

Baigorri-Jalón, J. (2005). Conference interpreting in the First International Labor Conference (Washington, D. C., 1919). *Meta, 50*(3), 987–996.

Baigorri-Jalón, J. (2015). The history of the interpreting profession. En H. Mikkelson y R. Jourdenais (Eds.), *The Routledge Handbook of Interpreting* (pp. 11–28). Londres/Nueva York: Routledge.

Behr, M. (2019). How to back the students – Quality, assessment & feedback. En D. Andres y M. Behr (Eds.), *To Know How to Suggest… Approaches to Teaching Conference Interpreting* (pp. 201–217). Berlín: Frank & Timme.

Berk-Seligson, S. (1988/2002). The Impact of Politeness in Witness Testimony: The Influence of the Court Interpreter. En F. Pöchhacker y M. Shlesinger (Eds.), *The Interpreting Studies Reader* (pp. 279–292). Londres/Nueva York: Routledge.

Bischoff, A., Kurth, E. y Henley, A. (2012). Staying in the middle: A qualitative study of health care interpreters' perception of their work. *Interpreting, 14*(1), 1–22.

Bühler, H. (1986). Linguistic (semantic) and extra-linguistic (pragmatic) criteria for the evaluation of conference interpretation and interpreters. *Multilingua, 5*(4), 231–235.

Cerezo, L. (2015). Interpreting. En M. Lacorte (Ed.), *The Routledge Handbook of Hispanic Applied Linguistics* (pp. 313–331). Nueva York/Londres: Routledge.

Collados Aís, Á. y García Becerra, O. (2015). Quality criteria. En F. Pöchhacker (Ed.), *Routledge Encyclopedia of Interpreting Studies* (pp. 337–338). Londres/Nueva York: Routledge.

Collados Aís, A., Pradas Macías, E.M., Stévaux, E. y García Becerra, O. (Eds.). (2007). *La evaluación de la calidad en interpretación simultánea: Parámetros de incidencia*. Granada: Comares.

Collados, Á. y Fernández, M. (Coords.). (2001). *Manual de Interpretación Bilateral*. Granada: Comares.

Edwards, R., Temple, B. y Alexander, C. (2005). Users' experiences of interpreters: The critical role of trust. *Interpreting, 7*(1), 77–95.

Gaiba, F. (1998). *The Origins of Simultaneous Interpretation: The Nuremberg Trial*. Ottawa: University of Ottawa Press.

Gavioli, L. (2015). Turn-taking. En F. Pöchhacker (Ed.), *Routledge Encyclopedia of Interpreting Studies* (pp. 428–430). Londres/Nueva York: Routledge.

Gentile, A., Ozolins, U. y Vasilakakos, M. (1996). *Liaison Interpreting: A Handbook*. Melbourne: Melbourne University Press.

Gile, D. (1985). Le modèle d'efforts et l'équilibre d'interprétation en interprétation simultanée. *Meta 30*(1), 44–48.

Gile, D. (1997). Conference interpreting as a cognitive management problem. En J. E. Danks, G. M. Shreve, S. B. Fountain y M. K. McBeath (Eds.), *Cognitive Processes in Translation and Interpreting* (pp. 196–214). Thousand Oaks/Londres/Nueva Delhi: Sage.

Gile, D. (2009). *Basic Concepts and Models for Interpreter and Translator Training* (edición revisada). Ámsterdam/Filadelfia: John Benjamins.

Gile, D. (2015). Effort Models. En F. Pöchhacker (Ed.), *Routledge Encyclopedia of Interpreting Studies* (pp. 135–137). Londres/Nueva York: Routledge.

Grbić, N. (2015a). Quality. En F. Pöchhacker (Ed.), *Routledge Encyclopedia of Interpreting Studies* (pp. 333–336). Londres/Nueva York: Routledge.

Grbić, N. (2015b). Setting. En F. Pöchhacker (Ed.), *Routledge Encyclopedia of Interpreting Studies* (pp. 370, 371). Londres/Nueva York: Routledge.

González, R. D., Vásquez, V. F. y Mikkelson, H. (1991). *Fundamentals of Court Interpretation. Theory, Policy and Practice*. Durham, NC: Carolina Academic Press.

Hale, S. B. (2004). *The Discourse of Court Interpreting: Discourse Practices of the Law, the Witness and the Interpreter*. Ámsterdam/Filadelfia: John Benjamins.

Hale, S. B. (2007). *Community Interpreting*. Basingstoke/Nueva York: Palgrave Macmillan.

Hale, S. B. (2015). Community interpreting. En F. Pöchhacker (Ed.), *Routledge Encyclopedia of Interpreting Studies* (pp. 65–69). Londres/Nueva York: Routledge.

Hertog, E. (2015). Legal Interpreting. En F. Pöchhacker (Ed.), *Routledge Encyclopedia of Interpreting Studies* (pp. 230–235). Londres/Nueva York: Routledge.

Jiménez Ivars, A. (2002). Variedades de interpretación: modalidades y tipos. *Hermeneus: Revista de La Facultad de Traducción e Interpretación de Soria*, (4), 95–114.

Jiménez Ivars, A. y Pinazo Calatayud, D. (2013). Mindfulness training for interpreting students. *Lebende Sprache*, *58*(2), 1–25. Recuperado el 20 de enero de 2020 de doi: https://doi.org/10.1515/les-2013-0020

Kurz, I. (1993/2002). Conference Interpretation: Expectations of Different User Groups. En F. Pöchhacker y M. Shlesinger (Eds.), *The Interpreting Studies Reader* (pp. 313–24). Londres/Nueva York: Routledge.

Kurz, I. y Pöchhacker, F. (1995). Quality in TV Interpreting. *Translation. Nouvelles de la FIT-FIT Newsletter*, *14*(3/4), 350–358.

Lederer, M. (2015). Interpretive theory. En F. Pöchhacker (Ed.), *Routledge Encyclopedia of Interpreting Studies* (pp. 206–209). Londres/Nueva York: Routledge.

Martin, A. (2015). La formación en interpretación en España: Pasado y presente. *MonTI*, *2* [Número especial], 87–110. Recuperado el 20 de enero de 2020 de doi: http://doi.org/djvk

Mason, I. (Ed.). (1999). *Dialogue Interpreting. The Translator. Studies in Intercultural Communication*, *5*(2) [Número especial].

Mason, I. (Ed.). (2001). *Triadic Exchanges: Studies in Dialogue Interpreting*. Manchester: St. Jerome.

Merlini, R. (2015). Dialogue interpreting. En F. Pöchhacker (Ed.), *Routledge Encyclopedia of Interpreting Studies* (pp. 102–107). Londres/Nueva York: Routledge.

Mesa, A. M. (2000). The cultural interpreter: an appreciated professional. Results of a study on interpreting services: client, health care worker and interpreter points of view. En R. Roberts, S. Carr, D. Abraham y A. Dufour (Eds.), *The Critical Link 2: Interpreters in the Community* (pp. 67–79). Ámsterdam/Filadelfia: John Benjamins.

Mikkelson, H. (2008). Evolving views of the court interpreter's role. Between Scylla and Charybdis. En C. Valero-Garcés y A. Martin (Eds.), *Crossing Borders in Community Interpreting. Definitions and Dilemmas* (pp. 81–97). Ámsterdam/Filadelfia: John Benjamins.

Niemants, N. y Cirillo, L. (2017). Introduction. Dialogue interpreting. Research, education and professional practice. En L. Cirillo y N. Niemants (Eds.), *Teaching Dialogue Interpreting* (pp. 1–25). Ámsterdam/Filadelfia: John Benjamins.

Ozolins, U. (2000). Communication needs and interpreting in multilingual settings: The international spectrum of response. En R. Roberts, S. E. Carr, D. Abraham y A. Dufour (Eds.), *The Critical Link 2: Interpreters in the Community* (pp. 21–33). Ámsterdam/Filadelfia: John Benjamins.

Ozolins, U. (2010). Factors that determine the provision of Public Service Interpreting: comparative perspectives on government motivation and language service implementation. *Jostrans, 14 [Número especial]*, 194–215. Recuperado el 20 de enero de 2020 de https://www.jostrans.org/issue14/art_ozolins.pdf

Pöchhacker, F. (2010a). Interpreting. En Y. Gambier y L. Van Doorslaer (Eds.), *Handbook of Translation Studies* Vol. 1 (pp. 153–157). Ámsterdam/Filadelfia: John Benjamins.

Pöchhacker, F. (2010b). Interpreting Studies. En Y. Gambier y L. Van Doorslaer (Eds.), *Handbook of Translation Studies* Vol. 1 (pp. 158–172). Ámsterdam/Filadelfia: John Benjamins.

Pöchhacker, F. (2015a). Interpreting. En F. Pöchhacker (Ed.), *Routledge Encyclopedia of Interpreting Studies* (pp. 198–200). Londres/Nueva York: Routledge.

Pöchhacker, F. (2015b). Interpreting Studies. En F. Pöchhacker (Ed.), *Routledge Encyclopedia of Interpreting Studies* (pp. 201–206). Londres/Nueva York: Routledge.

Pöchhacker, F. (2015c). User expectations. En F. Pöchhacker (Ed.), *Routledge Encyclopedia of Interpreting Studies* (pp. 430–432). Londres/Nueva York: Routledge.

Pöchhacker, F. (2016). In*troducing Interpreting Studies* (2ª edición). Londres/Nueva York: Routledge.

Pöllabauer, S. (2015). Role. En F. Pöchhacker (Ed.), *Routledge Encyclopedia of Interpreting Studies* (pp. 355–360). Londres/Nueva York: Routledge.

Roy, C. B. (1996). An Interactional Sociolinguistic Analysis of Turn-taking in an Interpreted Event. *Interpreting*, *1*(1), 39–67.

Seleskovitch, D. (1968). *Les Interprètes dans les Conférences Internationales*. París: Lettres Modernes Minard.

Seleskovitch, D. (1975). *Langage, Langues et Mémoire*. París: Lettres Modernes Minard.

Setton, R. (2015). Models. En F. Pöchhacker (Ed.), *Routledge Encyclopedia of Interpreting Studies* (pp. 263–268). Londres/Nueva York: Routledge.

Wadensjö, C. (1998). *Interpreting as Interaction*. Londres/Nueva York: Longman.

Wadensjö, C. (2015). Discourse management. En F. Pöchhacker (Ed.), *Routledge Encyclopedia of Interpreting Studies* (pp. 116–118). Londres/Nueva York: Routledge.

Matteo Anfuso y Bianca Pongiglione

Universidad de Génova

El papel del intérprete de dialógica, entre didáctica y profesión

1. La interpretación dialógica: una profesión en desarrollo

1.1 El marco profesional italiano

Cuando se habla de interpretación dialógica (en adelante, ID) automáticamente se hace referencia a textos orales, es decir a discursos más o menos espontáneos e improvisados o pre-fabricados de diferente naturaleza, entre dos personas o grupos reducidos de personas que participan en la misma situación comunicativa, con el objetivo de intercambiar opiniones o llegar a un acuerdo sobre un tema concreto. Cabe señalar que, en la mayoría de los casos, se trata de encuentros de carácter privado en los que el intérprete aplica la técnica de la bilateral o consecutiva breve, que se distingue de la consecutiva «clásica» por la duración de sus intervenciones y por los contextos en los que se desarrolla. Más en concreto, se trata de una «mediación oral que se realiza por un solo intérprete en las dos direcciones e inmediatamente después de cada una de las intervenciones de los interlocutores» (Collados Aís y Fernández Sánchez, 2001, p. 48).

La ID se conoce universalmente como la modalidad más antigua y directa de mediación interligüística. A lo largo de los siglos, se ha desarrollado hasta convertirse en una profesión. Además de ser la forma más antigua, la ID es hoy en día estadísticamente la más empleada en el mercado profesional, sobre todo porque su aplicación no requiere asistencia técnica especial (como podría pasar en el caso de la simultánea) y porque, con respecto a la interpretación de conferencias, cuenta con una oferta laboral más amplia y variada (Trovato, 2012). Tratándose de una modalidad de interpretación reciente, la ID representa un verdadero «cultural turn in Interpreting Studies» (Pöchhacker, 2004, p. 55). Los actores involucrados dominan lenguas distintas que reflejan culturas e historias lejanas entre ellas; en este contexto se coloca la figura profesional del intérprete, que adquiere hoy más que nunca un *status* distinto con respecto al que se le ha ido atribuyendo a lo largo de la historia en el ámbito de la interpretación de conferencias. De hecho, «dopo anni di supremazia della simultanea e della consecutiva, l'interpretazione dialogica ha negli ultimi decenni iniziato a rivendicare il proprio spazio» (Niemants, 2009, p. 2). La imagen del intérprete ya no se asocia a la de una *machine-box* o a un repetidor de enunciados de una lengua a otra, más bien desarrolla una actividad de asistencia de alto perfil y se convierte en un participante activo ratificado que -con su preparación y su saber enciclopédico-colabora en primera persona en la construcción de los encuentros y a alcanzar los objetivos del mismo. Todo esto confirma la naturaleza polisémica y poliédrica de la mediación interligüística e intercultural, en la que lengua y cultura se combinan perfectamente definiendo el perfil de cada individuo. Por lo tanto, al mediador cultural[1] pertenece el deber de conocer de manera profunda sus propias lenguas y culturas de trabajo; para el intérprete, en cambio, las competencias lingüística y cultural por sí solas no son suficientes, sino que debería ser capaz de reformular con diplomacia la intención de su ponente y negociar hábilmente todos los contenidos de la interacción, vehiculando sus matices, sus significados más complejos, sus humoradas, sus expresiones y gestos corporales y sus significados implícitos. En otras palabras, debería respetar y decodificar fielmente todos los enunciados emitidos entre personas que no pueden comprenderse de manera directa y que confían exclusivamente en la labor de un profesional de la lengua (Trovato, 2015).

Hoy en día, la ID ofrece nuevos retos y nuevos puntos de reflexión en el ámbito de la formación universitaria: ya no se le considera solo como una herramienta de consolidación de las competencias lingüísticas orales, sino que se presenta como una carrera universitaria autónoma en la que las competencias interpretativas se combinan con disciplinas como la sociolingüística, la pragmática, la psicolingüística y la ciencia de las comunicaciones (Chessa, 2013). De ahí que se defina un perfil del intérprete que, aun manteniendo algunos rasgos típicos de la disciplina clásica, presenta nuevos aspectos en una perspectiva de adecuación a los nuevos mercados profesionales.

Sin rehuir de los desafíos del multiculturalismo y de la inarrestable movilidad transfronteriza que caracterizan el mercado actual, se ha hecho necesario revaluar todos los servicios de mediación interlingüística, garantizándole plena accesibilidad a un grupo de usuarios cada vez más amplio y variado. A pesar de que la práctica interpretativa constituya hoy una *conditio sine qua non*, es posible entender la naturaleza variada y heterogénea de esta disciplina y el largo camino al que aún tenemos que enfrentarnos para llegar a una uniformidad de intentos y de consideraciones metodológicas. De hecho, hoy aún queda mucho por

1 Para una definición del perfil y de las competencias del mediador intercultural, véase De Luise, D. y Morelli, M. (2010): *Mediazione tra prassi e cultura. Oltre i risultati di un ricerca*. Polimetrica: Monza.

investigar para dar respuestas concretas a algunas incógnitas no resueltas; sin embargo, el trabajo de los investigadores nos permite conocer esos mecanismos y definir las dinámicas y los perfiles de esta realidad tan fascinante. Sería aconsejable seguir investigando hacia esta dirección, con mayor atención al mercado profesional que hoy más que nunca involucra al intérprete a 360°. El siglo XXI, en el que vivimos, nos ofrece todos los recursos para crear una colaboración y una sinergia eficaces entre el mundo universitario, los intérpretes profesionales y todos los actores involucrados en la comunicación mediada: todos conscientes de que una persona no se puede considerar intérprete solo por conocer uno o más idiomas. Sería necesario que el intérprete desarrollara y entrenara habilidades y competencias específicas que solo puede adquirir gracias a una formación *ad hoc*.

1.2 Contextos, características y competencias

Una de las riquezas de la ID es su aplicación a distintos ámbitos, entre otros, médico, social, judicial, turístico y empresarial (Tipton y Furmanek, 2016): basta con pensar en un encuentro médico-paciente en una estructura sanitaria, en una negociación entre empresas o una reunión comercial, en los procesos judiciales o en temas relacionados con la inmigración. Se trata de ámbitos caracterizados por una diversidad de contextos situacionales y una gran variedad de temáticas, estilos y registros (de informal a lenguaje técnico). A diferencia de la interpretación de conferencias, la naturaleza misma de la ID permite al intérprete pedir aclaraciones siempre y cuando no se abuse y se respete el principio de la cortesía lingüística, es decir mantener un equilibrio social y demostrar que es capaz de utilizar las estructuras de las lenguas de trabajo de forma adecuada a la situación comunicativa, teniendo en cuenta las normas socio-culturales que regulan la interacción oral (Errico, 2016). Por otra parte, la fluidez y la rapidez del intercambio comunicativo, caracterizado por intervenciones breves que reflejan los ritmos de la conversación cotidiana, llevan al intérprete a evitar la toma de notas típica de la interpretación consecutiva porque

> extensive note-taking inevitably, to a certain extent, tends to compete with listening for limited processing capacity. (...) The shorter turns typical of DI obviously do not require notes on anything like the same scale as full-fledged consecutive, or make comparable demands in terms of linking the various steps in an argument; however, if note-taking does disrupt listening during a short turn containing little more than a few names or simple facts, the loss of information is likely to be significant. (Mead, 2017, p. 104)

De acuerdo con Collados Aís y Fernández Sánchez (2001), González Rodríguez (2006), Tipton e Furmanek (2016) y Cirillo y Niemants (2017), además de los rasgos arriba mencionados, la ID presenta otras peculiaridades que la diferencian de la interpretación de conferencias. La primera característica que cabe destacar es el contacto directo entre todos los participantes involucrados y, por consiguiente, el hecho de que todos comparten el mismo espacio físico (Trovato, 2012). El proceso de comunicación entre el intérprete y sus interlocutores, muy a menudo sin la presencia de ningún tipo de equipamiento técnico, se desarrolla en el mismo espacio, lo cual implica que el intérprete sea visible: una verdadera espada de doble filo; si por un lado la cercanía con sus interlocutores le permite controlar y gestionar mejor la situación comunicativa (por ejemplo, pedir aclaraciones, captar los mensajes no verbales que se derivan del contexto, armonizar o agilizar el ritmo de la conversación, entre otros), por otro la visibilidad implicaría un mayor nivel de estrés y el riesgo de que sean visibles sus dudas, inseguridades y opiniones personales (por ejemplo, gestos corporales). Todo esto obligaría al intérprete a desarrollar y entrenar la capacidad de saber distribuir adecuada y funcionalmente todos los esfuerzos cognitivos (Gile, 2009), para evitar fracasos y malentendidos. El continuo cambio de código lingüístico al que el intérprete está sometido para facilitar la comunicación entre los interlocutores describe la bi-direccionalidad (Trovato, 2011): otra caractéristica de la ID que le exige al intérprete un elevado nivel de flexibilidad, además de un elevado conocimiento de los idiomas utilizados y de las estrategias más eficaces para solucionar las posibles dificultades (si nos centramos en nuestro par de idiomas, italiano y español, al ser lenguas afines el riesgo de mezclar los dos códigos se incrementa aún más).

Sin embargo, muchos son los aspectos que la ID comparte con la interpretación de conferencias y los principales hacen referencia a la presencia de rasgos típicos de la oralidad (Anfuso y Morelli, 2014): entre otros podemos mencionar el uso de recursos lingüísticos como la entonación o los elementos léxico-gramaticales, los aspectos verbales y paraverbales, el uso de repeticiones, interrogaciones o elementos enfáticos, la relación entre los participantes y la comunicación no verbal (Krystallidou, 2017). Todos estos elementos constituyen parte activa de la construcción del significado tanto desde el punto de vista de los interlocutores como del intérprete:

> dichos elementos desempeñan una función comunicativa concreta en el discurso del ponente y no son "casuales". Más en detalle, constatamos que cada uno de ellos aporta (directa o indirectamente) información "añadida" al mensaje vehiculado y contribuye a aclarar las intenciones del ponente. (Anfuso y Morelli, 2014, p. 143)

Es importante para el intérprete saber qué rasgos mantener y cómo vehicularlos, consciente de que en muchos casos los oyentes podrían recuperar la información contenida en dichos elementos gracias a la afinidad lingüística y sobre todo a la forma de actuar y de concebir el espacio físico, porque «en otras palabras, los oyentes podrían captar dichos rasgos durante la enunciación del discurso fuente (a través de entonación, gestos, etc.) y complementar y/o enriquecer las omisiones en la interpretación» (Anfuso y Morelli, 2014, p. 144).

Otro aspecto que define la ID se debe a la aplicación de los automatismos conversacionales que podemos definir como «fórmulas rutinarias y estandarizadas a través de las cuales los participantes en una situación comunicativa concreta manejan y encauzan el flujo de la interacción» (Trovato, 2016, p. 266), y que podemos clasificar como las fórmulas de saludos y de apertura, las preguntas, las expresiones de acuerdo y desacuerdo, las formas de pedir disculpas, de agradecimiento, las manifestaciones lingüísticas de cierre de la conversación y despedida, etc. Estos automatismos, si bien empleados, ayudan a ahorrar energías, estrés y esfuerzos cognitivos. En cambio, la simultaneidad de las operaciones (*multitasking*) que el intérprete lleva a cabo durante su trabajo conlleva un elevado nivel de estrés y concentración. El profesional tiene que saber utilizar la mejor estrategia aplicable para solucionar el mayor número de problemas posible utilizando su competencia estratégica, es decir todos los «procedimientos, conscientes e inconscientes, verbales y no verbales, internos (cognitivos) y externos, utilizados por el traductor para resolver los problemas encontrados en el desarrollo del proceso traductor y para mejorar su eficacia en función de sus necesidades específicas» (Morelli, 2010, p. 38), y las diferencias culturales entre los interlocutores, es decir la capacidad del intérprete de mantener la fluidez intra- e intercultural, de saber utilizar la primera o tercera persona según la situación, de «acercarse» o mantenerse «imparcial».

1.3 El perfil del intérprete de dialógica

Un intérprete profesional se documenta y se prepara para desenvolverse con aparente facilidad en contextos altamente especializados y para relacionarse con profesionales que no comparten su misma formación. Como afirma Ozolins:

> the mark of a professional is the profound knowledge of their field, but for interpreters, the mark of their professionalism is the mastering of other professions' fields, to the extent necessary to ensure communication between that profession and significant others. (2017, p. 62)

Somos partidarios de la idea según la cual la habilidad principal que un intérprete debería desarrollar a lo largo de su formación, más allá de las competencias linguisticas y culturales[2], consiste en saber manejar las herramientas adecuadas

2 Para más detalles sobre las competencias de un intérprete, véase Tipton e Furmanek, 2016, sobre todo pp. 7–9.

para gestionar con éxito toda situación comunicativa. Trabajando en contextos y con perfiles profesionales muy especializados, el intérprete -a través de la fase de estudio y documentación autónoma que precede al encargo de interpretación- debería ser capaz de demostrar («fingiendo») un nivel de especialización parecido al de sus interlocutores. Según Errico y Morelli (2015),

> nella conversazione mediata, l'interprete partecipa direttamente alla co-costruzione del senso e alla negoziazione della comprensione. Quanto maggiore è l'interattività dello scambio, tanto più necessario sarà il suo coinvolgimento attivo nella gestione dell'interazione. [...] L'interprete è infatti presente durante l'interazione, ma non assume lo stesso ruolo del parlante o dell'ascoltatore primario, non costituisce una partecipante a pieno titolo in quanto non è né l'ideatore né il destinatario principale dello scambio comunicativo. (pp. 40–41)

Sin duda, la experiencia y la práctica profesional juegan un rol fundamental en la formación de un intérprete, ya que le ayudan a desarrollar los distintos aspectos que procedemos a analizar a continuación.

Ante todo, el intérprete es un mediador y un puente interlingüístico e intercultural capaz de vehicular el mensaje del discurso de partida según las necesidades y las expectativas de los destinatarios; es decir, siempre tiene que estar pendiente de las palabras, los movimientos y las intenciones de sus interlocutores. De esta manera, la comunicación toma la forma de un triángulo en el que el intérprete juega un papel protagónico y ocupa el vértice de la interacción, participando de forma activa y cooperando en el éxito (o menos) del acto comunicativo junto con emisores y destinatarios. De ahí que tenga que respetar el «Principio de cooperación» de Grice y sus máximas conversacionales. Toda su persona está involucrada y los elementos no verbales, a la par que los elementos verbales, se convierten en importantes transmisores de significado: «siamo prima visti e poi ascoltati» y «siamo più guardati che ascoltati» (Balboni, 1998, p. 31). Al mismo tiempo, es fundamental que su centralidad sea funcional a la comunicación misma y no influya en los contenidos; a este propósito, cabe destacar la importancia de respetar los principios de fidelidad, imparcialidad e invisibilidad (Parrilla Gómez, 2018). Se trata de tres valores centrales en muchos de los códigos de conducta profesional o de buenas prácticas existentes en el mercado profesional. La fidelidad implica establecer una equivalencia funcional (que abarca todos los planos de la lengua) a la hora de reformular el mensaje en la lengua de llegada. Imparcialidad e invisibilidad, además de ser uno de los aspectos más estudiados en los últimos años, hacen hincapié en que el traductor no debe omitir, restringir ni añadir nada a su interpretación. Por un lado, transmite el mensaje sin involucrarse con palabras, obras ni pensamientos, es decir convierte el «traje» lingüístico dejando inalterado el contenido; por otro lado, su intervención formará parte de la conversación sin interrumpir ni fragmentar su ritmo. Se trata de una labor muy delicada que requiere muchas horas de práctica profesional y entrenamiento constante, sobre todo por el abanico de panoramas al que el intérprete tiene que hacer frente. De hecho, la gran variedad de contextos, temas, estilos y registros obliga al intérprete a «saber estar» (Collados Aís y Fernández Sánchez, 2001), en otras palabras, saber enfrentarse y adecuarse al contexto situacional en el que se desarrolla su trabajo y a los objetivos que se quieren perseguir (interacción médico-paciente, juez-detenido, funcionario-emigrante, etc.). Para utilizar una metáfora, nos gusta imaginar al intérprete como a un profesional que, entre los numerosos trajes que cuelgan en su enorme armario, sabe elegir a ciencia cierta el traje adecuado para cada contexto.

A la hora de poner en práctica todas estas competencias interpretativas, la labor del intérprete se complica debido a algunos retos que la naturaleza misma del contexto dialógico impone. Nos referimos, ante todo, al uso de la primera o tercera persona singular que refleja los papeles que el intérprete ejerce según la posición, el contexto y el grado de confidencialidad entre los interlocutores implicados. En nuestra opinión, el uso de la primera persona, en la mayoría de los contextos dialógicos, contribuiría a eliminar y simplificar posibles ambigüedades y dificultades lingüísticas, además de ayudar al intérprete a colocarse en el centro de la interacción sin que su presencia física prevalezca sobre la de sus interlocutores (respetando el principio de invisibilidad). La tercera persona, en cambio, podría ser útil para distanciarse (de manera imparcial) en caso de vehicular contenidos delicados o diálogos entre grupos reducidos de personas. De acuerdo con Collados Aís y Fernández Sánchez (2001), otro reto que plantea la ID consiste en saber elegir la forma de tratamiento adecuada según la persona, el contexto y el entorno cultural. Los italianos otorgamos más importancia a las titulaciones académicas y a la jerarquía profesional; cuando interpretamos hacia la lengua extranjera creemos que es necesario matizar los títulos y variarlos en función de los interlocutores. Por último, pero no menos importante, la mayor dificultad reside en el «don de la ubicuidad»: ponerse en el lugar de los interlocutores según se vaya cambiando de posición comunicativa y mantener siempre y al mismo tiempo nuestro propio lugar y papel. En otras palabras, estar en todas partes sin tomar decisiones ni iniciativas propias.

2. De la teoría a la didáctica

2.1 Didáctica de la ID: una propuesta

Nuestro trabajo examina la aplicación, en ámbito universitario, de las herramientas funcionales para la práctica de la ID en sintonía con la evolución del mercado profesional. Uno de los objetivos de las clases de ID consiste en potenciar las competecias y las habilidades necesarias para mediar a nivel profesional en situaciones comunicativas interlingüísticas e interculturales.

En nuestra opinión, las clases deberían incluir una breve introducción teórica acerca de las principales modalidades y técnicas de interpretación y del perfil profesional del intérprete, presentando las distintas etapas que caracterizan un encargo de interpretación y las principales herramientas de esta profesión (glosarios terminológicos, toma de notas, etc.). Esto ayudaría a entender mejor el contexto en el que se desarrolla la profesión y a concienciar más a los estudiantes con respecto a todos los esfuerzos cognitivos implicados en esta labor, así como los aspectos pragmáticos y semánticos. Para ello, las actividades planteadas en el aula deberían organizarse según un nivel creciente de dificultad, lo que implicaría entrenar primero las competencias intralingüísticas y, solo en un segundo momento, las competencias interlingüísticas. Al comenzar por ejercicios de escucha activa y reformulación, se pretende que el alumnado empiece a reconocer la información presentada en el discurso de partida, analizándola según sea principal o secundaria. Además, para despertar, entrenar y mejorar la capacidad de concentración, escucha selectiva, memorización, resumen, ampliación textual y *code switching*, se podrían proponer ejercicios de análisis textual, paráfrasis, sinónimos, reflejos lingüísticos, *clozing*, *puzzle* y traducción a la vista; de esta manera, se facilitaría el uso de estrategias interpretativas adecuadas y funcionales *ad hoc* para la combinación lingüística implicada. Asimismo, siendo el intérprete protagonista y participante activo en la interacción mediada, consideramos importante incluir en la programación didáctica algunos módulos que puedan centrarse más en cómo emplear la voz, el *public speaking* y la improvisación, con un enfoque especial en el uso del lenguaje no verbal y en el control y la gestión del estrés. En otras palabras, coincidimos con la propuesta de Niemants y Cirillo (2016):

> un percorso articolato in varie fasi nel quale due strumenti diversi vengono usati in momenti diversi e per scopi parzialmente diversi in base alla "maturazione" della consapevolezza metacomunicativa degli apprendenti di se stessi come interpreti e più in generale come persone. Il «changing landscape» entro il quale viene svolta la professione di interprete dialogico è di crescente complessità e per affrontarla non bastano strumenti

> "semplici" e "ricette pronte". Servono invece percorsi formativi strutturati, dove il focus, più che sull'apprendente (o sull'insegnante), dovrebbe essere sul processo. (p. 314)

Todo este recorrido se traduce en la puesta en escena del juego de rol, considerado por muchos una de las prácticas más útiles, ya que nos permite estudiar las reacciones de los aprendices a los estímulos didácticos construidos para preparar al alumnado a enfrentarse a todo tipo de contexto. Aun conscientes de los límites del juego de rol y de su artificialidad, creemos que su naturaleza permite adquirir determinadas competencias directamente conectadas con la profesión. De hecho, estas simulaciones permiten representar actitudes sociales que se derivan de contextos reales y sacar a colación algunos puntos clave (por ejemplo, diferencias lingüísticas y culturales, malentendidos, etc.) para recrear de manera artificial situaciones problemáticas que ponen a prueba al aprendiz-intérprete.

2.2 Un ejemplo práctico en la Facultad de Traducción de Génova

El corpus analizado para el presente estudio está extraído del material utilizado durante las clases de ID italiano-español impartidas a los alumnos del tercer año del *Corso di Studi in Teorie e tecniche della mediazione interlinguistica* (L12)[3] de la Universidad de Génova. Se trata de un módulo de 40 horas de clase en el aula que abarca principalmente dos ámbitos: ferial-empresarial y socio-comunitario. El módulo pretende entrenar, desde una perspectiva profesional, las habilidades interpretativas relativas a los contextos dialógicos con el fin de aplicar estrategias eficaces para la combinación lingüística italiano-español. A través de los ejercicios propuestos, el alumnado podrá sentar las bases para gestionar encargos de interpretación, reforzar su escucha activa, análisis, memoria, reformulación, oralidad y gestión del estrés, y desarrollar la técnica de la traducción a la vista.

Las clases de ID (cuatro horas a la semana) incluyen 12 «mini» simulaciones de encuentros dialógicos relativos a los dos ámbitos analizados -de aproximadamente 40 minutos cada una- y dos «mega» simulaciones de proyectos de ID -de aproximadamente dos horas cada una-; a lo largo de estas últimas dos simulaciones, los profesores (autores del presente artículo) fingen ser los encargados de una agencia de traducción, y desarrollan con los estudiantes una situación real en la que deberán demostrar ser capaces de gestionar una situación de trabajo «profesional» (cuidando el trato con el cliente) y formular un presupuesto adecuado. Los actores involucrados para la puesta en escena del

3 Plan de estudios L12, Universidad de Génova: http://www.lingue.unige.it/?page_id=2511 (fecha última consultación 15-1-2020).

diálogo no comparten los mismos códigos lingüísticos, de ahí la necesidad de mediar la conversación gracias al apoyo de un intérprete. Además, la presencia de un público de invitados externos -cuyos perfiles difieren por profesión, lenguas habladas, formación, etc.- le confiere al contexto comunicativo aún más autenticidad y contribuye, en la parte final de la simulación, a crear un momento de reflexión y (auto)evaluación. Este último prevé tres etapas: autoevaluación del estudiante-intérprete, evaluación entre pares (es decir, de sus compañeros de clase) y evaluación del público externo. Solo en una fase conclusiva intervienen los docentes con sus comentarios didácticos que se suman a los consejos profesionales de los invitados, lo que enriquece el bagaje de competencias y habilidades de los alumnos y les anima a seleccionar las herramientas adecuadas y a buscar estrategias y soluciones inmediatas para hacer frente a los desafíos planteados. Todas las simulaciones se graban en audio y vídeo, para permitir *a posteriori* un análisis más profundo no solo de los aspectos verbales (dominio de las lenguas y equivalencia funcional de los contenidos), sino también de los aspectos paraverbales y no verbales.

Las clases, que se componen de aproximadamente 30 alumnos, tienen asistencia obligatoria. El plan de estudios prevé el entrenamiento de las habilidades orales de la lengua solo a partir del segundo año, con dos módulos de 40 horas cada uno de mediación oral y *public speaking*. La edad de los aprendices puede variar entre los 20 y los 22 años, y el dominio de la lengua española debería corresponder al C1 del MCER[4].

El corpus analizado para el presente estudio pertenece al ámbito socio-comunitario. Más en concreto, se trata de un encuentro entre una representante de la asociación «Donne nel mondo» de Módena y la presidenta de la «Federación de mujeres progresistas» de Madrid para intercambiar experiencias y buenas prácticas relacionadas con el trabajo de cada realidad representada en términos de asistencia, acogida y ayuda a las mujeres tanto en Italia como en España. Además, durante el encuentro, el intérprete tendrá que enfrentarse a la traducción a la vista al español de documentos italianos.

4 Marco Común Europeo de Referencia para las Lenguas: https://cvc.cervantes.es/ensenanza/biblioteca_ele/marco/cvc_mer.pdf (fecha última consultación 15-1-2020).

2.3 Análisis y comentarios de simulaciones en el aula

Los ejemplos[5] que presentamos a continuación no son exhaustivos, pero nos ayudan a analizar algunos de los rasgos típicos de la ID y abren paso a reflexiones acerca de sus repercusiones en el mundo laboral.

En el Ej. 1 notamos como el aprendiz-intérprete no activa los automatismos conversacionales de apertura, debido quizás a la tensión inicial de la simulación y al elevado nivel de estrés:

Ej. 1

(A) Buongiorno, dott.sa Gutiérrez, e benvenuta a Modena. Sono davvero felice di essere finalmente riuscite a incontrarci. Spero il viaggio sia andato bene e mi auguro riusciremo a passare delle belle giornate di scambio: ci attende un bel programmino fitto...
(I) *Buenas días a todos y bienvenida en Modena. Espero que en estos días podamos hacer un buen trabajo de colaboración entre nosotros, tenemos un programa muy amplio.

Además, desaparece la referencia tanto al apellido como a la titulación de la parte española. En este caso, creemos que la reunión previa (*briefing*) habría ayudado al intérprete a familiarizarse con sus interlocutores y conocer mejor sus perfiles. Asimismo, rompe con la máxima conversacional de cantidad, ya que por un lado su intervención no resulta suficientemente informativa tal y como requeriría el propósito de la conversación; y por otro agrega más información de lo requerido («hacer un buen trabajo de colaboración entre nosotros»). Por último, cabe destacar la mitigación de un contenido enfático («ci attende un bel programmino fitto») a favor de una reformulación que carece de matices y que resulta más directa («tenemos un programa muy amplio»). Sería importante estudiar estos aspectos en el aula de formación, concienciando al alumnado y brindándole los recursos adecuados para saber aplicar las estrategias interpretativas más funcionales en cada caso.

El ejemplo que presentamos a continuación (Ej. 2) corrobora nuestra idea según la cual, en la mayoría de contextos dialógicos, sería más estratégico emplear la primera persona singular:

5 (A): hablante italiano; (B): hablante español; (I): intérprete.

Ej. 2

(B) Empezamos con hablar de quiénes somos: la *Federación de Mujeres Progresistas* es una organización no gubernamental, sin ánimo de lucro, de carácter laico, creada en el año 1987.
(I) Dice che preferisce iniziare parlando della Federazione Donne Progressiste. Dice che è un'organizzazione non governativa, senza scopo di lucro, laica e che sono nati nel 1987.
(B) Nuestra misión es promover el cambio de las estructuras sociales, económicas y culturales para lograr la igualdad y la equidad de género entre mujeres y hombres a través de la incidencia política feminista y el empoderamiento.
(I) Dice che la loro missione è promuovere il *cambio appunto delle strutture sociali, economiche e culturali e quindi arrivare all'uguaglianza di genere tra donne e uomini. E pensa che l'azione politica femminista possa essere importante in questo senso.

Como podemos leer, el intérprete abusa del discurso indirecto y del verbo *dicendi* «decir», de ahí que complique la sintáxis, cree repeticiones innecesarias y formule una versión italiana que resulta pesada y mecánica. Es importante, sobre todo en la etapa formativa, favorecerles a los estudiantes los recursos para entender cuándo y cómo emplear una u otra forma. No existe una norma convencional (aunque la práctica general aconseja el uso de la primera persona), porque solo la aplicación en la práctica profesional desarrolla la capacidad de reconocer la solución más conveniente.

El Ej. 3 representa un caso en el que la toma de notas habría podido apoyar la memoria; (B) produce una intervención muy larga enumerando distintos elementos: si el intérprete hubiera tomado notas, no habría perdido parte de la información y de sus matices resumiendo demasiado (aun manteniendo los conceptos superficiales). Este es uno de los casos en los que sería conveniente en ID tomar notas, para evitar perder información que se presenta como mera enumeración:

Ej. 3

(B) Ambas nuestras asociaciones trabajan con mujeres; sin embargo, lo que hacemos nosotros abarca más áreas de la vida en la sociedad de una mujer. Todas las acciones y servicios con los que cuenta la FMP se desarrollan bajo el prisma de la mejora de la calidad de vida de todas las mujeres a través de su desarrollo social y personal. Los principales ejes de actuación que se llevan a cabo en todas nuestras áreas de trabajo (empleo, violencia de género, inmigración, salud, voluntariado, cooperación, y comunicación) son: atención social, asesoramiento jurídico, atención psicológica, asesoramiento psico-pedagógico, servicio de atención telefónica gratuito para víctimas de la violencia de género, formación y asesoramiento, sensibilización e incidencia en el entorno.
(I) Ehm, sì, allora, la nostra associazione lavora con le donne; tutti i servizi e le attività della FMP hanno lo scopo di migliorare la condizione di vita delle donne a livello sociale e quindi anche lo sviluppo, appunto, della figura della donna all'interno della società. Quindi tra le nostre attività forniamo un servizio di assistenza sociale e psicologica, un aiuto giuridico e un servizio di assistenza telefónico per le persone, le signore scusate che hanno subito una violenza di genere e molto altro ancora.

En la ID el intérprete comparte, además, el mismo espacio físico que sus interlocutores, por lo tanto, en este contexto contamos con la posibilidad de aprovechar de nuestra visibilidad para evitar que los ponentes se alarguen mucho en sus intervenciones. En otras palabras, buscar la manera más adecuada para intentar «interrumpir» la conversación sin que se note la ruptura de la comunicación.

Una de las habilidades que se tiene que entrenar, consolidar y mantener constantemente al día dentro y fuera de las aulas de formación es el *code switching*. Sobre todo en el caso de lenguas hermanas, la didáctica de la interpretación debería ayudar a los estudiantes a educar su cerebro para mantener separadas las dos lenguas de trabajo, porque el cansancio y el estrés (que se acumulan principalmente después de muchas horas de trabajo) suelen crear problemas como los representados en el Ej. 4:

Ej. 4

(B) Ante todo, me felicito con vosotras por la labor hecha--
(A) In realtà grazie a tutti i nostri collaboratori perché senza di loro sarebbe tutto più difficile.
(I) Sí, me felicito y gracias a nuestros oh no scusate grazie ai collaboratori--
(B) -- no, perdona, no te entiendo.
(I) (ride) Perdón, muchas gracias a todos los colaboradores por todo el trabajo porque sin ellos sería difícil.

En el último ejemplo (Ej. 5) se observa un uso correcto de la tercera persona, que le permite al aprendiz-intérprete mantener cierta distancia en un caso concreto de *cultural gap*. Sin embargo, esta estrategia sola no es suficiente para el éxito de la comunicación:

> *Ej. 5*
>
> **(A)** Cosa ne dici se andassimo a mangiare qualcosa? Inizio ad avere un certo languorino…
> **(I)** ¿Vamos a comer ahora? Tengo hambre.
> **(B)** Bueno, sì (guarda l'orologio titubante)… Pero, bueno, ¿no te parece temprano para almorzar?
> **(I)** (ride) Dice che è presto per mangiare. In Spagna mangiano molto più tardi. (ride)
> **(A)** (ride) Avrei dovuto immaginarlo: voi spagnoli e i vostri orari!
> **(I)** (ride) Los horarios de las comidas entre Italia y España son muy diferentes.

Además de sus visibles nervios y vergüenza, el estudiante mitiga demasiado (casi anulándola) la distancia cultural entre los dos interlocutores. De acuerdo con Errico (2016), el intérprete -en su papel de puente intercultural- tendrá que adquirir una competencia comunicativa intercultural elevada, es decir no solo tendrá que conocer y saber aplicar de forma adecuada los elementos lingüísticos que caracterizan las relaciones sociales entre dos o más culturas, sino que también tendrá que mediar entre ellas en su interacción, explicando, si es necesario, las diferencias con el fin de evitar malentendidos pragmáticos.

3. Conclusiones

La complejidad de los contextos comunicativos y situacionales que caracterizan la ID (marco profesional, objetivos y expectativas de los participantes) nos lleva a afirmar que la didáctica no puede centrarse solo en entrenar las competencias interpretativas típicas de esta profesión (estrechamente relacionadas con las técnicas y las estrategias), sino también en el desarrollo de «sapere, saper fare e saper essere» (Niemants y Cirillo, 2016, p. 313), es decir disponer de un bagaje cultural que nos permita relacionarnos con personas de diferentes culturas, leer las conductas paraverbales y aplicar las estrategias mejores adecuadas en cada situación y para cada combinación lingüística. La creación del juego de rol, acompañado de todos los ejercicios propedéuticos a la interpretación (entrenar individualmente todas las habilidades útiles para la labor del intérprete), lleva al alumno a adquirir el dominio de todas las competencias interpretativas (que deberá entrenar y actualizar constantemente) y la agilidad de activar *hic et nunc* las estrategias más eficaces. Todo esto subraya la importancia de una formación constante e interdisciplinar, acompañada de herramientas funcionales para la práctica y en sintonía con la evolución del mercado profesional.

Referencias bibliográficas

Anfuso, M. y Morelli, M. (2014). Oralidad y situación comunicativa en interpretación consecutiva: un estudio exploratorio. En F. San Vicente y E. Morillas, *Oralidad contrastiva español-italiano: aspectos gramaticales, discursivos y textuales* (pp. 129–148) Cuadernos AISPI, n. 4.

Balboni, P. E. (1998). Problemi di comunicazione interculturale in ambiente aziendale e commerciale. En *Actas de las I Jornades catalanes sobre llengues per a finalitats especìfiques* (pp. 27–33). Barcelona: Publicaciones de la Universitat de Barcelona.

Chessa, F. (2013): *Interpretazione dialogica. Le competenze per la mediazione linguistica*. Roma: Carocci.

Cirillo, L. y Niemants, N. (Eds.) (2017). *Teaching dialogue interpreting. Research-based proposals for higher education*. Ámsterdam/Philadelphia: John Benjamins Publishing.

Collados Aís, A. y Fernández Sánchez, M. M. (2001). *Manual de interpretación bilateral*. Granada: Comares.

De Luise, D. y Morelli, M. (2010). *Mediazione tra prassi e cultura. Oltre i risultati di una ricerca*. Monza: Polimetrica.

Errico, E. (2016). Interpretazione dialogica e (s)cortesia. Una prospettiva didattica, *Lingue e Linguaggi*, n. 18, pp. 31–45.

Errico, E. y Morelli, M. (2015). *Le sfide della qualità in interpretazione tra ricerca, didattica e pratica professionale*. Milán: FrancoAngeli.

Gile, D. (2009). *Basic concepts and models for interpreter and translator training. Revised edition*. Ámsterdam/Philadelphia: John Benjamins Publishing.

González Rodríguez, M. J. (2006). El don de la ubicuidad en la interpretación bilateral. Esbozo didáctico para emprender los primeros pasos, *Mediazioni*, n. 2, pp. 1–24.

Krystallidou, D. (2017). Non-verbals in dialogue interpreting education: improving student interpreters' visual literacy and raising awareness of its impact on interpreting performance. En L. Cirillo y N. Niemants (Eds.), *Teaching dialogue interpreting. Research-based proposals for higher education*. (pp. 259–273). Ámsterdam/Philadelphia: John Benjamins Publishing.

Mead, P. (2017). Ideas for use of notes and other visual prompts in dialogue interpreting classes en L. Cirillo y N. Niemants (Eds.), *Teaching dialogue interpreting. Research-based proposals for higher education*. (pp. 101–115). Ámsterdam/Philadelphia: John Benjamins Publishing.

Morelli, M. (2010). *La interpretación español-italiano: planos de ambigüedad y estrategias*. Comares: Granada.

Niemants, N. (2009). *La formazione dell'interprete di comunità. Analisi linguistica comparata di interpretazioni di comunità "didattiche" e "reali"*. Proyecto de investigación: http://dailynterpreter.com/wp-content/2009/07/progettodiricerca.pdf (fecha última consulta 16-1-2020).

Niemants, N. y Cirillo, L. (2016). Il *role-play* nella didattica dell'interpretazione dialogica: focus sull'apprendente. En C. Andorno y R. Grassi (Eds.), *Le dinamiche dell'interazione. Prospettive di analisi e contesti applicativi* (pp. 301–317). Milán: AltLA.

Ozolins, U. (2017). It's not about the interpreter: objectives in dialogue interpreting teaching en L. Cirillo y N. Niemants (Eds.), *Teaching dialogue interpreting. Research-based proposals for higher education* (pp. 45–62). Ámsterdam/Philadelphia: John Benjamins Publishing.

Parrilla Gómez, L. (2018). Códigos éticos: formación para intérpretes. En E. Postigo Pinazo (Ed.), *Nuevas tecnologías, procesos cognitivos y estrategias para la optimización de las competencias del traductor e intérprete* (pp. 83–104). Berlín: Frank&Timme.

Pöchhacker, F. (2004). *Introducing Interpreting Studies*. Nueva York/Londres: Routledge.

Tipton, R. y Furmanek, O. (2016): *Dialogue interpreting. A guide to interpreting in Public Services and the Community*. Nueva York/Londres: Routledge.

Trovato, G. (2011): La interpretación bilateral: algunas reflexiones metodológicas en torno a la combinación lingüística español-italiano, *RedEle*, n. 23, pp. 1–23.

Trovato, G. (2012): L'interpretazione di trattativa: cenni storici, caratteristiche e problematiche terminologiche, *Illuminazioni*, n. 19, pp. 70–89.

Trovato, G. (2015): Aspectos lúdicos en la didáctica de la mediación lingüística y cultural para estudiantes de español como L2: el juego de rol como actividad para fomentar la competencia pluricultural y el aprendizaje cooperativo, *RedEle*, n. 27, pp. 1–13.

Trovato, G. (2015): Brevi note sulla mediazione linguistica culturale: definizione, formazione e mondo del lavoro, *Illuminazioni*, n. 31, pp. 58–64.

Trovato, G. (2016): Los 'automatismos de la conversación' en español e italiano a partir de un corpus de discursos de tipo político-institucional para la mediación lingüística, *Lingue e linguaggi*, n. 17, pp. 261–276.

Ana-Isabel Foulquié-Rubio y Ana Mª Rojo López

Universidad de Murcia

Emociones e interpretación en los servicios públicos: aproximación desde el aula

1. Introducción

La comunicación con las personas alófonas plantea una serie de retos que afrontan tanto las autoridades que tienen que comunicarse con los extranjeros como los propios extranjeros en el desarrollo de las cuestiones más prácticas de la vida diaria. Desde la década de los noventa del siglo XX, el contexto español ha ido cambiando en lo que se refiere a la implementación de soluciones para garantizar la comunicación entre inmigrantes y las autoridades, ya sea mediante traductores e intérpretes, mediadores interculturales u otros. Sin embargo, y aunque se han producido mejoras en algunos ámbitos, todavía sigue sin existir una solución homogénea en todos los servicios, y el desarrollo de soluciones adecuadas depende en gran medida de la disponibilidad de recursos y de la voluntad de los diferentes organismos para financiar y profesionalizar los servicios. A pesar de esta falta de profesionalización, la interpretación en los servicios públicos (ISP) ha despertado el interés de los investigadores, tanto a nivel internacional como a nivel nacional, en el caso de España. De ahí que se haya producido un incremento en la cantidad de trabajos de investigación en sus distintas formas que han ido apareciendo a lo largo de los años. Sin embargo, como veremos a continuación en este capítulo, la mayoría de estudios se ha centrado en investigar la percepción de los usuarios y de los intérpretes sobre distintos aspectos del trabajo realizados por estos últimos, pero existen pocos estudios que se centren en el bienestar del intérprete en los servicios públicos como el estudio de Guntienė (2014). Nuestro estudio se enmarca en un proyecto de investigación[1] en el que se analiza la influencia de las emociones en distintos ámbitos de la traducción y la interpretación. En la parte del estudio en la que se basa nuestra propuesta de enfoque didáctico en el aula de interpretación en los servicios públicos, se analizan los efectos de las emociones en los estudiantes de esta asignatura con dos medidas fisiológicas para analizar los parámetros

1 El estudio está financiado por el Ministerio de Economía y Competitividad (MINECO), mediante la ayuda FFI2017-84817-P.

rítmicos de la voz y la frecuencia cardíaca, diferentes test psicométricos y un cuestionario que indaga cómo se ha sentido el estudiante durante la realización de la interpretación. El objetivo de este último era hacer reflexionar al estudiante sobre cómo había influido el estrés y las emociones transmitidas en la situación comunicativa por los interlocutores y sobre cómo le habían afectado. Los datos de este último cuestionario podrían indicar la idea de la importancia de las emociones en los estudiantes de la asignatura de interpretación en los servicios públicos y nos ayudan a diseñar una primera aproximación para formar a los estudiantes de manera que sean conscientes de estas emociones y puedan ser capaces de identificarlas y gestionarlas.

1.1 La interpretación en los servicios públicos (ISP)

La ISP se puede definir como un tipo de interpretación que nace para:

> responder a una necesidad social de una comunidad de personas que por una razón u otra no hablan el idioma mayoritario, y por tanto se ven perjudicadas en su trato con la administración y en el ejercicio de sus derechos y deberes a la hora de acceder a los servicios públicos. (Martin, 2000, p. 208)

Es decir, suele ocurrir entre personas que no hablan el idioma oficial y de los servicios públicos y comunitarios, ya sean proporcionados por el gobierno o por organizaciones no gubernamentales, principalmente en sectores como el sanitario, social y educativo (Bancroft y Rubio-Fitzpatrick, 2009, p. VI).

La ISP nace para cubrir las necesidades de comunicación entre inmigrantes, turistas, o cualquier otra persona que se desplaza a un país del que desconoce el idioma, además de las minorías que residen en el país. Por tanto, podríamos considerar cualquier encuentro entre una persona alófona y la administración como una situación en la que puede necesitarse la interpretación en los servicios públicos. Es decir, todos los servicios sociales como alojamiento, enseñanza, bienestar y salud medioambiental, además de los servicios en el ámbito sanitario y policial.

En la interpretación en los servicios públicos, dependiendo del contexto en el que se realice, se utilizan diversas modalidades o técnicas de interpretación, sin ser ninguna de ellas exclusiva. Normalmente, los lugares en los que se realiza dicha interpretación no disponen de los medios necesarios para utilizar la técnica de simultánea (con excepción de algunas ocasiones en el contexto judicial) por lo que queda descartada esta técnica y solo se utiliza en la modalidad de simultánea susurrada, también conocida como *chuchotage,* en la que el intérprete interpreta de manera simultánea y susurrada todo lo que está sucediendo. Por el contexto situacional en el que suele encuadrarse, en el que es normal encontrar entrevistas, la técnica o modalidad más utilizada en interpretación en los servicios públicos es la interpretación bilateral o consecutiva dialógica en la que el mismo intérprete trabaja de manera bidireccional, es decir, interpreta desde y hacia sus dos lenguas de trabajo. Por último, también es frecuente que el ISP se enfrente a traducciones a vista, en las que a partir de un texto escrito, el intérprete tiene que producir un discurso oral. La traducción a vista es necesaria en prácticamente todos los contextos en los que se desarrolla la ISP, como por ejemplo en contextos educativos en los que se suelen presentar escritos que los padres tienen que consultar para tomar decisiones (Tipton y Furmanek, 2016, p. 177).

Por último, una modalidad que se utiliza cada vez más en estos contextos (Del Pozo Triviño y Campillo Rey, 2016), especialmente ámbito sanitario y ámbito educativo, es la interpretación telefónica (IT). Fernández Pérez (2015, p. 259; Fernández Pérez y Toledano Buendía, 2018, p. 232) la define como «una modalidad de interpretación remota que se realiza a través del teléfono». La interpretación telefónica es un tipo de interpretación bilateral pero que se realiza de manera remota a través del teléfono y en la que el intérprete y los interlocutores pueden estar en ubicaciones muy lejanas y que además tiene unas características específicas que el intérprete debe ser capaz de gestionar (Fernández Pérez, 2015).

Otra de las características fundamentales que conforman la ISP en su versión cara a cara es el contacto directo y el espacio compartido entre el intérprete y los interlocutores. Esta característica intrínseca hasta cierto punto a la interpretación bilateral y especialmente a la ISP supone unas condiciones específicas para el intérprete y presenta algunos retos que tiene que gestionar. El intérprete es considerado no solo una voz, sino como un interlocutor más por los usuarios. En cada contexto específico, esto supone que el intérprete tenga que hacer un esfuerzo adicional para mantenerse imparcial en todo momento, puesto que pueden ocurrir situaciones en las que los interlocutores intenten que intervenga no como intérprete sino como como un interlocutor más, debido en gran medida a la falta de una definición del papel del intérprete en estos contextos como veremos más adelante.

1.2 Diferencias entre interpretación de conferencias e interpretación en los servicios públicos

La interpretación de conferencias (IC) es la que más atención ha recibido en todos los ámbitos, tanto desde el punto de vista profesional como desde el punto de vista investigador. Por el contrario, la ISP no comenzó a despertar el interés de los investigadores hasta la década de los setenta, aunque en España tuvimos que esperar hasta finales de la década de los noventa para contar con publicaciones e investigaciones en este ámbito. Probablemente uno de los motivos de esta falta de atención sea la desprofesionalización que ha existido y aún hoy sigue existiendo en la ISP. En muchas ocasiones, este tipo de interpretación se ha llevado cabo por parte de voluntarios, personas sin formación, amigos e incluso niños (Antonini, Cirillo, Rossato y Torresi, 2017). Y aunque esta situación está cambiando, todavía hoy sigue existiendo una gran variedad de situaciones en las que la ISP la desarrollan personas sin ninguna formación. En muchas ocasiones, esta práctica se debe a los pocos recursos destinados por parte de las autoridades a cubrir esta necesidad (Antonini *et al.*, 2017).

Hale (2007) considera que existen diversas diferencias, no solo la modalidad en la que se transmite el mensaje o la disponibilidad de equipo para realizar la interpretación.

Gentile *et al* consideran que los siguientes factores son los que diferencian estos dos tipos de interpretación:

> the physical proximity of the interpreter and clients; an information gap between the clients; a likely status differential between the clients; the necessity to interpret into both language directions; working as an individual and not as part of a team. (1996, p. 18)

A las diferencias establecidas por Gentile *et al.* (1996), Hale (2007, p. 31) añade otras como el nivel de formalidad del encuentro que se refleja en el registro utilizado que, mientras que en la IC suele ser formal o semiformal, en la ISP dependerá del participante y el tipo de discurso, y por tanto puede ir desde un registro muy formal hasta un registro muy informal. A estos aspectos hemos de añadir las diferencias que se establecen en el modo en el que cada uno de los usuarios percibe la actividad y el trabajo desarrollado por el intérprete, por lo que es especialmente relevante tener en cuenta los estudios sobre la propia percepción del intérprete sobre su trabajo (Abril Martí y Martin, 2008; Angelelli, 2004; Bischoff, Kurth y Henley, 2012; Ortega Herráez, Abril Martí y Martin, 2009; Pöchhacker, 2000; Ra y Napier, 2013) y sobre la percepción de los interlocutores (Bischoff, 2006; Rosenberg, Leanza y Seller, 2007)

Un aspecto que cobra especial relevancia en la ISP está relacionado con las consecuencias que puede tener la interpretación (Hale, 2007, p. 31). Por este motivo, es importante la precisión en la ejecución de la interpretación, ya que una interpretación mal realizada puede tener consecuencias importantes para las partes, normalmente para la parte que no habla el idioma mayoritario. Esto añade un componente más de estrés en el intérprete, que sabe que, si no desarrolla bien su función, puede conllevar consecuencias graves.

1.3 El papel del intérprete en los servicios públicos

En el caso de la ISP, no existe consenso sobre las funciones y las tareas que debe desarrollar el intérprete. Esta indefinición que persiste sobre el rol desempeñado por el intérprete en el intercambio triádico, hace que sea uno de los temas más debatidos. Mientras que en otros ámbitos como en la interpretación de conferencias, los roles están mucho más definidos, en la ISP el rol que desempeña el intérprete se complica no solo por la desprofesionalización de esta actividad sino también porque:

> [e]l papel del intérprete lo define un complejo entramado de consideraciones que incluyen las percepciones de todos los participantes en la interacción, la pertenencia del intérprete a una de las comunidades étnicas o culturales representadas, la presión derivada de saber que un resultado concreto puede ser determinante para uno de los participantes, así como el evidente desequilibrio de poder en la mayoría de los casos. (Martin y Abril Martí, 2002, p. 55)

Así, el intérprete se ve sometido a la presión que ejercen las partes de la situación triádica puesto que los interlocutores consideran que las funciones del intérprete son diferentes. Por ejemplo, el profesional sanitario considera que el intérprete es un instrumento humano, mientras que el paciente considera al intérprete como una parte más de la conversación (Angelelli, 2004, p. 17).

A todo lo anterior contribuye también que, con frecuencia, se acude a soluciones ad hoc (Martin y Abril Martí, 2008, p. 204) en las que la persona que actúa como intérprete no cuenta con formación y tampoco dispone de directrices que le indiquen cómo debe desarrollar su trabajo.

2. Emociones e interpretación

Las emociones son algo intrínseco a la naturaleza humana y dirigen nuestro comportamiento (Rojo López y Ramos Caro, 2016, p. 108). Además, determinan la forma en la que aprendemos y trabajamos (Rojo López y Ramos Caro, 2016,

p. 107). Sin embargo, son pocos los estudios que han investigado su influencia en la interpretación y los que existen, en su mayoría, se centran en la interpretación simultánea y en los efectos del estrés. Tal y como afirma Horváth (2012, p. 15) el intérprete deja de ser un instrumento invisible y se convierte en la persona que desarrolla esta tarea lingüística y compleja y que al mismo tiempo carga con la responsabilidad del éxito de la comunicación.

Normalmente, los estudios sobre emociones se han basado en métodos como los cuestionarios en los que el intérprete responde sobre su estado emocional (Korpal y Jasielska, 2019). Y no es hasta principios del siglo XX cuando se comenzaron a investigar los factores psicoafectivos en la interpretación a través de estudios empíricos (Bontempo y Napier, 2011; Timarová y Salaets, 2011) que se centraban en la personalidad de los intérpretes profesionales frente a los noveles, en el estrés fisiológico y psicológico, la ansiedad y la estabilidad emocional (Korpal, 2016a; Korpal y Jasielska, 2019). Sin embargo, la mayoría de estudios que existen en interpretación sobre las emociones, principalmente el estrés, se han centrado en la interpretación de conferencias o en la lengua de signos (Bontempo, Napier, Hayes y Brashear, 2014).

Existe un consenso entre los investigadores y entre los mismos intérpretes de conferencias sobre la idea de que el estrés es algo intrínseco a la interpretación, es decir, que la interpretación es una actividad estresante para los intérpretes (Korpal, 2016b) y para los estudiantes de interpretación (Chiang, 2009; Jiménez Ivars y Pinazo Calatayud, 2001) y que exige un alto esfuerzo cognitivo (Horváth, 2012; Jiménez Ivars y Pinazo Calatayud, 2013; Moser-Mercer, Künzli y Korac, 1998).

Todos estos estudios pueden servir de orientación a la hora de analizar la influencia de las emociones y del estrés en otros contextos, como el que nos ocupa en este capítulo que es la interpretación en los servicios públicos y que, como hemos visto en el primer apartado, se diferencia en diversos aspectos de la interpretación de conferencias. Pero a su vez, el componente del estrés es algo común para cualquier intérprete, independientemente del ámbito en el que trabaje o la modalidad que utilice. Tal y como indica Guntienė: «The stress factor has proven to be an integral part of community interpreters' daily routine, in the author's experience, with the interpreters debating for the need of support and changes in order to improve interpreters' well-being and performance at work»(2014, p. ii). En este sentido cobra especial relevancia el contexto situacional en el que se desarrolla la ISP, ya que esta lleva al intérprete a las esferas más privadas de la vida humana (Hale, 2007, p. 25). El intérprete en los servicios públicos no suele trabajar en importantes negociaciones, sino en situaciones y contextos en los que se tratan los aspectos más íntimos y privados de cada ser humano: consulta de un médico, comisaría de policía, servicios sociales, etc. Es en estas situaciones donde suelen aflorar emociones de los interlocutores que pueden influir en el intérprete y que pueden afectar a la interpretación realizada por este.

Podemos afirmar que, en estos contextos, al estrés y a la ansiedad se le suman otra serie de emociones, que pueden ser positivas o negativas y que pueden resultar complicadas en la gestión por parte del intérprete. En estos contextos, el intérprete, además de saber gestionar sus propias emociones, tiene que saber gestionar las emociones que transmiten los otros para intentar que influyan en la menor medida posible en el desarrollo de su trabajo y poder realizarlo desde la imparcialidad que debe ser inherente a cualquier acto de interpretación. Todo esto mientras gestiona su propio estrés, puesto que según Kurz (2003, p. 55) «While some working conditions are stressful for most individuals, the perception of stress is highly subjective and is influenced by personality factors, such as an individual's self-confidence or the way he/she judges a situation». En contextos sanitarios, por ejemplo, el intérprete se enfrenta a las reacciones de los pacientes cuando se les comunican malas noticias, sin haber recibido ningún tipo de formación para afrontar esta situación. Por este motivo, Crezee, Mikkelson y Monzon-Storey (2015) consideran que en este contexto el intérprete debe conocer las fases del duelo del Modelo Kübler-Ross, a saber, negación, ira, negociación, depresión y aceptación, ya que si el intérprete reconoce estas cinco fases y las entiende podrá mantenerse calmado. En otros contextos como el policial, el intérprete se enfrenta a situaciones que pueden ser difíciles de gestionar desde el punto de vista emocional como interrogatorios a sospechosos y declaraciones de testigos o víctimas (Mulayim y Lai, 2016). Y otras como la presencia de muestras con métodos invasivos o no invasivos (huellas, ADN, etc.). En ocasiones también es necesaria la presencia del intérprete en redadas, accidentes de tráfico, operaciones de seguimiento y las entrevistas con víctimas y testigos en una amplia diversidad de ubicaciones (Tipton y Furmanek, 2016).

Diversos estudios han demostrado de forma empírica la influencia de las emociones, principalmente del estrés en la ejecución del intérprete (Korpal, 2016b; Korpal y Jasielska, 2019), pero son necesarios más estudios como el de Guntienė (2014) y Aguilera (2015) que se centren en el bienestar del intérprete.

2.1 Emociones y su influencia en la interpretación en los servicios públicos

Como hemos indicado anteriormente el estudio de Guntienė (2014) se centra en el trabajo desarrollado por los intérpretes en los servicios públicos para analizar el bienestar de estos, y parte de su propia experiencia como intérprete. En nuestro caso, los participantes son los estudiantes que posiblemente trabajen como intérpretes en los servicios públicos. Nuestro estudio analiza la influencia del estrés, la ansiedad y las emociones de los 23 estudiantes de la asignatura optativa de interpretación en los servicios públicos y en la empresa. Nuestro estudio, sirviéndose de diferentes tipos de instrumentos, pretende analizar cuál es la influencia que tienen las emociones, el estrés y la ansiedad en la ejecución de la interpretación realizada por los estudiantes de interpretación en una situación estresante de por sí como es el examen final de la asignatura. De este modo, los estudiantes realizaron la interpretación de una situación grabada y con una alta carga emotiva extraída de los materiales preparados en el marco del proyecto europeo SOS-VICS[2]. Los alumnos habían trabajado previamente en clase con situaciones similares extraídas de esta misma plataforma y de una plataforma de recursos para interpretación de la Universidad de Vigo[3]. Las medidas fisiológicas como la voz y la frecuencia cardíaca se midieron antes, durante y después de la interpretación. Además, se pidió a los estudiantes que realizaran diversos tests psicométricos que miden el nivel de ansiedad. Por otro lado, diseñamos un cuestionario que contenía cuatro preguntas, tres de ellas abiertas que indagaban sobre las emociones que habían sentido durante la interpretación. En las respuestas de los estudiantes se refleja una conciencia de sus propias emociones durante la interpretación dada la situación que se les planteaba.

3. Emociones y estrés en el aula de interpretación en los servicios públicos

La interpretación en los servicios públicos se integró en algunos planes de estudios de las universidades españolas, entre ellas el Grado de Traducción e Interpretación de la Universidad de Murcia. Se trata de una asignatura cuatrimestral

---

2 Se seleccionó una de las situaciones para la formación de intérpretes en contextos de violencia de género preparadas por el proyecto europeo SOS-VICS y disponibles en la página web del proyecto: http://sosvics.eintegra.es/ambito-medico

3 Linkterpreting es una página de recursos de interpretación de la Universidad de Vigo disponible en: http://linkterpreting.uvigo.es/

optativa[4] en la que mediante *roleplays* los alumnos aprenden a enfrentarse a situaciones que emulan la realidad y en las que se plantean diversos tipos de problemas tanto éticos como terminológicos y en las que el objetivo es que la comunicación entre los interlocutores tenga éxito. El uso de *roleplays* preparados a partir de situaciones reales es un recurso bastante extendido en la didáctica de la interpretación (Davitti y Pasquandrea, 2018; Fernández Pérez, 2015; Fovo, 2018; Niemants y Stokoe, 2017; Wadensjö, 2014), especialmente en las modalidades de bilateral y por ende, en la didáctica de la interpretación en los servicios públicos. Estos *roleplays* permiten reproducir hasta cierto punto las características de una situación más o menos real y a la que se enfrentará el alumnado en el desarrollo de su trabajo profesional. Los temas tratados son diversos y se intentan abarcar todos los posibles ámbitos de la ISP (social, educativo, sanitario, policial y judicial). Normalmente, durante las clases, se evalúa la función comunicativa y la corrección lingüística, y se analiza si la comunicación se ha realizado con éxito. Sin embargo, no se suelen analizar las emociones y el estrés, tan importantes en este tipo de interpretación.

Nuestro enfoque, basado en los resultados de las investigaciones previas en interpretación de conferencias y en interpretación en los servicios públicos que han identificado la influencia de estos factores en la interpretación (véase apartado 2), propone la incorporación del análisis de las emociones en el aula de interpretación en los servicios públicos. Desde nuestro punto de vista, es importante que el estudiante identifique las emociones que siente durante una interpretación y que sepa cómo afrontarlas durante la interpretación para que no tengan una repercusión en la ejecución de su trabajo y también después de ellas, ya que el estudiante de interpretación no suele recibir formación para el tratamiento y la gestión de las emociones propias, al igual que no la suele recibir para la gestión del estrés. Cabe destacar también que el estudiante no solo necesita identificar sus propias emociones, sino que debe hacer un análisis de las emociones transmitidas por los interlocutores.

En primer lugar, sería conveniente que al principio del cuatrimestre y al final del mismo, el estudiante realizara un test psicométrico para medir su nivel de ansiedad a la hora de interpretar. Una vez realizado este test, proponemos comenzar por situaciones de interpretación en los servicios públicos más neutras, tomando como ejemplo el estudio de Korpal (2019) que indica que estas situaciones con una menor carga emotiva influyen menos en la interpretación

4 En el nuevo Plan de Estudios del Grado de Traducción e Interpretación de la Universidad de Murcia, actualmente en implantación, esta asignatura será obligatoria para todos los alumnos y se trabaja tanto en la lengua B inglés como en la lengua B francés.

(aunque en su caso se trata de interpretación simultánea) y solicitar a los estudiantes que rellenen el cuestionario de introspección a medida. Además, incluiremos un cuestionario a medida común a todas las situaciones para que el estudiante identifique las emociones de los interlocutores. La comparación de las emociones identificadas en los interlocutores con las propias del estudiante durante la interpretación nos puede ayudar a identificar cuáles de esas emociones están derivadas de los interlocutores y cuáles son propias del estudiante. Paulatinamente se van introduciendo situaciones con una mayor carga emocional, tanto de valencia positiva como negativa. Una vez identificadas estas emociones, podemos trabajar en cómo gestionarlas para intentar disminuir el efecto que tienen en la interpretación.

En el caso del estrés, existen algunas propuestas (Jiménez Ivars y Pinazo Calatayud, 2013; Johnson, 2016), de nuevo enfocadas a la interpretación de conferencias, pero que pueden servir como base para desarrollar un programa específico para la interpretación en los servicios públicos.

4. Conclusiones

El intérprete en los servicios públicos se ve sometido a diversos factores que contribuyen a incrementar el estrés y las emociones del intérprete. El contexto en el que se desarrolla este tipo de interpretación está en la esfera más íntima del ser humano en la que puede aflorar todo tipo de emociones que el intérprete debe ser capaz de gestionar por sí mismo para evitar que afecten a la ejecución de su trabajo y tras la misma (Aguilera, 2015). De ahí deriva la importancia de trabajar este aspecto en el aula para que el estudiante sea capaz de identificarlas y poder gestionarlas en el futuro. Debemos recordar que en contextos como los servicios públicos, el intérprete no solo se enfrenta al estrés inherente a la situación comunicativa, sino que se enfrenta a las emociones transmitidas por los interlocutores. Es necesario pues, desarrollar actividades didácticas que ayuden a reconocer estas emociones y a gestionarlas para que el estudiante tenga una preparación adecuada para desarrollar de la mejor manera posible su trabajo en el futuro. En conclusión, consideramos necesario reflexionar sobre el papel que desempeñan las emociones en el desarrollo de la interpretación y sobre la necesidad de integrar su gestión como un aspecto formativo más de la interpretación en los servicios públicos.

Referencias bibliográficas

Abril Martí, M. I. y Martin, A. (2008). Profesionalizar en la práctica: la competencia en interpretación en los servicios públicos como base para la formación de profesionales. En C. Valero-Garcés (Ed.), *Investigación y práctica en traducción e interpretación en los servicios públicos. Desafíos y alianzas* (pp. 103–120). Alcalá de Henares: Universidad de Alcalá.

Aguilera Ávila, L. (2015). Estrategias de prevención y autoayuda para intérpretes que trabajan en contextos de violencia de género. En C. Toledano García y M. del Pozo Triviño (Eds.) *Interpretación en contextos de violencia de género* (pp. 271-293). Valencia: Tirant Humanidades.

Angelelli, C. V. (2004). *Revisiting the Interpreter's Role. A study of conference, court, and medical interpreters in Canada, Mexico and the United States*. Ámsterdam/ Filadelfia: John Benjamins Publishing Company.

Antonini, R., Cirillo, L., Rossato, L. y Torresi, I. (2017). Non-professional Interpreting and Translation. Ámsterdam/ Filadelfia: John Benjamins Company.

Bancroft, M. y Rubio-Fitzpatrick, L. (2009). *The Community Interpreter: Professional Interpreter Training for Bilingual Staff and Community Interpreters*. Ellicot City: Cross- cultural Communications.

Bischoff, A. (2006). Measuring quality and patient satisfaction in healthcare communication with foreign-language speakers. *Linguistica Antverpiensia, New Series - Themes in Translation Studies*, 5, 177–188.

Bischoff, A., Kurth, E. y Henley, A. (2012). Staying in the middle: A qualitative study of health care interpreters' perceptions of their work. *Interpreting*, 14(1), 1–22.

Bontempo, K. y Napier, J. (2011). Evaluating emotional stability as a predictor of interpreter competence and aptitude for interpreting. *Interpreting*, 13(1), 85–105.

Bontempo, K., Napier, J., Hayes, L. y Brashear, V. (2014). Does personality matter? An international study of sign language interpreter disposition. *Translation and Interpreting*, 6(1), 23–46.

Chiang, Y. N. (2009). Foreign language anxiety in Taiwanese student interpreters. *Meta*, 54(3), 605–621.

Crezee, I. H. M., Mikkelson, H. y Monzon-Storey, L. (2015). *Introduction to Healthcare for Spanish speaking Interpreters and Translators*. Ámsterdam/Filadelfia: John Benjamins.

Davitti, E. y Pasquandrea, S. (2018). Integrating authentic data in dialogue interpreting education: A teaching unit proposal. *inTRAlinea*, 20, 1–11.

Del Pozo Triviño, M. I. y Campillo Rey, L. (2016). La interpretación telefónica y su práctica profesional. Estudio de caso sobre dos empresas proveedoras del servicio en España. *Sendebar*, (27), 73–95.

Fernández Pérez, M. M. (2015). Propuestas de ejercicios de simulación para la didáctica de la interpretación telefónica. *MonTI. Monografías de Traducción e Interpretación*, 2(2), 259–279.

Fernández Pérez, M. M. y Toledano Buendía, C. (2018). Contextualisation in telephone interpreting. *Quaderns*, 25, 231–244.

Fovo, E. D. (2018). The use of dialogue interpreting corpora in healthcare interpreter training: Taking stock. *Interpreters Newsletter*, 2018(23), 83–113.

Gentile, A., Ozolins, U. y Vasilakakos, M. (1996). *Liaison Interpreting: A Handbook*. Melbourne: Melbourne University Press.

Guntienė, D. (2014). *Community Interpreting and Stress*. Tesis doctoral. Queen's University Belfast.

Hale, S. (2007). *Community Interpreting*. Basingstoke: Palgrave Macmillan.

Horváth, I. (2012). *Interpreter Behaviour. A Psychological approach*. Hungría: Hang Nyelviskola Bt.

Jiménez Ivars, A. y Pinazo Calatayud, D (2013). Mindfulness training for interpreting students. *Lebende Sprachen*, vol. 58, no 2, p. 341-365.

Jiménez Ivars, A. y Picazo Calatayud, D. (2001). «I failed because I got very nervous». Anxiety and performance in interpreters trainers: an empirical study. *The Interpreters Newsletter*, 11, 105–118.

Johnson, J. E. (2016). *Effect of mindfulness training on interpretation exam performance in graduate students in interpreting*. Tesis doctoral sin publicar. University of San Francisco, EE.UU.

Korpal, P. (2016). Interpreting as a stressful activity: Physiological measures of stress in simultaneous interpreting. *Poznan Studies in Contemporary Linguistics*, 52(2), 297–316.

Korpal, P. y Jasielska, A. (2019). Investigating interpreters' empathy: Are emotions in simultaneous interpreting contagious? Target, 31(1), 2–24.

Kurz, I. (2003). Physiological stress during simultaneous interpreting. *The Interpreters' Newsletter*, 12(9), 51–67.

Linkterpreting. Plataforma de recursos de interpretación. Recuperado de: http://linkterpreting.uvigo.es/[Última consulta: diciembre 2019]

Martin, A. y Abril Martí, M. I. (2002). Los límites difusos del papel del intérprete social. En C. Valero Garcés y G. Mancho Barés (Eds.), *Traducción e Interpretación en los Servicios Públicos: Nuevas Necesidades para Nuevas Realidades* (pp. 55–60). Alcalá de Henares: Universidad de Alcalá-Servicio de Publicaciones.

Martin, A. y Abril Martí, M. I. (2008). Community interpreter self-perception * A Spanish case study. En C. Valero Garcés y A. Martin (Eds.), *Crossing borders in community interpreting: definitions and dilemmas* (pp. 203–230). Ámsterdam/ Filadelfia: John Benjamins Publishing Company.

Moser-Mercer, B., Künzli,A. y Korac, M. (1998). Prolonged turns in interpreting: Effects on quality, physiological and psychological stress (Pilot study). *Interpreting*, 3(1), 47–64.

Mulayim, S. y Lai, M. (2016). *Ethics for Police Translators and Interpreters*. Boca Raton: Taylor y Francis.

Niemants, N. y Stokoe, E. (2017). Using the conversation analytic role-play method in healthcare interpreter education. En L. Cirillo y N. Niemants (Eds.), *Teaching Dialogue Interpreting* (pp. 293–321). Ámsterdam / Filadelfia: John Benjamins.

Ortega Herráez, J. M., Abril Martí, M. I. y Martin, A. (2009). Community Interpreting in Spain. A Comparative Study of Interpreters' Self Perception of Role in Different Settings. En S. Hale, U. Ozolins y L. Stern (Eds.), *The Critical Link 5: Quality in interpreting–a shared responsibility* (pp. 149–167). Ámsterdam/ Filadelfia: John Benjamins Publishing Company.

Pöchhacker, F. (2000). The Community Interpreter's Task: Self-Perception and Provider Views. En R. P. Roberts, S. E. Carr, D. Abraham y A. Dufour (Eds.), *The Critical Link 2: Interpreters in the Community. Selected papers from the Second International Conference on Interpreting in legal, health and social service settings* (Vol. 31, pp. 49–65). Ámsterdam/Filadelfia: John Benjamins Publishing Company.

Ra, S. y Napier, J. (2013). Community Interpreting: Asian Language Interpreters' Perspectives. *Translation and Interpreting*, 5(2), 45–61.

Rojo López, A. y Ramos Caro, M. (2016). Can emotion stir translation skill? Defining the impact of positive and negative emotions on translation performance. En R. Muñoz Martín (Ed.), *Reembedding Translation Process Research* (pp. 107–130). Ámsterdam / Filadelfia: John Benjamins.

Rosenberg, E., Leanza, Y. y Seller, R. (2007). Doctor–patient communication in primary care with an interpreter: Physician perceptions of professional and family interpreters. *Patient Education and Counseling*, 67(3), 286–292.

SOS-VICS – Proyecto Europeo. Recursos para la formación de intérpretes en contextos de violencia de género. Recuperado de http://sosvics.eintegra.es/ [Última consulta: diciembre 2019]

Timarová, Š. y Salaets, H. (2011). *Learning styles, motivation and cognitive flexibility in interpreter training: Self-selection and aptitude. Interpreting*. Ámsterdam/ Filadelfia: John Benjamins.

Tipton, R. y Furmanek, O. (2016). *Dialogue interpreting : a guide to interpreting in public services and the community*. Londres/Nueva York: Routledge Interpreting Studies.

Wadensjö, C. (2014). Perspectives on role play: analysis, training and assessments. *The Interpreter and Translator Trainer*, 8(3), 437–451.

Autores

María-Isabel Abril-Martí es docente de interpretación de la Universidad de Granada, tanto en el Grado de Traducción e Interpretación como en el Máster Oficial en Interpretación de Conferencias. Tras un largo periodo dedicado al ejercicio de la interpretación de conferencias en el mercado privado, centró su actividad en la docencia y la investigación en la Universidad de Granada. Obtuvo su doctorado en la misma universidad en 2006, con una tesis sobre la interpretación en los servicios públicos y la formación de intérpretes. Su actividad investigadora se centra en la interpretación y su didáctica, tanto en conferencias como en servicios públicos. Es responsable del Grupo de Investigación *GRETI, La interpretación ante los retos de la mundialización: formación y profesión* (HUM-737 – Junta de Andalucía). Asimismo, ha sido coordinadora adjunta del Máster Oficial en Interpretación de Conferencias de la UGR desde su implantación hasta el año 2017.

Arianna Alessandro es Profesora Contratada Doctora del Departamento de Traducción e Interpretación de la Universidad de Murcia, donde imparte docencia en el Grado en Traducción e Interpretación y en el Máster en Traducción Editorial. Sus líneas de investigación abarcan, principalmente, el estudio teórico y traductológico de la Fraseología y de la oralidad ficticia o prefabricada en textos literarios (narrativos y teatrales) y audiovisuales, con especial atención a aspectos relacionados con la comunicación multimodal y las interrelaciones entre distintos códigos (principalmente, código verbal y gestual). Cuenta con diversas publicaciones en el ámbito de la fraseología y la traducción audiovisual.

Matteo Anfuso es licenciado en "Traducción especializada e interpretación" (clase LM94) por la Universidad de *Génova*. Desde 2009, trabaja como traductor e intérprete autónomo ES<>IT y RU>IT y desde marzo de 2020 es traductor científico-técnico certificado según la norma europea UNI11591:2015. Actualmente, es presidente regional de la Asociación Italiana de Traductores e Intérpretes (sección Liguria-Cerdeña); es miembro titular de AITI y de TradInFo, dos asociaciones nacionales para traductores e intérpretes profesionales. Además, desde 2012, es profesor asociado de interpretación ES<>IT en la Universidad de Génova, Departamento de lenguas y culturas modernas, y examinador acreditado por el Instituto Cervantes para exámenes DELE. Ha publicado algunos trabajos en el ámbito de la interpretación de conferencias y de la traducción a la vista, enfocados en el análisis de variables como la ambigüedad, la direccionalidad y la oralidad.

Paula Cifuentes-Férez es Profesora Contratada Doctora en el Departamento de Traducción e Interpretación de la Universidad de Murcia y forma parte del Grupo de Investigación TRADICO (*Traducción, Didáctica y Cognición*, E0B6-02) de la misma universidad y del grupo PETRA (*Entorno y Pericia de la Traducción*). Sus intereses de investigación giran en torno a la lingüística cognitiva aplicada a la traducción y los procesos cognitivos implicados en la traducción, entre ellos, los factores de personalidad y el papel de las emociones. Ha publicado numerosos trabajos académicos en revistas de reconocido prestigio internacional, presentado alrededor de cincuenta contribuciones en congresos internacionales y nacionales sobre lingüística, traducción e innovación educativa, y ha realizado estancias de investigación en el Max Planck for Psycholinguistics (Holanda), en Northwestern University (Illinois, EEUU), en Institute of Cognitive Science (Louisiana, EEUU) y en University of East Anglia (Norwich, Reino Unido).

Dilia Di Vincenzo es doctora en *Español: Lingüística, Literatura y Comunicación* por la Universidad de Valladolid y licenciada en Lingue e Letterature Straniere por la Universidad "G. D'Annunzio" de Pescara – Italia (1984). Es profesora de plantilla y enseña Lengua y Literatura Española en un Instituto de Enseñanza Secundaria (Alessandria – Italia) y es profesora contratada en la Universidad. Enseña Lengua Española, Mediación escrita/oral y Traducción Audiovisual. Posee la acreditación en Adattamento Dialoghi per il Doppiaggio (2016–17), y es examinadora en los exámenes DELE. Ha publicado una monografía y algunos artículos en revistas científicas indexadas de España. La temática de sus publicaciones está centrada en el ámbito del conflicto verbal y de la traducción, del italiano al español/del español al italiano, de diálogos informales coloquiales y de términos y expresiones malsonantes en secuencias cinematográficas italianas y españolas. Se ocupa también de la dirección de espectáculos teatrales en lengua española.

Elena Errico es licenciada en Interpretación de Conferencias por la Universidad de Bolonia-Campus de Forlì (Italia) y doctora en Lenguas y Culturas Comparadas por la Universidad de Módena (Sociolingüística del contacto, área de Hispánicas). Ha sido intérprete de conferencias para instituciones tales como el Banco Interamericano de Desarrollo, la OIL-ONU, el Secretariado de la UNFCCC (UN Framework Convention on Climate Change, COP-9), la FAO y la Televisión de Estado Italiana, entre otras. En la actualidad es profesora titular de Lengua Española y Traducción en la Universidad de Génova, Departamento de Lenguas y Culturas Modernas. Sus líneas de investigación abarcan temas de traducción de la variación, de lingüística del contacto entre inglés y español y de didáctica de la interpretación.

Ana Isabel Foulquié Rubio es Profesora Ayudante Doctora en la Universidad de Murcia. Es doctora en Traducción e Interpretación por la Universidad de Murcia y licenciada en Traducción e Interpretación por la Universidad de Granada. También cursó un Máster en Derecho de Extranjería y un Título de Experto en Mediación Intercultural. Ha participado en numerosos congresos en el ámbito de la interpretación en los servicios públicos, como el sanitario y el educativo, y en el ámbito judicial y policial y cuenta con diversas publicaciones en estos ámbitos en volúmenes publicados en prestigiosas editoriales y ha editado un volumen sobre la interpretación en los servicios públicos en España. Es Traductora-Intérprete Jurada de Inglés nombrada por el Ministerio de Asuntos Exteriores desde 1999. Desde 2002 hasta 2019 ha compaginado el trabajo como traductora e intérprete autónoma con la docencia en diversas universidades como University of Ulster, Universidad de Alicante y Universidad de Murcia. Es miembro del Grupo de Investigación Grupo de Investigación GRETI, *La interpretación ante los retos de la mundialización: formación y profesión* y del Grupo TRADICO (Traducción, Didáctica y Cognición).

Raquel Martínez Motos es licenciada en Traducción e Interpretación por la Universidad de Granada y doctora en Traducción e Interpretación por la Universidad de Alicante. Asimismo, es traductora-intérprete jurada de lengua inglesa. Actualmente es Profesora Contratada Doctora en el Departamento de Filología Inglesa de la Universidad de Alicante, donde desarrolla su labor docente desde 2004 e imparte clases de traducción general, traducción jurídica e inglés para fines específicos. Cuenta con diversas publicaciones en el ámbito de la traducción, entre ellas un diccionario terminológico de ciencias farmacéuticas. Sus principales líneas de investigación se centran en terminología, traducción jurídica y científica, traducción con conciencia de género e inglés para fines específicos.

Purificación Meseguer Cutillas es Profesora Contratada Doctora del Departamento de Traducción e Interpretación de la Universidad de Murcia. Sus principales líneas de investigación se desarrollan en el campo de la traducción y la ideología. Ha publicado numerosos trabajos académicos en revistas de reconocido prestigio a nivel nacional e internacional y una monografía y ha editado un volumen sobre aspectos profesionales de la traducción e interpretación. Además, ha realizado estancias de investigación en la Universidad de Bretagne-Sud, la Universidad de Borgoña y la Universidad de Gante, y asistido a numerosos congresos nacionales e internacionales. Como traductora profesional ha vertido al castellano medio centenar de obras del inglés y del francés para diversas. Es socia de ACE Traductores.

Marta Navarro Coy es doctora en Filosofía y Letras (Filología) por la Universidad de Murcia (España), donde también cursó la licenciatura en Filosofía y Letras (Filología), sección: Filología Moderna (inglés). Asimismo, realizó un curso de posgrado en Traducción e iniciación a la Interpretación en la Universidad de Valencia. Desde el año 2010 es Profesora Titular del Departamento de Traducción e Interpretación de la Universidad de Murcia donde imparte asignaturas de Traducción General y la asignatura Traducción Editorial de Textos Biosanitarios (inglés-español), esta última en el Máster en Traducción Editorial. Actualmente, desarrolla su actividad investigadora en varios ámbitos como la Fraseología o la Traducción Turística y, sobre todo, la Didáctica de la Traducción. Ha participado en numerosos congresos nacionales e internacionales y ha publicado en revistas y editoriales de prestigio. Es miembro del grupo de investigación TRADICO (Traducción, Didáctica y Cognición) de la Universidad de Murcia.

Bianca Pongiglione es licenciada en "Traducción especializada e interpretación" (clase LM94) por la Universidad de *Génova*. Desde 2009 trabaja como traductora e intérprete autónoma ES<>IT y EN<>IT, especializada en los ámbitos económico y jurídico, y desde 2011 es profesora asociada de interpretación ES<>IT (dialógica y consecutiva) en la Universidad de Génova, Departamento de lenguas y culturas modernas. Se ocupa de estudios en el ámbito de la interpretación dialógica (tanto desde la perspectiva profesional como docente) enfocados principalmente en el sector socio-comunitario.

Marina Ramos Caro estudió Traducción e Interpretación en la Universidad de Granada (alemán, inglés y portugués). En septiembre de 2009 obtuvo el Máster en Lengua y Lingüística Inglesas de la Universidad de Murcia. Desde entonces, imparte docencia en el Grado en Traducción e Interpretación y el Máster en Traducción Editorial en la misma universidad. En 2013 defendió su tesis doctoral sobre el impacto emocional de la audiodescripción, una modalidad de Traducción Audiovisual que ofrece a las personas con discapacidad visual acceso a los medios (audio)visuales. Además, ha recibido numerosas becas de investigación que la han llevado a visitar universidades de todo el mundo en lugares tan diversos como Brasil, EE. UU., Indonesia, Alemania o Inglaterra. Ha presentado su trabajo en numerosos congresos internacionales y revistas de prestigio en su área. Como traductora profesional, Marina Ramos ha trabajado especialmente en las áreas de subtitulación, doblaje y transcreación de textos publicitarios.

Ana María Rojo López es Catedrática en el Departamento de Traducción e Interpretación de la Universidad de Murcia, donde actualmente es subdirectora de la Escuela Internacional de Doctorado. Es investigadora principal del grupo de investigación TRADICO (*Traducción, Didáctica y Cognición*) de la UM, y miembro del grupo PETRA (*Entorno y Pericia de la Traducción*), y de la red internacional TREC (*Red Temática en Investigación Empírica y Experimental*). Sus principales líneas de investigación se desarrollan en las áreas de la traducción y la cognición, y en el ámbito de la metodología de la investigación, con un énfasis central en el papel que las emociones y los factores de personalidad (en especial, la creatividad) desempeñan en el proceso de traducción. Ha publicado numerosos libros y trabajos académicos en editoriales y revistas nacionales e internacionales de prestigio.

Laura Sanfelici es licenciada en Lenguas y Literaturas Extranjeras por la Universidad de Génova y doctora en *Studi Americanistici* por la misma Universidad. En la actualidad es investigadora de Lengua Española y Traducción en la Universidad de Génova. Sus líneas de investigación abarcan la lingüística del contacto (*language attrition and loss*), el mantenimiento de la lengua de origen de los *heritage language speakers*, la autotraducción (del español al inglés y del italiano al español) y la traducción de los elementos culturales en la Traductología. Sobre estos temas ha publicado diversos libros y ensayos en revistas internacionales.

Guadalupe Soriano Barabino es Profesora Titular de Traducción e Interpretación en la Universidad de Granada. Es licenciada en Derecho y en Traducción e Interpretación y doctora en Traducción por la Universidad de Granada. Sus principales campos de investigación son la Traducción Jurídica, el Derecho Comparado aplicado a la Traducción, la movilidad internacional y la interculturalidad. Antes de ser profesora en la Universidad de Granada lo fue en la Universidad de Salamanca y en la Universidad del Ulster (Irlanda del Norte). Ha participado en varios proyectos de investigación nacionales e internacionales y ha desempeñado diversos cargos de gestión en la Universidad de Granada. Es traductora-intérprete jurada nombrada por el Ministerio español de Asuntos Exteriores y Cooperación para las lenguas francesa e inglesa.

Jorge Soto Almela es doctor en Traducción e Interpretación por la Universidad de Murcia (España), donde también cursó la Licenciatura en Traducción e Interpretación y el Máster Universitario en Traducción Editorial. Actualmente desarrolla sus labores docentes como Profesor Ayudante Doctor en el Departamento de Lingüística Aplicada de la Universidad Politécnica de Madrid, donde imparte Inglés Profesional y Académico. Su actividad investigadora está centrada en la traducción, los lenguajes especializados y la lingüística del corpus. Ha participado en numerosos congresos internacionales y, entre sus publicaciones cuenta con una monografía y otros trabajos relacionados con el área de la traducción y la lingüística publicados en revistas españolas e internacionales de prestigio.

Jorge Torre Santos es «ricercatore td/A» de Lengua y traducción española en la Universidad de Parma. Sus intereses de investigación están relacionados con el análisis del discurso, la traducción, la fraseología y la terminología del lenguaje político y económico. Sus principales líneas de investigación se centran en el lenguaje y el discurso de la crisis en España, y en el discurso, la traducción y la terminología del lenguaje del mundo del trabajo en España e Italia desde una perspectiva diacrónica. Cuenta con diversas publicaciones en este ámbito en editoriales de reconocido prestigio.

Pablo Zamora es Profesor Titular del Departamento de Traducción e Interpretación de la Universidad de Murcia. Sus tres líneas de investigación son: a) la fraseología desde una perspectiva teórica, didáctica y traductológica; b) el coloquial conversacional italiano y la gramática del discurso; y c) la traducción audiovisual desde un enfoque descriptivista y los estudios de recepción, centrando su investigación en el análisis del hablado fílmico y en las marcas de oralidad en la combinación lingüística español-italiano. Ha presentado sus trabajos en congresos e impartido conferencias y seminarios en distintas universidades italianas. En estos últimos años ha publicado los resultados de su investigación en revistas nacionales e internacionales de reconocido prestigio y en diversos capítulos en volúmenes editados por algunas de las principales editoriales en el sector de la traducción.

www.ingramcontent.com/pod-product-compliance
Ingram Content Group UK Ltd.
Pitfield, Milton Keynes, MK11 3LW, UK
UKHW042129021026
15589UKWH00003B/708

9 783034 339759